사회복지 실천가와 연구자를 위한

사회복지실천 질적 평가방법론

권지성 · 염태산

KNOWLEDGE COMMUNITY 공동체

머리말

이 책을 쓰는 이유는 사회복지실천을 질적으로 평가하려고 하는 사회복지사들을 더 친절하게 안내하기 위한 것입니다. 시중에 나와 있는 평가 관련 서적이나 문헌들은 주로 양적 평가와 관련된 것들이기 때문에 질적 평가를 하고자 할 때는 큰 도움이 되지 못하는 것으로 보입니다. [프로그램 개발과 평가]라는 교과목을 가르치기 위한 책들은 불과 한 장(chapter) 정도의 분량으로 질적 평가를 설명하고 있고, [사회복지실천론], [지역사회복지론], [사회복지행정론], [사회복지정책론] 등 개입방법별로 평가를 다루는 교과목과 그 책들은 더 적은 분량으로 기술하고 있습니다. 삼성복지재단이나 사회복지공동모금회 등에서 발간된 지침서들의 경우에도 나름대로 질적 평가를 구체적으로 설명하려는 시도를 하고 있지만, 그 내용이 충분해 보이지는 않습니다. 따라서 우리는 이 책을 통해 질적 평가에 초점을 두고, 더 자세하고 친절하게 질적 평가의 개념과 절차, 전략, 적용방법 등을 설명하고자 합니다.

저자 권지성은 전형적인 질적 연구자로서 박사학위논문 이후 15년 동안 다양한 질적 연구들을 수행하면서 경험을 쌓아왔고, 2012년부터 2014년까지 삼성복지재단 프로그램 자문교수, 2013년부터 2016년까지 대전사회복지공동모금회 배분위원과 자문위원으로서 수많은 사회복지 프로그램들을 검토하고, 질적 평가와 관련된 자문을 제공한 경험을 가지고 있으며, 사회복지사와 함께 프로그램을 질적으로 평가한 학술논문들도 꾸준히 발표해 왔습니다. 또한 2015년부터 지금까지 질적 평가를 연구하는 교수들과 현장에서 질적 평가를 적용하려는 사회복지사들이 모인 학습조직 네트워크, '밀락넷'을 통해 질적 평가에 대해 더 깊이 고민하고 논의하고 가르쳐 왔습니다. 이 책은 그러한 오랜 탐구와 논의의 결정체라고 할 수 있습니다.

저자 염태산은 지역사회복지관에서 사회복지사로서 8년간 근무하면서 다양한 프로그램을 직접 기획, 관리, 평가하는 일을 해왔습니다. 일을 하면서 욕구조사, 프로그램 평가 과정에서 다양한 통계기법을 활용하여 이용자의 바람과 사업의 성과가 적절하게 조응하는지 살펴보았습니다. 그러나 양적 접근의 한계, 즉 '이미 알고 있는 것을 확인하고 드러낸다'는 점에 답답함을 느끼기도 하였습니다. 이를 극복하기 위해 욕구 및 평가조사에서 집단면접 등의 질적 방법을 활용하여 분석을 하였지만, 피상적인 수준에 그치고 말았습니다. 이후 박사과정에 들어가 질적 연구를 본격적으로 배우고, 주된 연구방향으로 삼았습니다. 학업과 강의를 병행하면서, 프로그램을 둘러싼 실천 상황에 질적인 평가 방법을 어떻게 도입할 수 있을지 고심하며 학생들을 지도해 왔습니다. 또한 질적 연구를 주된 연구방법으로 삼는 지도교수와 함께, 아동, 청소년, 주부, 노인, 공무원, 사회복지사 등을 대상으로 질적 인터뷰를 수행해 가며, 연구 과제를 폭넓게 수행해 왔습니다. 이후 발달장애인 서비스로 관심이 구체화되면서, 프로그램 선택과정, 신뢰행동의 선택과정에 대해 연구하여 박사학위를 받게 되었습니다. 현재도 사회복지실천 과정의 연구를 위해서 질적인 방법이 '딱 맞게 들어가는 장갑'과 같이 부합된다는 믿음을 가지고, 사회복지실천관계나 프로그램 기획과정을 살펴보는 질적 연구를 진행 중입니다. 또한 실천현장에서 질적 연구의 방식을 활용하고자 하는 사회복지사에게 실천적 자문을 제공하고 있습니다.

이 책은 '밀락넷'에 소속된 사회복지기관과 사회복지사들에게 배부하기 위해 작성한 『사회복지실천 질적 평가 가이드북』을 초안으로 만들어졌습니다. 권지성이 초안에 살을 붙이고, 염태산이 비판적 검토와 함께 초안에 부족한 많은 부분들을 보완하면서 내용이 더 풍부해졌습니다. 이런 상황을 두고 흔히 '시너지 효과'라고 하지요. 저자들이 이 책을 쓰면서 늘 염두에 둔 원칙은 '사회복지실천가들에게 실제로 도움이 되는 책을 만들자'였습니다. 우리는 상대방이 작성한 원고를 보면서 서로에게 그 원칙을 잊지 않도록 계속 자극을 주었습니다. 그럼에도 이 책이 독자들에게 큰 도움이 되지 못한다면, 그것은 전적으로 저자들의 부족함 때문일 것입니다.

이 책은 총 3부와 부록들로 구성되어 있습니다. 제1부는 '사회복지실천 질적 평가의 배경'으로서 기본적인 개념들을 소개합니다. 제2부는 '사회복지실천 질적 평가 전략'으로서 사회복지실천 질적 평가를 위한 전략들과 절차, 방법들을 구체적으로 제시합니다. 제3부는 '사회복지실천 유형에 따른 질적 평가 지침'으로서 사회복지실천 개입방법의 다양성에 따라 질적 평가를 어떻게 적용해야 할지 논의합니다. 부록들은 첫째, 사업 기획 단계와 진행과정, 종결 단계에 질적 평가를 적용할 수 있도록 촉진하는 사업계획서와 일지, 최종보고서 양식을 제시하였고, 둘째, 질적 평가를 기획하고 수행할 때 사회복지사들이 힘들어하는 부분 중 하나로서 변화의 표적을 구체적으로 제시하였습니다.

사회복지현장은 책무성의 시대를 경험하고 있습니다. 사회복지실천가와 기관은 실천의 효율성과 효과성을 증명해 보일 것을 요구받고 있는 것입니다. 이러한 시대에 실증주의 기반의 양적 프로그램 평가가 나름의 역할을 하고 있지만 그 한계는 명확합니다. 사회복지 프로그램에 참여하는 과정에서 클라이언트의 경험은 이른바 '표준화된 척도' 등의 획일적 잣대로 평가하기 힘들기 때문입니다. 프로그램을 경험하는 클라이언트는 자신만의 의미를 경험하는 주체이므로, 이들의 경험과 의미를 반영할 평가 방법이 필요한데, 여기에 질적 평가방법이 유용하다는 것이 저자들의 입장입니다. 프로그램은 실천가와 클라이언트가 상호 교류하는 장이고, 여기에는 다양한 사회적 맥락이 작용하고 있다는 점을 고려해야 합니다.

지금까지 사회복지실천에 대한 질적 평가방법을 본격적으로 다루는 시도가 없었기 때문에 이 책에도 부족한 부분이 있을 것입니다. 그러나 현장에서 열정과 진지함으로 실천하시는 사회복지실천가들, 좋은 실천가로 준비되길 원하시는 예비 사회복지사 여러분들께서 이 책의 다양한 제안들을 검토하고 시도해 보셨으면 합니다. 이 책은 이제야 출발점에 서 있으니 여러분들이 저자들에게 건설적 의견을 주신다면 점점 내실을 갖추어 갈 수 있을 것입니다. 일찍이 Gilgun이라는 질적 연구자는 사회복지실천과 질적 연구는 유사한 속성이 많아 꼭 맞는 장갑과 같다고 비유한 바 있습니다. 저희에게도 그렇게 느껴집니다. 저희에게 '꼭 맞는 장갑'처럼 느껴지는 질적 평가방법이 여러분들에게도 동일한 편안함을 느끼게 해주었으면 하는 바람입니다. 앞으로도 저자들과 독자들이 함께 공감하고, 함께 성장해 갈 수 있기를 바랍니다.

권지성, 염태산 드림

차 례

PART 03 사회복지실천 유형에 따른 질적 평가 지침 / 189

01 PART

사회복지실천 질적 평가의 배경

CHAPTER 01

사회복지실천과 평가

1. 사회복지실천에 대한 평가의 필요성

실천가와 연구자로서 우리는 왜 사회복지실천을 평가해야 합니까? 그 답은 명확하고 이미 합의되었다고 생각되지만, 종종 그 이유를 잊고는 합니다. 우리가 사회복지실천을 평가하는 가장 중요한 목적은,

“클라이언트의 복지를 향상시키기 위한 더 나은 개입방법을 찾기 위해서”

라고 말할 수 있을 것입니다. 이론이나 실천에서 언급되는 다른 이유들은 모두 이 목적에 종속된다고 생각됩니다. 물론 우리는 자주 다른 이유로 평가를 하게 되기도 합니다. 예를 들어, 보건복지부나 서울시가 사회복지관을 평가하겠다고 했기 때문에, 관리자들이 개입 결과를 보고하라고 했기 때문에, 또는 기업재단의 지원을 받았기 때문에 평가를 하게 되는 경우입니다. 그러나 이러한 것들은 수단에 불과할 뿐 목적이라고 할 수는 없을 것입니다. 설령 외부자들이 이를 진정한 목적으로 여긴다고 하더라도, 우리 사회복지실천가들과 연구자들은 원래의 목

적, 즉 사회복지실천의 개선이라는 입장에서 평가를 수행해야 할 것입니다.

2. 사회복지실천의 다양성과 범위

흔히 사회복지에 대한 평가를 거론할 때, 우리가 머릿속에 떠올리게 되는 것은 '기관 평가', 아니면 '프로그램 평가'인 것 같습니다. 또한 프로그램이라고 하면 특정 이론에 기반을 두고 구조화된 집단 프로그램을 떠올리게 되거나 집단 프로그램을 중심으로 개별 상담과 가족치료, 캠프, 사례관리 등이 결합된 복합 프로그램을 생각하게 되는 것 같습니다. 기관에서 연간사업을 계획할 때, 우리가 하는 일상의 실천을 모두 단위사업계획의 형태로 작성하게 되면서 그렇게 생각하게 된 것이지요. 그러나 다시 생각해 보면, 너무 좁은 시야인 것 아닌가 하는 생각도 듭니다.

아시는 바와 같이, 오늘날의 사회복지실천은 개인 대상 사회복지실천, 가족 대상 사회복지실천, 집단 대상 사회복지실천, 사례관리, 지역사회복지실천, 거시적 실천(행정, 정책, 입법 등을 포괄하는) 등으로 구분되고 구성됩니다. 그렇다면 각 실천의 유형에 맞는 평가 방법을 고안해 내는 것이 필수적이라고 할 수 있을 텐데, 현실은 그렇지 않은 것 같습니다. 사회복지사들이 특히 곤혹스러워 하는 경우는 사례관리와 지역사회복지실천인 것으로 보입니다. 사례관리는 개별화된 목표를 세워야 하고, 지속적, 포괄적으로 서비스를 제공해야 하며, 개입과 서비스의 유형이 매우 다양하기 때문에 어떻게 평가해야 할지 막막해 보입니다. 지역사회복지실천은 지역사회라는 개입의 대상이 너무 넓고, 미리 구조화하기가 어려우며, 평가를 위한 도구도 마땅치 않아서 어려워 보입니다. 학부에서 배우는 [프로그램 개발과 평가] 교과목은 집단 프로그램에 초점을 두는 경향이 있어서 사회복지사들이 이를 다른 대상에 적용하기가 어려울 것입니다. [사회복지실천론] 과목에서는 단일사례연구설계(single case research design)나 목적달성척도(goal attainment scale)를 응용하여 평가에 적용하는 방법을 가르치거나 이론적인 수준에서 설명하고 있기 때문에 이 역시 적용하기가 쉽지 않습니다.

따라서 우리는 개인과 가족, 집단, 지역사회, 행정과 정책을 평가하기 위한 별도의 절차와 방법을 고안해 낼 필요가 있습니다. 이 책에서 그 과업을 완수하려는 것은 아닙니다. 그러나 이 책이 그러한 생각을 제안하고, 출발점으로 삼으려는 시도가 될 수 있을 것입니다.

3. 사회복지실천의 바탕으로서 '관점'

우리는 사회복지실천을 기획하고 실천할 때와 마찬가지로 평가를 할 때도 사회복지실천의 관점을 염두에 두고 수행할 필요가 있습니다. 다른 학문분야와 차별화된다고 생각되는 사회복지실천의 관점은 생태체계 관점, 강점 관점, 발달 관점일 것입니다.

1) 생태체계 관점

이것은 인간과 환경의 상호작용에 초점을 두며, 클라이언트를 이해하고 개입하려고 할 때 인간과 환경 모두에 초점을 두는, 이른바 '이중 초점'을 유지하도록 합니다. 인간은 환경의 영향을 받으며, 환경은 인간의 영향을 받습니다. 인간은 변화하는 환경에 효과적으로 적응하기 위해 부단히 노력하며 환경을 바꾸어 갑니다. 이 과정에서 자신과 환경이 딱 맞는 상태(goodness-of-fit)가 조성될 수 있는 것입니다. 이렇게 개별 인간은 가족과 집단, 지역사회, 국가 단위의 다양한 주체들과 상호작용을 하며, 생물-심리-사회라는 하위체계(bio-psycho-social systems)들로 구성된 것으로 이해됩니다.

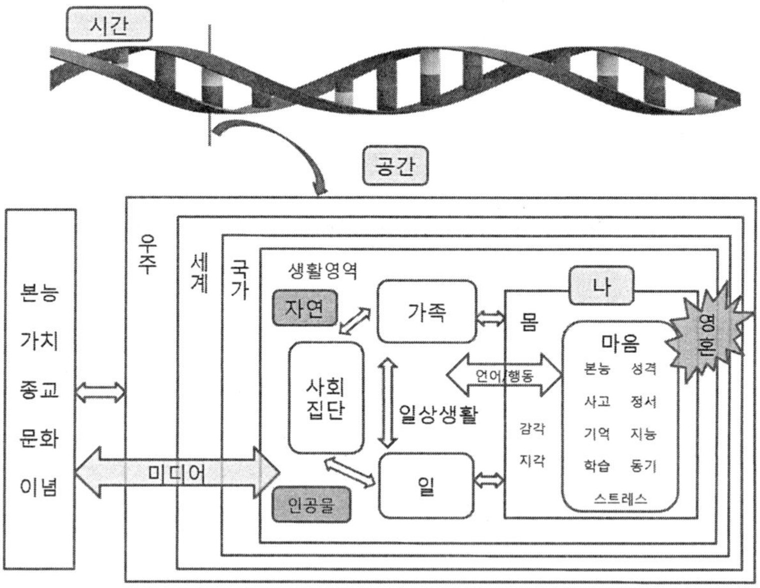

| 그림 1-1 | 인간과 환경의 상호작용

이것이 생태체계 관점의 기본 개념이라고 할 수 있을 것이며, 사회복지사들은 이를 대체로 이해하고 있습니다. 문제는 클라이언트와 환경에 실제로 개입하고 평가할 때도 이러한 관점을 유지하고 있는가 하는 점입니다. 가계도와 생태도 등을 그리면서 생태체계를 이해하기는 했지만, 개입과 평가에서는 이러한 체계를 두루 활용하지 못하고 개인에 대한 지원에 집중하는 경우가 상당히 많습니다. 대체로 평가는 개입과 대응 관계에 있으므로 개입할 때 이중초점을 가지고 있지 않았다면, 평가도 그럴 것입니다. 이를테면 실천 과정과 자원의 활용 방식을 전반적으로 검토하지 못하고, 개인의 변화, 욕구의 충족 정도만 피상적으로 살펴보고 말게 되는 것입니다. 물론 질적 평가를 통해 이를 발견하고 개선할 수 있다는 것이 질적 평가의 또 다른 장점이긴 합니다만, 애초에 이를 염두에 두지 않고 개입했다면 평가를 제대로 받기도 어려울 것입니다.

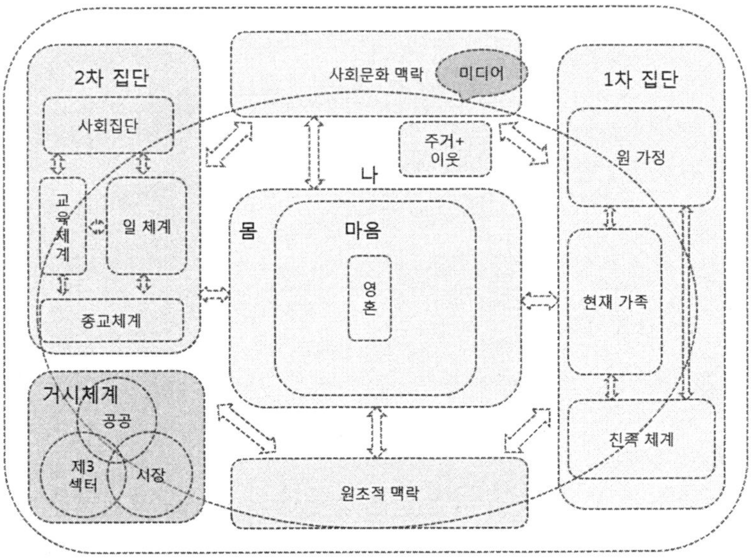

| 그림 1-2 | 생태체계

2) 강점 관점

강점 관점은 클라이언트 체계를 이해할 때 그와 환경이 가지고 있는 강점, 장점, 능력, 자원 등에 초점을 두고, 그것들을 활용하여 클라이언트의 복지를 향상시키고자 하는 관점을 말합니다. 이것은 흔히 의사들이 하는 접근, 즉 환자에게 나타나는 증상들을 보고, 병을 진단하며, 병의 원인을 찾아내고, 그것을 제거하는 '병리적 관점'과 대조를 이룹니다. 물론 현대의학은 다른 관점을 갖는 것 같기도 합니다만, 여하간 이러한 접근을 병리적 관점이라고 부르고, 사회복지실천은 그와 반대로 강점과 능력, 자원 등을 활용하여 문제를 해결하고, 욕구를 충족시킨다고 생각하는 것입니다. 전통적인 사회복지실천에서도 사람들의 부적응, 기능상의 결함과 제한에 초점을 두어 이를 개선하고자 하는 관점을 가진 적이 있습니다. 사회복지실천가가 사회적 의사(social doctor)라고 자인하고 일을 해왔던 것이지요. 그러나 클라이언트가 욕구 충족에 필요한 힘을 이미 보유하고 있고, 주변 환경에도 수많은 자원이 존재한다는 점을 사회복지실천 분야에서 점차 인정하게 되었습니다. 이와 관련한 개념으로 탄력성(resilience), 역량강화(empowerment)를 들 수 있습니다. 또한 실천방법으로는 해결중심접근과 이야기치료 등의 포스트모던 실천이 여기에 해당될 수 있습니다.

이러한 관점 또한 현실에서 제대로 적용되고 있는가에 대해 생각해보고 늘 되새길 필요가 있습니다. 우리는 삼성복지재단, 사회복지공동모금회, 아산재단 등에 예산 지원을 신청한 수많은 프로그램들을 검토해보았으며, 개별적인 기회나 밀락넷을 통해서도 다양한 프로그램들을 살펴보았습니다. 그 과정에서 우리는 상당히 많은 프로그램과 사회복지사들이 강점 관점을 유지하지 못하고 있음을 발견하였습니다. 즉, 여전히 클라이언트 집단의 문제에 주목하면서 그 문제를 어떻게 해결할 수 있을지, 원인을 어떻게 제거할 수 있을지 고민하고 있다는 것입니다. 우리 연구자들에게는 개입의 기획, 실행, 평가가 강점 관점 안에서 이루어지고 있는지가 중요한 평가의 요소이며, 사회복지실천가가 이를 기억하고 적용할 수 있기를 바랍니다.

The Plus

- **강점 관점을 활용하지 못하는 사례**
  외부 지원을 받아 '마을 동아리 사업'을 실시했으나, 외부 지원이 끝난 후에 사업이 흐지부지되는 경우. 이 경우 마을 동아리를 구성하는 주민들의 자생력과 자발적 참여를 충분히 활용하지 못하고, 외부 지원금에 맞추어 기관 중심으로 모임을 실시하는 데 급급하게 운영이 됨. 이후 스스로 회비를 내서 관심사에 따라 모이는 동아리로 이어지지 못했음. 지역주민들은 모일 수 있는 의향과 힘이 있었음에도, 기관이 지역주민을 함께하는 파트너가 아닌 지원 대상으로 여기면서 지원금이 끊기게 되자 사업이 흐지부지 종결됨.

- **강점 관점을 활용한 사례**
  지역의 아이들을 위한 '골목야영'을 복지관에서 기획하면서, 아동, 지역주민의 협력과 참여를 효과적으로 이끌어 낸 사례. '골목야영'의 취지를 복지관을 찾은 아이들에게 설명한 후, 이들을 중심으로 기획단을 꾸렸음. 아이들이 하고 싶은 놀이를 정하고, 일정 짜기, 식단 짜기, 놀이규칙 정하기, 시장보기, 전화로 고기 대량 주문하기, 경로당 할아버지께 부탁드리기 등을 주도했음. 또한 지역 어머니와 어르신이 식사를 준비해 주었고, 프로그램을 종결할 때 아이들은 식사를 챙겨준 어머니와 어르신들에게 편지를 써 드렸음. 사회복지사는 이 모든 과정을 주선하면서 필요한 지원과 장을 마련해 주는 방식으로 역할을 제한하여 참여함. 이 과정에서 아동을 서비스의 대상이 아니라 서비스의 세부적인 부분을 결정하는 능력이 있는 존재로 역량강화하였으며, 기관예산에만 의존하기보다는 지역사회에 이미 존재하는 자원으로서 지역주민과 기관 이용 어르신을 프로그램에 기여하도록 초대하였음(선의관악종합복지관 '골목야영', 강경희·강민지 사회복지사 사례).

3) 발달 관점

발달 관점은 인간의 생애주기, 가족생활주기, 집단발달단계, 지역사회 역사 등 시간 차원에서 인간과 환경을 이해하려는 관점입니다. 개별 인간과 가족, 집단, 지역사회, 국가는 유사한 발달 또는 발전단계를 거치는 경향이 있으며, 이를 정리한 것이 발달이론들일 것입니다. 우리는 인간을 이해할 때 이러한 발달이론들을 일반적인 기준으로 삼으며, 개별적으로 적용하게 됩니다. 사회복지사들에게 중요한 것은 일반적인 발달단계를 이해하고 있을 뿐만 아니라 개별 클라이언트의 발달수준을 파악하여 일반 기준과 비교하고 개입의 방향을 정하는 일일 것입니다. 클라이언트의 발달은 다른 이들과 비슷한 측면도 있고 전혀 다른 측면도 있을 것입니다. 일반적으로 개인은 연령이 증가하면서 이질성이 증가합니다. 이렇게 발생한 이질성은 개인차라 볼 수도 있고 개성이라고 볼 수도 있을 것입니다. 이것은 집단이나 가족, 지역사회도 마찬가지입니다. 처음의 모습은 비슷하게 시작해도, 시간의 흐름에 따라 내외부와 상호작용하면서 점차 다른 모습을 띠게 됩니다. 이러한 세부적인 변화와 여기에 영향을 미치는 여러 요소들을 포착하기란 쉽지 않습니다. 그럼에도 다양한 체계와 수준의 발달을 설명하는 관점을 이해하는 것은 클라이언트와 우리를 둘러싼 환경을 이해하는 데 큰 기초가 될 수 있습니다.

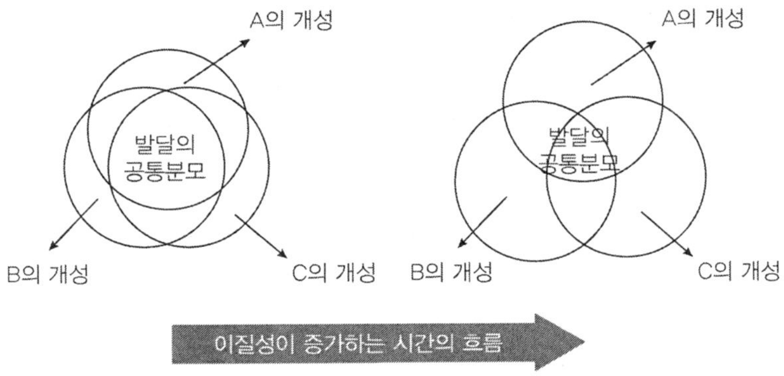

▌그림 1-3▐ 발달과정에서 시간의 흐름에 따라 발생하는 이질적 차이들

발달 관점 또한 현실의 사회복지실천에서 정교하게 적용되고 있지는 않은 것 같습니다. 일단 '집단' 이상의 규모가 되면 개별화는 어려워지며, 가족치료를 할 때도 가족 구조와 기능에 초점을 두고, 가족력을 파악할 때도 이해 수준에 머무를 뿐 가족 구성원들의 개별적인 발달수준에 맞춰 개입을 하기는 어려운 것 같습니다. 따라서 발달 관점도 사회복지실천의 개입뿐만 아니라 평가에서 중요한 차원이 될 것입니다.

요점은 이것입니다. 사회복지실천을 기획하고 실행할 때,

"사회복지실천의 관점을 얼마나, 어떻게 적용하고 있는지 반성해 보라."

그렇지 않다면 사회복지실천으로서 적절하게 개입하고 있다고 말할 수 없으며, 긍정적으로 평가할 수도 없을 것입니다. 다음은 사회복지실천 관점의 적용을 돌아볼 수 있는 질문의 예입니다. 여기 적힌 질문의 목록이 전부는 아니겠지만, 참조한다면 우리의 일이 사회복지실천다움을 갖게 될 것입니다.

〈표 1-1〉 사회복지실천 관점과 반성을 위한 질문

주요 관점	반성을 위한 질문의 예
생태체계 관점	• 클라이언트에 대해 궁금함과 호기심을 여전히 가지고 있는가? • 포괄적인 사정을 했는가? 사정 과정에서 간과한 맥락과 환경은 없는가? 즉, 생물학적 측면-심리학적 측면-사회관계 측면에서 클라이언트에 대해 충분히 이해하고 있다고 판단할 수 있는가? 만일 충분히 이해하지 못하고 있다면, 어떤 부분을 어떻게 사정해야 하는지 알고 있는가? • 클라이언트를 둘러싼 체계들과의 상호관계, 교류의 정도와 방식에 대한 충분한 검토가 있었는가? • 사정 시 검토된 외부 자원, 유익한 상호관계를 실제 실천에 활용하였는가?
강점 관점	• 클라이언트의 강점과 자원을 실천 과정에서 활용했는가? • 클라이언트를 수혜자, 대상자로 보는가, 변화를 이루어 갈 역량과 자원을 가진 협력자로 보는가? • 당면한 문제를 없애기 위한 목적을 지향하는가, 이들의 진정한 바람과 가능성에 우선적인 관심을 기울이는가? • 모든 실천 과정에서 사회복지실천가는 해결사인가, 조력/협력자인가?
발달 관점	• 클라이언트가 정상적인 발달을 이루었는가? • 클라이언트가 가지는 발달과정에서의 독특한 특성 및 자질은 무엇인가? 이러한 독특한 특성 및 자질은 어떻게 형성되었는가? • 클라이언트의 특성과 발달 수준은 클라이언트의 욕구충족, 생태학적 적합성 달성에 기여할 수 있는가? • 클라이언트는 자신을 둘러싼 체계들의 변화와 어떻게 조응하여 발전해 나갈 수 있는가?

CHAPTER 02

평가의 구성요소들

1. 평가의 기본 개념

평가란 "사물의 가치나 수준 따위를 평함"(국립국어원 표준국어대사전) 또는 "사람이나 사물의 가치를 판단함"(네이버 한자사전) 등의 뜻을 가지고 있습니다. 평하는 것이 판단을 의미한다면, 프로그램 평가는 프로그램의 가치나 수준을 판단하는 일일 것이고, 사회복지실천에 대한 평가는 사회복지실천의 가치나 수준을 판단하는 일일 것입니다.

이러한 단순한 정의에 대해 반론을 제기하기는 어려울 것입니다. 그러나 이 사전 정의에 많은 요소들이 빠져 있음을 발견하게 됩니다. 즉, 누가 판단할 것인가, 언제 어디서 판단할 것인가, 왜 판단해야 하는가, 어떻게 판단할 것인가 등이 제시되지 않은 것입니다. 이러한 요소들이 추가되지 않는다면, 이 정의는 별로 쓸모가 없을 것입니다. 따라서 아래에서는 5W1H(육하원칙)에 따라 평가의 요소들을 살펴볼 것입니다.

그 전에 한 가지 정리할 것이 있습니다. 평가를 위해서는, 즉 사람이나 사물의 가치를 판단하기 위해서는 두 가지 요소가 필요합니다. 하나는

'가치'를 규정하는 것이며, 다른 하나는 판단의 '기준'을 정하는 일입니다. 가치란 '사물이 지니고 있는 쓸모'입니다(국립국어원 표준국어대사전). 프로그램 평가란 프로그램의 쓸모를 판단하는 일입니다. 그리고 쓸모 있다는 것은 어떤 일을 이루어 내고자 할 때 그것이 수단으로서 적절하다는 뜻일 것입니다. 그런데 그 수단(프로그램, 개입, 서비스, 활동 등)이 쓸모가 있는지 판단하려면 기준이 있어야 합니다.

다시 정리하자면, 평가를 위해서는 목적이나 목표, 그리고 기준이 있어야 한다는 것입니다. 그래야 그 목표를 달성하는 데 사물(예를 들어, 프로그램)이 쓸모가 있었는지 판단할 수 있고, 그것이 얼마나 쓸모가 있었는지 파악할 수 있습니다. 그리고 그 기준은 다시 두 가지 유형으로 구분할 수 있다고 생각됩니다. 하나는 일반적인 수준을 기준으로 삼는 것이고, 다른 하나는 클라이언트(들)의 이전 상태를 기준으로 삼는 것입니다. 다르게 말하자면, 일정한 수준 이상을 넘어서면 목표를 달성한 것으로 보는 방법과, 이전보다 의미 있는 수준으로 변화가 일어나면 목표를 달성한 것으로 보는 방법이 있을 것입니다. 전자는 규준점수를 가진 척도를 떠올리면 되고, 후자는 사전사후비교설계의 구조를 생각하면 될 것입니다.

여기까지가 일반적으로 양적 평가에서 말하는 평가의 의미가 될 것입니다. 그런데 질적 평가로 범위를 전환시켜 보면 좀 다른 초점을 가지게 됩니다. 양적 평가는 실천가와 클라이언트가 합의한 목표를 '얼마나' 달성했는지를 숫자로 표현하고 드러내는 데 관심을 둡니다. 사회복지실천이 얼마나 효과적이었는지 임상적인 기준에 대비해 보거나 통계적으로 '검증'하는 데 초점을 두는 것입니다. 그러나 질적 평가는 특정 프로그램이 '어떻게' 그런 변화를 초래했는지 과정을 이해하거나, '어떠한' 변화를 했는지 파악하는 데 관심을 둡니다. 또한 질적 평가의 중요한 부분은 프로그램을 둘러싼 이해관계자들의 다양한 경험이 어떤 의미를 지니는지 배우고자 한다는 점입니다.

2. 평가를 위한 여섯 가지 질문

1) 평가 목적 : 왜 평가하는가?

앞서 평가의 목적은 "클라이언트의 복지를 향상시키기 위한 더 나은 개입방법을 찾기 위해서"라고 했습니다. 이것이 궁극적인 목적이라면, 다음과 같이 조금 더 세부적인 목표들도 제시할 수 있을 것입니다.

첫째, 사회복지실천의 과정과 결과를 파악하여 연결하기 위해서,

둘째, 사회복지실천의 효과를 입증하기 위해서,

셋째, 사회복지실천을 이론화하기 위해서,

넷째, 기관 내부의 지시와 합의에 의하여,

다섯째, 기관 외부의 요구에 의하여,

여섯째, 사회복지실천가로서 반성적 성찰을 통해 성장하기 위해서 등입니다.

2) 평가 주체 : 누가 평가하는가?

누가 평가할 것인가도 현장에서는 중요한 이슈입니다. 평가 주체는 다음과 같이 구분할 수 있습니다.

첫째, 사회복지실천가,
둘째, 내부 평가자(동료 실천가, 슈퍼바이저, 기관 내 평가 팀 등),
셋째, 외부 전문가(자문교수 등),
넷째, 외부 평가자(감사기관, 평가기관, 심사기관 등),
다섯째, 클라이언트 체계(서비스 이용자, 시설거주인, 가족, 서비스 제공자 등)

누가 평가하는가에 따라 평가의 형식과 내용이 달라질 것입니다. 그리고 그 엄밀성과 질도 달라질 것입니다.

3) 평가 시점 : 언제 평가하는가?

평가의 시점도 매우 중요합니다. 개입의 단계에 따라 평가 시점을 다음과 같이 구분할 수 있을 것입니다.

첫째, 사전준비단계 : 욕구조사
둘째, 도입단계 : 개입 전 평가
셋째, 초기단계 : 형성 평가
넷째, 개입단계 : 매회 수시 평가
다섯째, 중간단계 : 중간 평가

여섯째, 종결단계 : 종결 평가

일곱째, 사후관리단계 : 사후관리 평가

이처럼 평가의 시점은 매우 다양합니다. 그런데 우리가 여기서 짚고 싶은 부분은 현장에서 이루어지는 평가의 대부분이 도입단계의 개입 전 평가와 종결단계의 종결 평가 차원에서만 이루어진다는 점입니다. 물론 매 회기마다 평가하는 경우도 많고, 중간 평가를 하는 경우도 있으며, 형성 평가를 통해 개입의 구조를 바꾸는 경우도 많다는 사실을 알고 있습니다. 그러나 필요한 만큼 충분히 수행되고 적용되고 있는가에 대한 의문을 제기하는 것입니다. 우리는 현재 하고 있는 일이 목표를 달성하는 데 유용하지 않다는 사실을 깨닫고 있으면서도 원래 계획된 일을 마치고자 계속 하는 경우가 있으며, 수시 평가와 중간 평가를 형식적으로 진행하고 문서로만 남겨두는 경우도 많습니다. 또한 클라이언트들이 프로그램 과정에 대해 수시로 제기하는 의견과 피드백을 평가에 적절하게 반영하지 못하는 경우도 있을 것입니다. 이런 일을 경계하자는 것입니다. 모든 평가는 '더 나은 개입방법을 찾기 위한' 것이어야 하기 때문입니다.

물론 대다수 사회복지실천가들은 평가를 위해 충분한 시간을 확보하기도 힘들고, 기관에서 업무량을 적절하게 조정해 주지 못하는 형편입니다. 내실 있는 평가를 위해서는 실천가와 기관 모두 함께 이를 위한 숨통을 확보해 주어야 합니다. 대나무가 곧고 높게 자랄 수 있는 것은 마디가 있기 때문입니다. 평가를 위한 시간은 성장을 위한 마디가 되어 줄 수 있습니다.

4) 평가 장소 : 어디에서 평가를 하는가?

이것은 '어디에서 평가를 할 것인가'라는 장소의 차원일 수도 있고, '어디까지 평가를 할 것인가'라는 범위의 차원일 수도 있습니다. 개별 상담이든 가족치료이든 집단 프로그램이든, 일반적으로 평가는 개입 현장에서 하는 것으로 가정됩니다. 개입 현장은 클라이언트가 살아가고 있는 자연스러운 현장일 수도 있고, 프로그램이 진행되는 각 회기, 실천 과정일 수도 있습니다. 그러나 클라이언트의 변화에 영향을 미치는 공간은 훨씬 더 다양하고 광범위하며 복합적이라고 말할 수 있을 것입니다. 개입현장을 포함하여 여기에는 다음과 같은 영역들이 포함됩니다.

첫째, 개입 현장
둘째, 개입 현장을 둘러싼 기관의 환경(물리적, 사회적, 제도적 환경)
셋째, 지역사회의 자연환경, 인공환경, 사회환경
넷째, 클라이언트의 맥락(가족, 친구, 관계망, 이웃 등)
다섯째, 거시 구조와 미디어 등

이러한 요소들은 개입의 목표나 성과에 영향을 미치는 요소가 될 수도 있고, 목표가 파급된 결과로서 영향이나 기대효과의 범위에 포함될 수도 있을 것입니다. 중요한 것은 개입을 평가할 때 이러한 영역들을 포함할 필요가 있다는 것입니다. 왜냐하면 인간은 환경 안에서 환경을 이루는 다양한 요소들과 상호작용하면서 살아가고 있기 때문입니다.

5) 평가 대상 : 무엇을 평가하는가?

평가 대상은 다시 몇 가지 차원으로 구분할 수 있습니다. 하나는 클라이언트 체계이고, 다른 하나는 개입체계입니다.

먼저 평가의 대상이 되는 클라이언트 체계는 다음과 같이 구분할 수 있을 것입니다.

첫째, 개인

둘째, 가족

셋째, 집단

넷째, 사례[1]

다섯째, 지역사회

여섯째, 국가

이러한 클라이언트를 직접적인 대상과 간접적인 대상으로 구분할 수도 있을 것입니다. 즉, 개인을 직접적인 대상으로 설정하여 개입하는 경우에도 간접적으로 가족에까지 영향을 미칠 수 있으며, 집단을 대상으로 개입하는 경우에도 간접적으로 개인이나 가족에까지 영향을 미칠 수 있습니다.

또한 개인을 개입 대상으로 했을 때, 다음과 같이 세부적으로 개입과 평가의 초점을 설정할 수도 있습니다.

---

1) 여기서 사례는 앞의 개인, 가족, 집단을 지칭하며 사용되는 개념입니다. 그러나 사회복지실천 과정을 본다면, 복합적으로 상호 영향을 주고받는 실천 대상군을 사례라 부를 수 있기 때문에 별도로 정리하였습니다(예 사례관리).

첫째, 생물학적 영역(신체 건강과 정신 건강의 생리적 하위영역)

둘째, 심리적 영역(인지, 정서, 행동 / 동기, 태도, 의지 등)

셋째, 사회적 영역(사회성, 관계망 등)

넷째, 영적 영역(영성)

다른 한편으로, 평가의 대상이 되는 개입 체계는 다음과 같이 구분할 수 있습니다.

첫째, 사회복지실천가

둘째, 사회복지실천, 그 자체

셋째, 사회복지조직

넷째, 개입 네트워크

다섯째, 지역사회

여섯째, 사회복지 법률, 정책, 제도

그런데 사회복지실천을 평가하는 과정에서 추가해야 할 차원이 있습니다. 말하자면, 평가의 깊이 또는 차원들입니다. 우리가 평가를 통해 뭔가를 알아내려고 할 때, 실제로 우리가 무엇을 알고자 하는지 생각해 볼 필요가 있습니다. 예를 들어, 집단 프로그램을 평가할 때 우리가 알고자 하는 것은 무엇입니까? 논리모델을 적용해 보면, 프로그램의 투입 요소(클라이언트, 인력, 물리적 자원)와 과정 요소(서비스 과업과 개입방법), 산출 요소(중간산출, 품질산출, 최종산출), 성과 요소(중간성과와 최종성과) 등일 것입니다. 그런데 여기에서 우리가 놓친 것들이 있다고 생각됩니다.

첫째, 클라이언트의 주관입니다. 투입, 과정, 산출, 성과 등의 요소는 어디까지나 사회복지실천가를 포함한 외부인의 관점에서 평가되는 것입니다. 다르게 말하면, 내부자인 클라이언트의 관점이 간과되고 있습니다. 물론 우리는 클라이언트 만족도 척도 등을 통해 클라이언트의 관점을 반영하고 있지만, 그것조차도 '객관성'을 지향합니다. 따라서 클라이언트의 주관적 관점은 배제되어 있다고 말할 수 있습니다.

둘째, 클라이언트의 관점 내에서도 사물과 의미의 구분입니다. 양적 평가에서 클라이언트 만족도는 크게 두 가지 차원에서 사용됩니다. 하나는 품질산출을 측정하기 위한 것으로, 투입 요소의 질과 과정 요소의 질을 측정하는 것입니다. 다른 하나는 성과를 측정하는 방법 중 하나로서 클라이언트 스스로 인식한 변화의 수준을 측정하는 것입니다. 예를 들어, 클라이언트 만족도 척도에는 '이 프로그램을 통해 귀하가 변화되었다고 생각하십니까?'라는 질문이 있고, '매우 그렇다'에서 '전혀 그렇지 않다'까지의 항목에 답하도록 되어 있습니다. 이러한 클라이언트 만족도 척도가 측정하는 것은 클라이언트가 감각하고, 인식하고, 판단하고, 기억하고 있는 투입과 과정, 성과의 요소들입니다. 그러나 이러한 척도들에만 의존할 수는 없습니다. 이들은 프로그램 경험과 이를 통한 변화에 대해 클라이언트가 어떠한 의미를 부여하고 있는지를 탐색하지 못하고 있기 때문입니다. 여기에서 의미라는 것은 투입과 과정, 성과 요소들에 대한 클라이언트의 기억과 그것에 대한 상세한 판단, 그리고 그것이 자신에게 부여하고 있는 가치 등을 말합니다.

셋째, 변화의 맥락과 패턴입니다. 맥락이란 '사물 따위가 서로 이어져 있는 관계나 연관'이며, 여기에서는 변화의 지점들이 서로 연결되어 있음을 의미합니다. 또한 여기에서 패턴이란 시간의 흐름에 따른 변화의 연결 과정을 말합니다. 지금까지 프로그램 평가에서는 투입과 과정, 산출, 성과 요소들이 분절적으로 평가되어 왔습니다. 이러저러한 요소들을 투입하고 이러저러한 과정을 거쳤더니, 이러저러한 산출이 나왔고, 이러저러한 성과가 있었다는 식입니다. 각 요소들에 대한 평가는 이루어지지만, 구체적인 요소들이 성과를 포함한 다른 요소들과 어떻게 연결되는지에 대해서는 설명하지 않는 것입니다. 프로그램을 기획한 사회복지실천가의 논리 속에서는 각각의 서비스 요소들이 이미 연결되었기에, 클라이언트의 경험을 단편적으로 묻거나 측정하여 자신의 논리를 확인하려 할 뿐입니다. 이것은 집단 프로그램뿐 아니라 개별상담이나 가족치료, 지역사회복지실천, 법률과 정책에 대해서도 마찬가지입니다. 우리는 이러한 연결고리들을 살펴보고 기술할 필요가 있습니다.

이러한 차원들은 우리가 클라이언트를 따로 만나 프로그램에 대해 깊은 대화를 나눈다고 가정해 보면, 어렵지 않게 이해할 수 있습니다. 프로그램 종결시점에서 사회복지사가 클라이언트에게 그동안 함께 해온 일들을 요약해 주고, "그동안 프로그램에 참여하면서 어떤 경험을 했나요?", "프로그램의 어떤 측면이 도움이 되었나요?"라고 물어본다면, 그 클라이언트는 자신이 기억하고 있는 특정 활동이나 실천가 또는 구성원이 했던 말과 행동, 상호작용 등을 떠올릴 것입니다. 그리고 그것이 왜 기억나는지, 어떠한 생각과 말, 행동으로 이어졌는지 언급할 수도 있을 것이며, 그것이 자신에게 어떤 의미를 갖게 되었는지 해석할 수도 있을 것입니다.

6) 평가 방법 : 어떻게 평가하는가?

여기에서는 평가 방법에 대해 살펴보고자 합니다. 프로그램 평가의 주류이자 기본이라고 할 수 있는 양적 평가방법에 대해 살펴보고, 이어서 이보다 더 광범위하고 풍성한 접근인 질적 평가방법을 소개하고자 합니다.

(1) 양적 평가방법

양적 평가방법의 기본은 사전사후통제집단비교설계와 논리모형을 결합한 형태일 것입니다. 그러니까 클라이언트 집단을 실험집단으로 설정하고, 유사한 특성을 가졌지만 프로그램에 참여하지 않는 집단을 통제집단으로 설정한 뒤, 사전사후 검사를 실시하고 비교하는 **실험설계**와 함께, 목표를 축으로 하여 프로그램의 투입－과정－산출－성과 요소들을 논리적으로 연결시키고 세부요소들을 기획하고 실행하는 **논리모형**을 적용하는 것입니다. 다만, 사회복지 현장에서 통제집단을 구성하는 것은 매우 어렵기 때문에 실제로는 단일집단사전사후비교설계의 형태가 대부분이라고 봐야 할 것입니다. 이렇게 되면 설계유형은 큰 의미가 없고, 논리모형의 구조를 충실하게 적용하는 일이 필수적인 사항이 될 것입니다.

논리모형을 여기에서 다시 자세히 설명할 필요는 없을 것 같습니다. 다만, 앞으로 소개할 내용들을 위해 간략하게 다시 정리합니다. 논리모형은 체계이론을 적용하여 투입－과정－산출－성과－환류의 논리적 순환과정을 제시합니다.

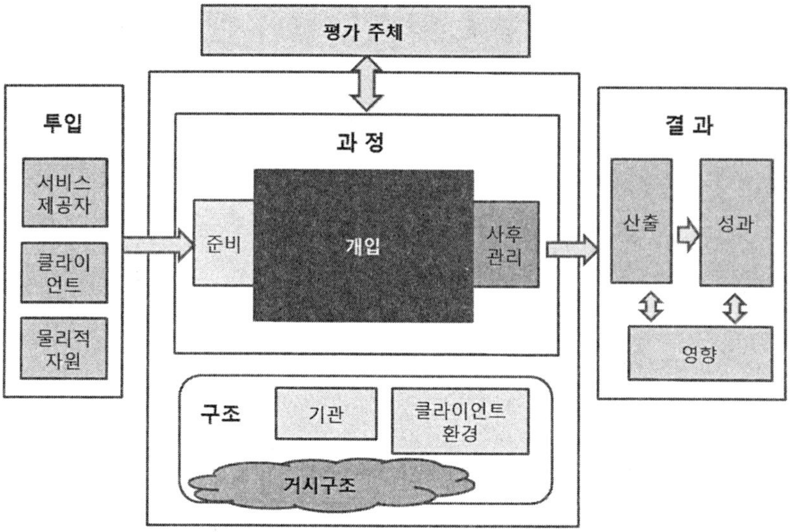

▌그림 2-1▐ 프로그램 개발과 평가를 위한 논리모형

논리모형에서 투입은 인력, 클라이언트, 물리적 자원(물적 자원, 시설, 장비)으로 이루어지며, 과정은 서비스 정의, 서비스 과업(절차나 단계로 이루어짐), 개입방법 등으로 구성되고, 산출은 중간산출, 품질산출, 최종산출로 나누어지며, 성과는 중간결과와 최종결과로 구분합니다.

또한 성과는 네 가지 방식으로 측정할 수 있습니다.

첫째, '수량집계'는 목표를 달성한 사람의 숫자를 세어보고, 그 비율을 검토하는 방식입니다. 이는 숫자를 셀 수 있을 정도로 '눈에 보이는' 행동, 상태, 지위의 변화를 측정할 때 유용합니다. 예를 들자면, 직업재활에 성공한 장애인 수, 취업률 등을 목표와 비교할 수 있습니다.

둘째, '표준화된 척도'는 신뢰도와 타당도가 검증된 측정 도구를 만들어 사전-사후의 측정값을 비교해서 향상 여부를 검증하는 방식입니다. 이는 주로 '눈에 보이지 않는' 인지, 정서, 태도 등의 심리적 상태를 측정할 때 유용합니다. 표준화된 척도는 척도집과 학술논문의 부록, 학위논문의 부록 등에서 찾아볼 수 있습니다. 예를 들자면, 아동 대상의 진로 프로그램이라면 진로성숙도를 높이는 것이 주된 목표일 수 있습니다. 이때 진로성숙도상의 점수를 프로그램 전후에 비교하여 그 차이가 개인별로 나타나는지, 평균값은 얼마나 달라졌는지 등을 살펴보는 방식으로 성과를 드러낼 수 있습니다.

셋째, '기능수준 척도'는 사회복지실천가 등이 클라이언트의 기능을 여러 수준으로 나눈 후에 변화의 정도를 측정하기 위해 직접 구성하거나 활용하는 척도를 말합니다. 이러한 기능수준(LOF : Level Of Functioning)은 기관 상황, 서비스 유형, 클라이언트별로 개별적으로 구성될 가능성이 높습니다. 물론 검증된 측정 수단인 표준화된 척도 등으로 클라이언트의 변화 등을 측정하는 것이 더 좋지만, 표준화된 척도를 찾기 어려운 상황에는 기능수준 척도를 직접 구성하는 것을 주저할 필요가 없습니다. 예를 들자면, 중증 발달장애인 거주시설에서 개별서비스 지원목표로 이를 닦는 능력을 향상시키는 목표를 삼았다고 할 때, 이 능력을 검토하기 위해서는 이를 닦는 기능과 관련한 세부 과제를 중심으로 체크리스트를 만들어 기능수준을 측정할 척도로 활용하는 것이 현실적입니다. 이를 닦는 요령, 옷을 입는 요령 등 일상생활과 관련해서는 표준화된 척도가 있지 않기 때문입니다. 사실 목표와 관련이 적은 표준화된 척도를 활용하거나, 심지어 쓰려는 척도에 맞추어 목표를 변경하는 것보다는 기능수준척도를 활용하는 것이 훨씬 낫습니다.

넷째, '클라이언트 만족도'는 클라이언트의 전반적인 만족, 스스로 평가한 변화 정도, 지속적인 참여 의사, 중요한 타인들에게 추천할 의사가 있는지 등을 묻는 질문에 답하도록 하는 리커트 방식의 척도입니다. 품질산출에서도 클라이언트 만족도 척도를 쓸 수 있는데, 그것은 품질의 차원들인 투입 요소와 과정 요소의 질에 대해 묻는 것이기 때문에 성과를 묻는 클라이언트 만족도와는 다릅니다.

성과 평가의 도구를 쓸 때, 주의해야 할 사항을 덧붙이고 싶습니다. 우리가 쓰는 척도의 간격, 측정의 세심함에 대한 부분입니다. 필자 중 한 명은 사회복지사로 일할 때, 발달장애인서비스를 이용하는 보호자를 대상으로 집단인터뷰를 통해 욕구조사를 해본 일이 있습니다. 한 어머니가 다음과 같은 취지로 이야기하였습니다.

> "여기 치료사들은 우리 아이를 그냥 발달장애인으로 봐요. 그냥 일반 아이랑 다르다고 분류해버리고 마는 거죠. 그런데 우리 아이를 자세히 살펴보면 변하는 게 너무 느리긴 해도 변하거든요. 세 달 전에 아이 모습과 지금의 아이 모습은 분명 달라지고 좋아졌거든요. 그런데 치료사들은 그냥 얘는 발달장애인이라 보고, 발달장애인 프로그램을 그냥 돌리는 것 같아요."

그 어머니의 이야기는 클라이언트의 변화를 포착할 세심한 기준을 마련하고, 섬세하게 관찰할 것을 주문한 것이었습니다. 우리가 사회복지실천 과정에서 만날 클라이언트의 개성, 개별적 상황과 욕구, 실천 환경은 단순하지 않기 때문에 결국 세심하고 촘촘한 눈으로 살펴봐야 할 것입니다. 질적인 평가방법이 이러한 눈이 되어줄 수 있을까요? 이제 질적 평가방법에 대해 기술하겠습니다.

(2) 질적 평가방법

양적 평가방법이 단순한 구조를 가지고 있는 반면에, 질적 평가방법은 다양한 레퍼토리와 복합적인 구조들을 가질 수 있습니다. 이 질적 평가방법은 뒤에서 다시 구체적으로 기술할 것이므로 여기에서는 각 레퍼토리들을 간략하게 살펴보겠습니다.

① 논리모형의 틀을 적용하는 방법

먼저 논리모형의 틀을 유지하면서 질적 평가로 확대하는 방법이 있습니다. 투입 요소에 대해서는 각 투입 요소들의 질을 분석할 수 있습니다. 과정 요소에 대해서는 과정에 대한 기술이나 과정 경험, 이슈분석, 요인분석, 사회복지실천가가 터득한 실천지혜 등 서비스 과업에 초점을 두는 분석과 개입기술이나 상호작용, 개입모듈 등 개입방법에 초점을 두는 분석을 수행할 수 있으며, 맥락-패턴 분석을 적용할 수도 있습니다. 산출과 성과 요소에 대해서는 상세한 기술을 하거나 예상치 않은 결과에 대한 분석, 변화의 의미 등을 탐색할 수 있습니다. 그리고 일반적으로 프로그램 평가에서 간과하는 사회복지기관과 클라이언트 환경, 거시 구조의 영향 등을 분석할 수도 있을 것입니다. 이처럼 논리모형의 틀을 그대로 적용하되, 각 요소별로 질적인 측면들을 추가로 분석하고 평가하는 방법을 사용할 수 있으며, 논리모형을 일반적으로 적용하고 있는 현재 상태에서는 가장 적용 가능성이 높은 방법이라고 생각됩니다.

② 질적 연구접근의 기본 분석방법을 적용하는 방법

여기에서 말하는 '질적 연구접근의 기본 분석방법'이란 (심층) 면접이나 질문지, 관찰을 통해 원자료를 수집하고, 그것을 의미단위-개념-하위범주-범주의 순으로 추상화 수준을 높이면서 범주화하고, 그것을 풀어서 기술하면서 연구참여자의 진술을 인용하는 방식으로 제시하는 것입니다. 일반적으로 질적 연구에서는 10명 정도의 연구참여자들을 2시간씩 2~3회 만나 인터뷰를 실시하고, 녹음한 내용을 녹취록으로 작성한 뒤, 의미단위-개념-하위범주-범주 식으로 범주화하고, 범주별로 연구결과를 기술하거나 한 차원 더 높은 추상 수준인 '주제'를 찾아 기술하고 해석하는 방식으로 분석을 수행합니다. 물론 주제와 구체적인 질적 연구접근에 따라 상당히 큰 차이가 있지만, 이것을 일반적이거나 기본적인 분석방법으로 이해할 수 있을 것입니다.

이러한 분석방법을 질적 평가에도 적용할 수 있을 것이고, 지금까지 질적 평가라고 하면 대체로 이런 방식을 적용해 온 것 같습니다. 기본적인 방법은 개입이 시작되기 전에 개별 또는 집단 면접의 형식으로 현재 상태에 대해 물어보고, 중간평가나 종결평가 시점에 다시 물어봐서 그 답변을 정리하고 비교하는 것입니다. 이것은 사회복지사들도 그동안 많이 해왔기 때문에 쉽게 적용이 가능하리라 생각됩니다. 다만, 유사한 의미들을 상위범주로 묶어내고, 개념화하여 이름을 붙이고, 관계를 설정하고, 해석하는 것은 쉽지 않기 때문에 반복적인 연습이 필요하리라 생각됩니다.

③ 특정 질적 연구접근을 적용하는 방법

이것은 기존의 질적 연구접근들 중에서 하나 이상을 선택하여 질적 평가에 적용하거나 절충하는 방식입니다. 여기에서 기존 질적 연구접근이란 현상학, 근거이론, 문화기술지, 내러티브 탐구, 질적 사례연구 등 다양한 학문에서 적용되고 발전되어 온 질적 연구방법들을 말합니다. 이 질적 연구접근들 중에서 자신의 평가연구에 맞는 것을 선택하여 적용할 수 있습니다. 시중에 나와 있는 프로그램 개발과 평가 교과목의 단행본들도 질적 연구접근을 적용하여 질적 평가를 수행하는 것으로 설명한 경우가 대부분입니다. 평가는 연구와는 다르므로, 그대로 적용하는 것은 어렵겠지만, 각 질적 연구접근의 철학과 관점, 절차, 방법들을 적용하는 것은 가능하리라 생각됩니다. 다만, 사회복지실천가들이 이러한 질적 연구접근들을 제대로 이해하고 적용해야 한다는 것이 전제되어야 할 것입니다.

④ 질적 사례연구를 시도하는 방법

질적 사례연구는 위에서 언급한 질적 연구접근 중 하나에 포함되기는 하지만, 그중에서도 적용 가능성이 높다고 판단되어 별도의 방법으로 구분하였습니다. 질적 사례연구는 법학이나 의학, 교육학 등 다양한 학문에서 고유한 방식을 개발하면서 발전되어 왔기 때문에 정형화된 틀이 있는 것이 아닙니다. 또한 시중에 나와 있는 질적 사례연구 관련 단행본들을 보면, 유연한 적용이 가능한 것으로 보입니다. 그리고 집단 프로그램을 포함한 사회복지실천의 개입을 '사례'로 볼 수 있기 때문에, 하나의 개입실천을 사례로 규정하고, 시간과 공간의 경계를 정한 뒤, 다양한 자료원으로부터 자료를 수집하고, 탐색과 기술, 설명 순으로 분석과 해석을 시도해 간다면 그 자체로 하나의 질적 사례연구가 완성된 것으로 볼 수 있을 것입니다.

⑤ 양적 평가방법을 확장하는 방법

이것은 방법이라기보다 기술 수준이라고 생각되고, 논리모형을 적용하는 방법에 포함될 수도 있지만, 다른 방법들과 차이가 있고 별도의 방식으로 단순하게 사용할 수도 있기 때문에 별도의 항목으로 빼두었습니다. 이것은 양적 평가에서 사용하는 방법들을 질적 평가의 도구로 사용하는 것입니다.

예를 들면, 성과를 측정하는 도구인 표준화된 척도는 양적 평가의 대표 격이라고 할 수 있겠는데, 이 척도를 해체하여 질적 평가의 도구로 쓸 수 있습니다. 즉, 로젠버그(Rosenberg)가 만든 자아존중감 척도의 1번 문항인 "나는 가치 있는 사람이다"를 질적 면접의 질문으로 사용하는 것입니다. 또한 수량집계에서 적용하는 변화된 사람의 수를 판단할 때, 그것이 어떤 변화인지, 그것과 연결된 다른 변화들은 어떤 것이 있었는지, 그 변화의 의미는 무엇인지, 그러한 변화가 어떤 과정을 거쳐 이루어졌는지 물어볼 수 있을 것입니다. 이런 방식으로 다른 질적 연구방법을 적용하지 않으면서 양적 평가의 도구들만을 활용하여 질적 평가를 수행할 수 있습니다.

⑥ 실행연구 방법을 적용하는 방법

실행연구(Action Research)는 참여적 실행연구(Participatory Action Research)라고도 하며, 실행(수행, 적용, 개입 등)과 연구를 병행하는 방법을 의미합니다. 이론보다는 실천현장에 방점을 찍고, 실천가가 개입활동을 수행하면서 자신의 개입을 연구하는 것을 강조합니다. 또한 '참여'의 의미가 포함되면 클라이언트(들)가 이 연구에 참여하여 함께 기획하고, 수행하며, 자료수집과 분석, 글쓰기, 발표까지 공동 수행하는 것을 의미하기도 합니다.

이런 의미에서 실행연구는 사회복지실천에 대한 질적 평가에도 잘 어울리는 방법입니다. 사회복지실천가가 개입활동을 하면서 자신의 개입을 평가하는 연구를 수행할 수 있고, 클라이언트를 참여시킬 수도 있기 때문입니다. 이런 의미에서 이 방법은 하나의 연구접근이라기보다 사회복지실천의 질적 평가에 대한 철학이나 관점이 될 수도 있을 것입니다. 사회복지사가 자신의 개입을 평가하는 것에 대해 '주관성'의 문제가 지적되고, 철학적으로 용납되기 어려운 것이라는 비판도 있는데, 관점을 다각화(triangulation)함으로써 평가결과의 진실가치(truth value)를 높이는 수단이 될 수 있기 때문입니다.

⑦ 질적 평가방법을 개발하고 적용하는 방법

마지막으로, 위에서 언급한 모든 방법들을 넘어서거나 절충하는 새로운 질적 평가방법을 개발하고 적용할 수도 있을 것입니다. 이것은 하나의 가능성으로 남아 있습니다. 물론 질적 평가방법만을 별도로 소개하는 단행본들이 있기 때문에 이미 질적 평가를 위한 독자적인 방법이 개발되어 있다고 할 수 있겠으나 아직 학문공동체와 실천현장에서 합의된 것은 아니며, 그것이 사회복지실천에도 적합한가라는 의문도 남아 있습니다. 따라서 이 방법은 우리가 앞으로 같이 개발해 가야 할 숙제 정도로 남겨두겠습니다. 우리는 이 책이 그 출발점이 될 수 있다고 믿습니다.

CHAPTER 03

더 큰 그림과 질적 평가의 정체성

질적 평가의 세부 방법들로 넘어가기 전에 조금 더 큰 그림과 질적 평가의 정체성을 정리해 둘 필요가 있다고 생각됩니다. 크게 보면, 철학의 문제, 정치의 문제, 질의 의미, 질적 연구와 질적 평가의 관계로 구분할 수 있습니다.

1. 철학의 문제

철학은 크게 존재론, 인식론, 윤리학, 미학 등으로 나눌 수 있습니다. 질적 평가와 철학은 거리가 있어 보이지만, 질적 연구는 철학을 떼놓고는 이야기할 수 없기 때문에, 질적 연구에 배경을 둔 질적 평가도 철학과 관련이 있다고 봐야 할 것입니다. 그러나 그렇다고 해서 철학을 다시 공부할 수는 없고, 여기에서는 중요한 이슈들만 다루고 넘어가려 합니다.

그것은 존재론과 인식론의 문제라고 할 수 있는데 '존재란 어떤 것인가'와 '존재를 어떻게 인식할 것인가'라는 질문과 관계가 있습니다. 평가를 하기 위해서는 무언가가 존재한다고 가정해야 하고, 존재의 어떤 측면을 파악하려 하는가도 중요한 문제일 것입니다. 예를 들어, 클라이언트는 실제로 존재할까요? 존재한다면 어떤 형식으로 존재할까요? 물질세계의 물질로? 아니면 정신세계의 현상으로? 만약 물질세계의 물질로 존재하여 우리가 감각 또는 지각하려 한다면 클라이언트 존재의 어떤 측면을 파악해야 할까요? 이것이 하나의 질문입니다.

다른 하나는 앞선 질문에 대한 추가 질문입니다. 클라이언트가 존재하고, 그의 행동을 파악하기로 했다면, 우리는 그것을 어떻게 인식할 수 있을까요? 경험론의 입장에서는 클라이언트가 물질이라면 감각이나 지각에 의해 관찰하고 경험함으로써 인식할 수 있을 것이고, 합리론의 입장에서는 클라이언트가 관념으로 존재하는 것이므로 합리적인 이성에 의해 인식될 수 있을 것입니다. 그런데 우리는 오늘날 과학철학이 경험과 합리를 과학의 두 바퀴로 통합하고 있다는 사실을 알고 있습니다.

실제로 질적 평가를 할 때 걸림돌이 되는 가장 큰 이슈는 사회복지실천가가 자신의 개입행위를 평가하고자 할 때, 그것을 어떻게 인식하고 평가할 것인가 하는 점입니다. 사회복지실천가는 온전히 주관적인 입장에서 자신의 개입행위를 바라볼 수밖에 없고, 클라이언트를 바라볼 때도 주관적으로 평가할 수밖에 없습니다. 그래서 질적 연구자를 포함한 많은 연구자들이 서비스제공자들이 자신의 개입을 평가하는 것에 의문을 던지고 반대하는 것입니다.

여기에서 유용한 것이 '굴뚝청소부' 이야기입니다. 굴뚝을 청소하고 나온 두 명의 청소부가 있는데, 한 명은 얼굴이 까맣고, 다른 한 명은 얼굴이 하얗습니다. 어느 쪽이 얼굴을 씻으러 갈까요? 하얀 쪽입니다. 자신의 얼굴은 볼 수 없고, 상대방의 얼굴만 볼 수 있기 때문에, 얼굴이 까매진 사람을 보고 자신도 얼굴이 까맣다고 생각하여 씻으러 가게 되는 것입니다. 이런 일을 막기 위해 많은 경우에 굴뚝 밖에서 이들을 감독하는 사람을 두게 됩니다. 그 감독관이 지켜보고 있다가 누가 씻으러 가야 하는지 알려주면 되겠지요. 그렇다면 우리는 굴뚝청소부들이 굴뚝을 청소한 자신의 행위를 반성할 수 없으므로 스스로 평가해서는 안 된다고 해야 할까요? 제가 보기에는 그렇지 않습니다. 일단 감독관은 굴뚝 안에서 무슨 일이 벌어졌는지 잘 모릅니다. 따라서 우리는 이 문제를 해결하기 위한 다른 대안들을 고려할 수 있습니다. 굴뚝청소부들에게 거울을 주어 자신의 얼굴을 볼 수 있게 하거나 굴뚝에서 나온 후 두 사람이 서로 대화하게 하거나 굴뚝 안팎에 CCTV를 설치하여 모니터링을 할 수도 있을 것입니다.

사회복지실천에서도 이런 대안들이 있습니다. 개입이 진행되는 동안 녹음을 하거나 녹화하여 실천가가 나중에 듣고 보면서 반성을 할 수도 있고, 동료나 보조 실천가에게 관찰하도록 하고 나중에 대화를 통해 파악할 수도 있을 것입니다. 여하간 철학은 머리를 복잡하게 만들기 때문에 더 생각해 보기 힘들지만, 평가와 관련된 철학의 기본적인 문제제기들은 염두에 두어야 할 것입니다.

2. 정치의 문제

평가는 '과학'의 탈을 쓴 '정치'일지도 모릅니다. 어떤 개입이나 서비스, 프로그램, 프로젝트, 정책, 법률이 그 대상 집단에게 긍정적인 영향을 미쳤는지 판단하기 위해 과학적인 방법들을 적용하고 있지만, 실제로는 정치적 분위기에 따라 그 결과가 많이 달라질 수 있다는 것을 우리는 알아차리고 있습니다. 외부감사를 받을 때와 기업재단의 지원을 받을 때, 관리자집단의 결재를 받을 때, 평가결과를 발표할 때, 우리는 동일한 프로그램에 대해 서로 다른 형식과 내용의 보고서를 작성하여 제출하게 됩니다. 우리는 정치 지형을 알고 있는 것입니다. 이러한 정치 지형 때문에, 좋은 평가결과를 받고자 하는 사회복지실천가의 숨은 동기가 나타나고, 실제 결과를 왜곡시킬 가능성을 배제하기 힘듭니다.

그렇다고 여기서 정치를 무시하고 순수한 과학적 입장에서 평가를 해야 한다고 주장하려는 것은 아닙니다. 그보다는 원래의 목적으로 되돌아가서 그 목적에 부합하는 평가를 실시하고, 결과를 발표해야 한다는 것입니다. 그 원래의 목적은 "클라이언트의 복지를 향상시키기 위한 더 나은 개입방법을 찾기 위해서"일 것입니다.

3. 질의 의미

질이란 무엇입니까? 어떤 사물이나 현상을 두고 그것의 '질'을 판단한다는 것은 어떤 것입니까? 국어사전에서 그 의미를 찾아본 결과는 다음과 같습니다(국립국어원 표준국어대사전, 2018).

질(質) 「명사」

1. 사물의 속성, 가치, 유용성, 등급 따위의 총체
2. 사람의 됨됨이를 이루는 근본 바탕
3. <논리> 판단에서 주개념과 빈개념의 일치 여부. 곧 긍정 판단이냐 부정 판단이냐 하는 차별을 표현한다.

위 사전 정의에서 두 번째 의미는 사람에 대한 것이고, 세 번째 의미는 논리에 대한 것이므로 제외하면, 결국 '사물의 속성, 가치, 유용성, 등급 따위의 총체'라는 의미만 남게 됩니다. 따라서 어떤 사물의 질은 그것의 속성, 가치, 유용성, 등급 따위를 판단하는 것이라고 할 수 있을 것입니다. '양보다 질' 또는 '서비스 품질평가'라고 말할 때, 거기에 언급된 '질'이 바로 이런 의미일 것이라고 생각됩니다. 즉, 특정 서비스의 속성, 가치, 유용성, 등급 따위를 평가하는 것입니다. 문제는 여기에서 나열된 속성, 가치, 유용성, 등급 등이 연구나 실천 영역에서 합의되지 않았으며, 그 의미가 매우 다양하게 적용되고 있다는 점에 있습니다. 그리고 그것을 판단하고 평가하는 기준도 매우 다양합니다. 우리는 서비스 질적 평가와 관련된 문헌들에서 다양한 질의 의미들을 발견하게 됩니다. 예를 들어, 경영학에서 구성되어 다른 학문과 분야들에까지 확산되어 온 SERVQUAL 모형은 서비스의 '품질'을 구성하는 요소들을 보여줍니다.[1]

---

1) SERVQUAL은 Parasuraman 등(1988)이 집단인터뷰를 통하여 서비스 품질에 영향을 주는 요인을 도출하여 서비스 질을 측정하기 위해 만든 품질측정 도구입니다. SERVQUAL은 유형성, 신뢰성, 대응성, 보증성, 공감성이라는 차원으로 구성되어 있고, 각 차원을 구체화하기 위해 4~5개 항목의 진술문을 제시합니다. 유형성은 시설, 장비, 직원의 외양을 말하

그런데 다른 맥락에서 우리는 질의 다른 의미도 발견하게 됩니다. 그것은 '바탕'이라는 의미입니다. 한자에서 質은 '바탕 질'이기 때문입니다(네이버 한자사전, 2018). 그리고 그것은 질이 사물의 겉모습(무늬)이 아니라 드러나지 않는 바탕이라는 것을 의미합니다. 질적 연구의 표현을 빌리자면, 이것을 '본질'이라고도 부를 수 있을 것입니다. 이 의미를 서비스에 적용한다면, 사람의 겉모습이 아니라 근본적인 바탕이 변화된다는 것이며, 서비스가 제공되는 형식이 아니라 그것의 근본이 되는 구조가 변화된다는 것입니다. 프로그램 평가와 관련된 대부분의 문헌에서 질적 평가를 위한 방법으로 질적 연구접근의 적용을 제안하고 있는데, 현상학과 같은 질적 연구접근들이 현상의 '본질'을 탐색하려는 목적을 가지고 있음을 고려하면, 질에 근본 또는 바탕이라는 의미가 내포되어 있다고 볼 수 있을 것입니다.

4. 질적 연구와 질적 평가

앞서 언급한 바와 같이 질적 평가에 대해 소개하는 많은 문헌에서, 질적 평가는 질적 연구방법을 적용하여 평가하는 것으로 기술하고 있습니다. 과연 그런 것일까요? 질적 연구와 질적 평가는 어떤 관계에 있을까요? 우리는 질적 연구가 질적 평가를 포함하는 포함관계에 있다기보

고, 신뢰성은 약속한 서비스를 믿음직스럽고 정확하게 제공하는 능력을 말하며, 대응성은 고객을 돕고 신속한 서비스를 제공할 의지를 말하고, 보증성은 직원의 지식과 예의 바름, 믿음과 신뢰를 전달할 능력을 말하며, 공감성은 고객에게 보이는 인간적 관심과 배려를 말합니다.

다는 서로 겹치는 부분이 있는 교집합 관계에 있다고 봅니다. 질적 평가의 일부분은 질적 연구와 중복되지만, 겹치지 않는 부분들도 많이 있다고 봅니다. 기본적으로 질적 연구에는 '평가'의 의미가 담겨 있지 않기 때문입니다.

그렇다면 겹치는 부분은 어떤 것일까요? 다시 말해서 질적 평가에서 활용할 수 있는 질적 연구의 측면들은 어떤 것들일까요? 우리는 그것이 질의 의미, 질적 연구의 관점, 그리고 자료수집과 분석, 글쓰기 측면이라고 생각합니다.

첫째, 질적 연구의 질과 질적 평가의 질은 아마도 같은 의미를 가지고 있을 것입니다. 사물의 양을 숫자로 단순화하지 않고, 그것이 가지고 있는 속성, 가치, 유용성, 등급 따위를 파악하는 것입니다.

둘째, 질적 연구는 특정 현상을 있는 그대로 이해하고, 그 의미를 해석하며, 본질을 탐구하려는 관점을 가지고 있습니다. 연역법보다 귀납법을 주로 한다는 점도 중요한 관점의 차이지요. 질적 평가도 다르지 않을 것입니다. 다만, 질적 평가가 본질을 탐구하려는 목적까지 추구해야 하는가에 대해서는 의문을 갖게 됩니다.

셋째, 질적 연구는 심층면접, 관찰, 참여관찰 등의 다양한 방법으로 자료를 수집하고, 이론이 아닌 현실에 근거하여(귀납법) 범주화나 주제분석 등을 실시함으로써 진실을 발견하고자 합니다. 질적 평가도 동일한 자료수집 방법과 동일한 자료분석 방법들을 활용하고 있습니다. 또한 질적 사례연구나 문화기술지 같은 전통적인 질적 연구접근들은 질적 평가를 하는 데 어느 정도 적용이 가능하다고 생각됩니다.

이러한 측면들을 고려할 때, 질적 연구와 질적 평가는 어느 한쪽이 다른 한쪽을 포함하거나 일대일 대응할 수 있는 관계가 아니라 서로 중복되지만 다른 점이 있는 두 가지 접근이라고 생각됩니다. 이 두 가지 방법을 묶을 수 있는 개념은 아마도 '질적 접근'이지 않을까 생각됩니다. 연구를 위한 질적 접근과 평가를 위한 질적 접근, 또는 질적 연구접근과 질적 평가접근. 질적 접근의 우산 속에 질적 연구와 질적 평가를 포함하는 것입니다.

02

PART

사회복지실천 질적 평가 전략

CHAPTER 04 사회복지실천 질적 평가를 위한 전략들

1. 질적 연구접근의 기본 방법을 적용하기

질적 평가를 위한 가장 기본적이고 쉬운 방법은 질적 연구접근에서 사용하는 기본적인 방법들을 적용하는 것입니다. 가장 기본 중에 기본은 면접을 통해 자료를 수집하고, 녹취록을 작성한 후, 녹취록을 가지고 유사한 의미들을 범주로 묶고 더 높은 단계의 추상화를 이루어 가는 범주화 분석이라고 할 수 있겠습니다.

1) 자료수집 방법

그리고 그중에서도 가장 기본적인 방법은 프로그램 종결 시점, 그러니까 마지막 회기에 1시간 정도 시간을 내어 지난 시간들을 되돌아보게 한 후, 이런 질문들을 던지는 것입니다.

"그동안 우리가 같이 했던 활동 중에서 가장 기억나는 것이 무엇인가요?"

"그 활동이 기억나는 이유는 뭘까요? 어떤 측면이 인상 깊었을까요?"

"우리가 했던 활동들이 귀하(여러분)에게 도움이 되었나요?"

"(개입의 목적과 목표를 설명하고) 우리가 계획했던 이런 목적과 목표가 달성되었다고 생각하세요? 구체적으로 어떤 활동이 도움이 되었다고 생각하세요?"

"그동안 했던 활동들과 변화가 귀하(여러분)의 삶에 어떤 의미가 있을까요?"

이러한 질문들과 그 답변에 대한 꼬리에 꼬리를 무는 질문을 이어간 후, 질문별로 답변을 정리하거나 활동과 목표의 관계를 중심으로 정리하면 몇 가지 범주들이 나올 것입니다. 그중에는 애초에 목표로 정한 변화도 있을 것이고, 목표로 설정하지 않았지만 클라이언트들이 경험한 다양한 변화도 드러날 것입니다. 그리고 척도를 통해 목표달성 정도를 측정해 두었다면, 그 분석결과를 같이 비교할 수 있을 것입니다. 그러나 종결시점에서 변화를 물어보는 것은 양적 실험설계에서 사후검사만 실시하는 것과 크게 다르지 않을 것입니다. 애초에 어떤 상태였는지 잘 모르기 때문입니다.

따라서 개입이 시작되기 전에 클라이언트의 상태를 확인하는 절차가 필요하다고 생각됩니다. 그것은 개입의 첫 회기에 할 수도 있고 사전준비단계에서 할 수도 있을 것입니다. 여하간 다음과 같은 질문들을 할 수 있습니다.

"우리가 여기에 모인 이유는 귀하(여러분)의 ○○○○○를 변화시키기 위해서입니다.[1] 그러기 위해서는 현재 귀하(여러분)가 어떤 상태인지 확인할 필요가 있습니다. 목표와 관련하여 귀하(여러분)의 현재 상태와 그에 대한 귀하(여러분)의 생각을 말씀해 주세요."

(자아존중감의 향상이 목표라면)

"현재 귀하(여러분)는 자기 자신에 대해 어떻게 생각하고 계십니까?"

또는 자아존중감 척도의 항목들을 사용하여,

"귀하(여러분)는 자신이 가치 있는 사람이라고 생각하십니까?
(상대방의 대답을 들은 후) 그 이유는 무엇입니까?"

이렇게 물어볼 수도 있을 것입니다.

그런데 대부분의 변화가 점진적으로 일어난다는 점을 고려하면, 평가의 시점을 시작단계와 종결단계로 한정해서는 안 될 것입니다. 즉, 형성평가와 중간 평가, 매 회기별 평가 등을 통해서 계속 목표를 상기시키고, 변화에 초점을 두게 하며, 작은 변화들이 누적되어 새로운 생각의 맥락과 패턴을 형성하도록 도울 필요가 있습니다.

요약하면, 질적 연구의 기본 방법을 적용하는 이 수준에서 우리가 생각하는 이상적인 방법은, 목표로 설정된 성과를 측정하는 척도와 함께 개입 이전에 변화하고 싶은 심리사회적 영역의 현재 상태를 자세하게 물어보고, 매 회기마다 마무리 시간에 짧은 면접이나 질문지를 통해 확인하며, 종결시점에 다시 한번 구체적으로 탐색하여 사전사후 비교를

---

1) 프로그램의 특성에 따라 변화보다는 당면한 욕구의 충족, 상태의 유지가 목표인 경우도 있습니다. 그런 경우에는 상황에 맞추어 진술을 달리하면 될 것입니다. 예를 들어, "우리가 모인 목적은 ○○○○○를 해결하기 위해서입니다" 등으로 말입니다.

하거나 변화 추이를 살펴보는 것입니다. 또한 종결시점에는 목표로 설정하지 않았지만 변화된 측면을 함께 살펴보고, 그 의미도 되새겨보면 좋을 것입니다.

말과 글이 우리에게 조금 다른 영향을 준다는 점을 고려하면, 먼저 글로 쓰게 하고, 그것을 말로 다시 표현하도록 하는 것도 좋은 방법이라고 생각됩니다. 집단 상황에서는 다른 사람의 말을 듣고 더 생각하게 되는 효과도 있기 때문에 돌아가면서 말하도록 하는 작업이 필요하고, 글로 적게 되면 생각이 정리되고 마음에 새기게 되는 효과도 있기 때문에 질문지를 나누어 주고 짧게라도 쓰도록 격려하는 것이 필요하다고 생각됩니다. 아동, 청소년은 그림으로 표현하고 그 그림을 돌아가면서 설명하는 방식으로 이끌어 가는 방법이 유용할 수 있습니다. 자신의 생각을 말로만 설명하는 것은 부담스러울 수 있지만, 자신의 그림을 설명하는 것은 좀 더 편안하기 때문입니다.

만약 개입활동의 특성이나 클라이언트의 특성 때문에 면접이나 글쓰기가 어려운 상황이라면, 클라이언트의 행동을 관찰하여 측정하는 관찰법이 필요할 것입니다. 관찰법에 대해서는 사회복지조사방법론 책에 별도의 장으로 소개되어 있으니 여기에서 구체적으로 기술할 필요는 없다고 생각됩니다. 다만, 여기서 강조하고 싶은 것은 관찰법도 면접법과 마찬가지로 목표에 초점을 맞추어 변화시키고 싶은 것이 무엇인지 구체적으로 설정한 뒤, 관찰을 위한 체크리스트를 만들고, 지속적으로 점검하면서 변화를 파악하면 된다는 것입니다. 그러나 특정 행동의 발생 여부와 빈도, 강도 등을 측정하여 분석하는 것은 양적인 평가가 될 것이므로 질적인 평가를 위해서는 그 행동들에 대한 구체적인 기술과 의미에 대한 해석이 덧붙여져야 할 것입니다.

다음은 다양한 질적 연구자들이 강조한 관찰의 요령입니다. 관찰할 때마다 머릿속에 담아두고 실행하면 좋겠습니다.

- ❑ 일어난 일을 시간 순으로 포착하기 위해 노력한다.
  (시간을 병기하면 좋음)
- ❑ 미루지 않고 즉시 기록한다.
  (시간이 흐르면 세부적인 것을 기억하기 힘듦)
- ❑ 관찰노트에 핵심사항이 떠오를 수 있는 약어를 적극 활용한다.
  (대개 세부적인 모든 부분을 서술할 시간적 여유가 없음)
- ❑ 현장 모습을 그림으로 그린다.
- ❑ 관찰을 시행하기 전이나 관찰 중에, 연구를 위해 떠오르는 질문을 적는다. 그리고 이러한 질문에 대한 반응으로 관찰을 기록한다.
- ❑ 방해받지 않는 장소에서, 충분한 시간을 확보하여 작업한다.
- ❑ 관찰된 내용 중에 핵심 주제라 생각하는 내용을 이야기로 만들어 적는다.

이러한 과정을 통해, 사회복지사는 개입과정을 세심하게 이해할 수 있고, 개입과 평가를 연결하여 생각할 수 있습니다. 또한 관찰은 원활한 인터뷰가 어려운 중증발달장애인 등에 대한 서비스를 평가하는 데 유용할 수 있습니다. 그러나 관찰은 쉽지 않습니다. 사회복지사가 관찰자와 실천가의 두 가지 일을 병행하는 상황이 빈번하게 발생하며, 이러한 경우 관찰에 집중하기 힘들기 때문입니다. 따라서 프로그램이나 참여자에 대해 이해하고 있는 별도의 관찰자를 두어, 관찰을 다각화하는 것도 좋은 방법이 될 수 있습니다.

다음 <표 4-1>은 저자들이 참여한 프로그램 평가연구들 중에서 질적 자료를 수집한 방법의 예입니다. 물론 아래 제시한 연구 중 상당수는 양적 연구를 병행한 혼합연구의 형태로 진행되었습니다. 질적 자료는 개별 및 집단을 대상으로 한 인터뷰 이외에도 관찰, 기록자료 등의 다양한 원천을 통해서 수집된다고 볼 수 있습니다. 따라서 질적 프로그램 평가를 하고자 한다면, 프로그램의 과정이나 성과와 관련하여 가능한 한 많은 자료를 목록으로 정리하면서 포괄적이고 체계적으로 수집할 필요가 있습니다.

〈표 4-1〉 질적 평가연구에서 질적 자료수집 방법의 예

연구 사례	분석에 활용된 질적 자료
조선영·권지성(2014). 성인발달장애인을 위한 통합적 성폭력예방 스펙트럼 구축사업에 대한 평가연구. 사회과학연구, 38(3) : 65-94.	관찰, 치료일지, 심리평가보고서
최유민·권지성(2014). 다문화 인식개선을 위한 청소년 연극동아리활동 프로그램에 대한 평가연구. 사회복지실천과 연구, 11 : 25-62.	종결평가지에 포함된 주관식 질문에 대한 답변, 실천가의 반성적 검토
이지은·윤지현·권지성(2013). 고위험군 청소년의 우울 극복과 지원체계 구축을 위한 지역사회중심 정신건강증진 프로그램에 대한 평가 연구. 한국사회복지질적연구, 7(1) : 115-150.	상담기록지, 참여관찰
최고은·권지성(2013). ADHD성향 아동과 지지체계를 대상으로 한 통합적 지원 프로그램에 대한 평가 연구. 한국사회복지학, 65(3) : 207-238.	관찰, 치료일지, 심리평가보고서
권지성(2010). 저소득층 자산형성 프로그램에 대한 질적 평가연구. 한국사회복지학, 62(3) : 193-218.	심층 인터뷰

신지원 · 권지성(2017). 노인의 SNS 활동을 통한 소통증진 프로그램에 대한 평가연구. 한국가족복지학, 58 : 151-179.	관찰, 일지, 면접, 수기
최미희 · 권지성(2014). 청소년 자살 사후 학교중심 위기개입 프로그램에 대한 평가연구. 한국사회복지학, 66(1) : 5-34.	면접, 참여관찰
염태산(2018). 발달장애인서비스에서 보호자 신뢰형성과 신뢰행동 선택기제 연구. 한국장애인복지학, 42 : 5-45.	심층 인터뷰
조흥식 · 이영자 · 이용재 · 염태산(2012). 현행 보훈복지서비스 활성화 방안 및 중장기 보훈복지정책 발전방향에 관한 연구. 보훈교육연구원	집단인터뷰(FGI)
조흥식 · 염태산(2016). 서울특별시 송파구 아동 · 청소년 영향평가. 송파구 · 서울대학교 산학협력단	집단인터뷰(FGI)

2) 자료분석 방법

앞서 기술한 자료수집 방법에 따라 개입 초기와 종결 시점, 또는 매회 면접이나 짧은 대화, 질문지 등을 작성하였다면, 이제 그것들을 모아 분석하면 될 것입니다. 분석방법은 크게 두 가지 유형이 있다고 생각됩니다.

첫째, 가장 간편한 방법은 질문별로 답변을 정리하고, 그 안에서 비슷한 의미단위들을 모아 개념화하고 분류하는 것입니다. 그리고 도입 단계의 개념들과 중간 단계의 개념들, 종결 단계의 개념들을 비교하는 것입니다.

둘째, 개별 클라이언트들의 진술을 사전－중간－사후로 짝지어, 또는 시계열로 비교하고, 다시 집단으로 종합하여 분석하는 방법입니다. 예를 들어 사회성 향상이 목표였다면, 클라이언트 A, B, C, D, E … 등의 자료수집 시점별 진술을 개별적으로 비교하여 어떤 변화들이 있는지 파악하고, 이를 다시 집단의 변화로 종합하는 것입니다. 물론 클라이언트의 진술이 아닌 사회복지사의 관찰과 기록을 함께 분석할 수도 있을 것입니다. 다음은 최고은·권지성(2013)이 수행한 ADHD성향 아동에 대한 통합지원 프로그램 평가의 사례입니다. ADHD와 관련된 과잉행동과 충동행동의 변화에 대한 기록을 다음과 같은 방식으로 정리할 수 있습니다.

나. 과잉행동 및 충동적 행동의 변화

- 의미단위 : ADHD성향 아동의 과잉행동과 충동적인 행동들이 감소하였으며, 특히 떼쓰기, 때리기, 고집 부리기 등의 문제행동이 감소하는 긍정적인 변화가 나타났다.

- 의미 있는 자료(관찰 및 치료일지 분석)
  - 프로그램 초반 : "멍멍멍 말을 하지 않고 강아지 소리를 내며 프로그램실을 빙빙 돌며, 걸어 다니는 행동을 보였다.", "조용하던 아이가 게임을 하다 흥분하여 갑자기 소리를 지르고 프로그램실 교구에 침을 뱉는 행동을 하였다.", "아 진짜 미치겠네. 왜 쳐다봐? 짜증나 죽겠네. 집단게임 중 자신이 지고 있는 상황에서 갑자기 욕을 하고 옆에 있는 동생을 때리는 행동을 하였다."
  - 프로그램 중·후반 : "저 지금 화나는데 참고 있는 거예요.", "제가 게임에 질 것 같은데 한번만 봐주면 안돼요?", "내가 화내서 미안해, 사과하는데 받아줘.", "기분이 좋아지자 소리를 질러 목소리를 낮추자고 이야기를 하자 곧바로 소리를 멈추었다."

그런데 여기에서 고려해야 할 사항 중 하나는 사물과 의미를 구분할 필요가 있다는 것입니다. 즉, '어떤 일이 있었다'는 것과 '그것에 대해 어떻게 생각한다' 또는 '그것이 어떤 의미가 있다'는 것은 다르다는 점

입니다. 예를 들어, 어떤 클라이언트가

> "이 프로그램에 참여하면서 친구들을 많이 사귈 수 있었고 다른 사람들의 서로 다른 생각들을 듣고 이해할 수 있어서 좋았어요. 같은 일을 경험하면서도 사람들이 서로 다르게 바라본다는 것을 알게 되었고, 내 생각만이 옳다고 주장해서는 안 된다는 생각이 들었어요. 일종의 사고의 전환이 된 거죠."

라고 말했다면, '친구를 많이 사귐, 다른 사람들의 생각들을 듣고 이해함'이라는 처음 생각과 '사람들의 생각이 서로 다르다는 것을 알게 됨, 나만 옳다고 생각하면 안 됨'이라는 연결된 생각, 그리고 '사고의 전환'이라는 의미가 연속되면서도 다른 차원들을 가지고 있으므로 구분하여 분석할 필요가 있다는 것입니다.

2. 논리모형의 틀을 적용하기

다음으로, 앞서 간략하게 소개한 바와 같이, 논리모형의 틀을 유지하면서 질적 평가로 확대하는 방법이 있습니다. ❙그림 4-1❙에서 음영 말풍선 형태로 표시된 범주들이 모두 질적 평가에 해당하는 사항들입니다.

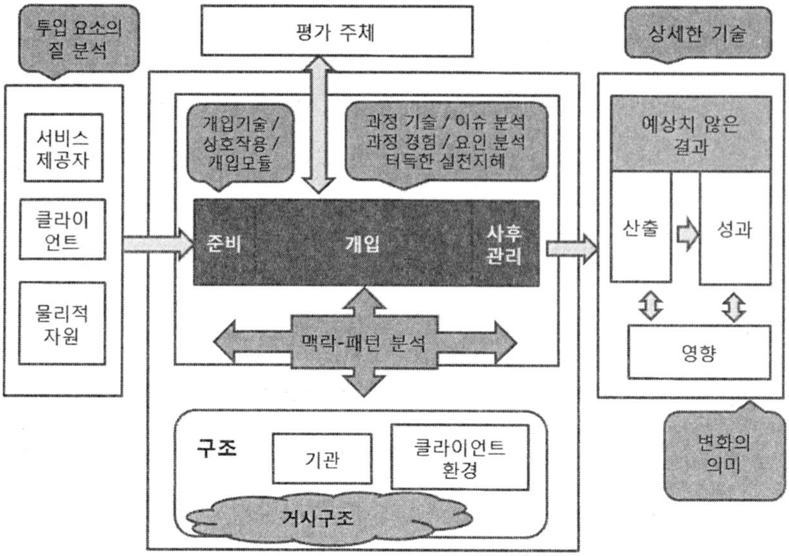

┃그림 4-1┃ 논리모형을 질적 평가로 확장하기

1) 투입 요소

투입 요소에 대해서는 각 투입요소들의 질을 분석할 수 있습니다. 논리모형에서 투입 요소는 인력(서비스제공자), 클라이언트, 물리적 자원 등으로 구성되며, 물리적 자원은 다시 물적 자원과 시설, 장비 등으로 이루어집니다. 클라이언트를 제외한 나머지 요소들은 모두 예산과 결산의 지출 항목이기도 하지요.

양적 평가에서 투입 요소는 효율성(투입 대 산출의 비율)의 한 축을 이루며 지출 항목으로 처리되거나 비용효과성(투입 비용 대 성과의 비율)의 분모로 처리됩니다. 그리고 품질산출에서 클라이언트 만족도 척도의 문항으로 들어가게 되고, 품질 요건을 갖춘 산출물을 이끌어 내기 위한 투자로 검토됩니다.

질적 평가에서 투입 요소는 각 요소들의 '질'을 중심으로 평가됩니다. 인력의 질, 물적 자원의 질, 시설의 질, 장비의 질 등이죠. 특히 인력의 질은 서비스 전달을 담보하는 가장 중요한 측면으로 서비스전달 책무성을 결정하는 가장 중요한 부분입니다. 이런 이유로 외부공모사업 프로포절 서식에는 참여 인력의 투입시간, 경력, 자격 등을 상세하게 기록하게 되어 있습니다. 그렇지만 이러한 요소들의 질은 일반적으로 정해진 기준이 없으므로, 기관 내에서 미리 합의되었거나 사회복지실천 공동체 내에서 규정한 기준에 따라 판단해야 할 것입니다. 또는 현대 품질관리에서 품질을 규정하는 것은 고객이므로 클라이언트에게 질에 대한 판단을 맡겨야 할 것입니다. 다만, 일반적으로 서비스 품질을 측정하는 클라이언트 만족도 척도는 양적인 평가라고 할 수 있으므로 그것 자체를 질적 평가라고 말하기는 어려울 것입니다. 그보다는 투입 요소들의 품질에 대한 상세한 기술, 클라이언트들이 생각하는 좋은 직원, 충분한 지원, 적절한 서비스 환경의 의미, 또는 투입 요소들과 성과 사이의 관계에 대한 기술 등이 질적 평가의 차원으로 추가될 수 있을 것입니다.

2) 과정 요소

논리모형에서 과정 요소는 서비스 정의, 서비스 과업, 개입방법 등으로 구성됩니다. 서비스 정의는 서비스 전반에 대한 요약 기술이며, 서비스 과업은 서비스가 진행되는 절차로 구성되고, 개입방법은 목표를 달성하기 위한 수단으로서 구체적인 방법들을 말합니다. 양적 평가에서 과정 요소는, 프로그램이 원인이 되고 성과가 결과가 되는 프로그램 가설의 원인 변수에 해당됩니다.

과정 요소에 대해서는 과정에 대한 기술이나 과정 경험, 이슈 분석, 요인 분석, 사회복지실천가가 터득한 실천지혜 등 서비스 과업에 초점을 두는 분석과 개입기술이나 상호작용, 개입모듈 등 개입방법에 초점을 두는 분석을 수행할 수 있으며, 맥락-패턴 분석을 적용할 수도 있습니다.

(1) 서비스 과업

모든 개입활동은 일정한 절차나 단계들을 가지고 있습니다. 개인 대상 사회복지실천은 접수-자료수집-사정-계획-개입-평가-종결 단계에 따라 진행되고, 집단 대상 사회복지실천은 준비-초기-중간-평가-종결의 단계를 거치며, 지역사회복지실천은 문제확인-욕구사정-계획-개입-평가-종결의 절차를 가지고, 프로그램 개발과 평가에서는 문제확인-욕구사정-이론구축-목적과 목표 설정-프로그램 설계-수행-평가-종결의 절차에 따라 설명하고 있습니다. 비슷하지만 조금씩 다른 양상을 가지고 있지요. 여하간에 중요한 것은 개별 개입이 진행되는 단계와 절차들을 기획하고 실행하면서 기록을 남기고 평가 작업을 수행하는 것입니다.

위에서 서비스 과업에 대해 과정 기술, 과정 경험, 이슈 분석, 요인 분석, 실천지혜 등을 분석할 수 있다고 하였습니다. 각 차원들을 기술하면 다음과 같습니다.

첫째, 과정 기술은 사회복지실천가가 전체 절차와 각 단계, 개별 회기들에 대해 상세하게 기술하는 것입니다. 예를 들어, 집단 프로그램의 개별 회기는 5분 오리엔테이션, 10분 워밍업, 45분 본 활동, 10분 정리와 평가, 10분 마무리와 다음 회기 예고, 과제 부여 등으로 구성될 수 있습니다. 이러한 타임라인에 따라 진행된 내용을 구체적으로 기술하면 될 것입니다. 여기에서 중요한 것은 계획과 실행 사이의 차이를 비교하여 왜 이런 차이가 발생하였는지, 이러한 차이가 어떤 영향을 미쳤는지 분석하는 것입니다. 또한 전체와 부분에서 사회복지사와 클라이언트(들), 클라이언트들 사이의 상호작용, 클라이언트들의 개별적인 말과 행동, 태도 등을 기술해야 할 것입니다. 이러한 과정 기술은 사회복지실천가들이 일상적으로 하고 있는 것이지만, 실천 평가 시 충분히 활용할 만큼의 수준으로 정리되지 못하는 경우가 많습니다. 바쁜 업무를 이유로 미루어 두고 늦게 작성하는 가운데, 중요한 사항이 누락되는 경우가 빈번하게 발생합니다. 그러나 기록을 미루면 세부적인 사항을 놓칠 수밖에 없습니다. 따라서 과정 기술(과정기록지 작성)을 위한 시간까지 프로그램 진행시간으로 포함하여 충분히 시간을 확보하고, 각 회기를 마친 후에 바로 작성하는 습관을 갖는 것이 매우 중요합니다. 물론 기관에서 직원의 업무 시간을 충분히 확보해 줄 필요가 있습니다. 사실 질적 평가연구를 기반으로 한 학술연구에서는 과정 기술에 긴 지면을 할애하지 못하는 경우가 많습니다. 그러나 실제 기관에서 의도한 목표를 달성하기 위해 세심하게 프로그램을 관리할 때는 해당 기록을 매우 꼼꼼하게 기록할 필요가 있을 것입니다.

둘째, 과정 경험은 클라이언트의 입장에서 본 개입 과정을 기술하고 분석하는 것입니다. 회기별로 또는 최소한 중간단계와 최종단계에서, 클라이언트(들)에게 자신이 참여한 개입을 어떻게 경험하였는지 물어볼 수 있습니다. '좋았어요', '괜찮았어요' 등의 단순한 답변을 넘어서서 어떤 활동이 어떻게 좋았고, 어떤 영향을 미쳤는지 물어보고 답변을 듣고 분석하면 될 것입니다. 전체 과정이든 개별 회기든 클라이언트들이 서로 다른 회기와 활동, 말들을 기억하고 의미를 부여하고 있음을 발견하게 될 것입니다. 같은 것도 있지만 다른 것도 있을 것입니다. 클라이언트들에게 각 활동, 회기가 어떤 의미가 있었고 어떤 영향을 미쳤는지 기록하고 분석하는 것이 과정 경험 분석의 핵심입니다. 이는 과정 진행일지에 체계적으로 기록되어야 할 것입니다.

셋째, 이슈 분석은 사회복지실천가의 관점에서 개입과 관련된 이슈들을 분석하는 것입니다. 여기에서 다루게 되는 이슈는 주로 사회복지실천가를 포함한 서비스제공자들의 말과 행동, 구체적인 개입활동, 클라이언트들의 상호작용, 물적 자원과 시설, 장비에 대한 것입니다. 사실 이러한 이슈 분석은 투입 요소들이나 과정 요소들에 대한 분석과 같은 차원을 분석하는 것이지만, 개입과 관련된 주요 이슈들에 초점을 두고 '귀납적으로' 분석한다는 점, 즉 미리 분석틀을 정해두고 분석하는 것이 아니라 개입을 진행하는 과정에서 드러나는 이슈들을 포착하여 분석한다는 점에서 차이가 있습니다. 다음 <표 4-2>는 이슈 분석의 사례입니다. 이 사례에서처럼 개입 과정에서 이슈 분석은 세부 프로그램을 단위로 이루어질 수 있으며(조선영·권지성, 2014), 로직 모델에 포함된 프로그램 요소를 단위로 설정하여 분석될 수 있습니다(신지원·권지성, 2017). 다음은 이슈 분석의 구체적 사례입니다.

〈표 4-2〉 이슈 분석의 구체적 사례(일부만 발췌)

세부 프로그램 단위를 활용한 예	① 성인발달장애인 당사자 역량강화 프로그램 첫째, 당사자 역량강화는 크게 보편적인 예방 프로그램과 피해자에 대한 개별위기개입으로 나누어서 진행해야 할 것이다. 성폭력피해자 집단과 피해경험은 없으나 예방이 필요한 위험군을 구분하여 특성에 맞는 프로그램을 진행할 필요가 있다. 피해자집단의 경우 심리적 지원 및 치료가 선행되어야 하며 성폭력임을 인지하고 있으나 성폭력을 제외한 상황에서 자신에게 친밀하게 스킨십이나 관심을 표현해 준 것에 대하여 잊지 못하고 성폭력 상황으로 재유입되지 않도록 하는 데 초점을 맞추어 진행할 필요가 있다. 또한 고위험군의 예방을 위해서는 성폭력예방의 기본이 되는 자기표현훈련, 성 에너지를 건전하게 표출할 수 있는 다양한 활동들, 성폭력예방교육 등이 진행되어야 할 것이다. 둘째, 피해자 대상 프로그램의 참여자를 모집하는 경우, 성폭력 피해자들은 낙인 및 한국의 문화적 여건으로 인해 적극적으로 모집하기 어려우므로, 성폭력예방교육이나 이성교제 프로그램과 같은 보편적인 프로그램을 진행하는 과정에서 상담 등을 통해 드러나는 피해자에 대한 접근을 시도하면 좋을 것이다. 본 연구에서 평가한 프로그램에서는 상반기에 성폭력예방교육을 진행하는 과정에서 성폭력피해자가 발견되었고, 오랜 시간 방치되고 있음을 알게 되었다. 이에 따라 피해자에 대한 치유 프로그램을 진행하였으며, 이 과정에서 피해자와 보호자에 대한 개인상담과 전문기관의 연계가 자연스럽게 이루어졌다. 성폭력 피해자를 대상으로 하는 프로그램을 진행할 경우, 초반에 성인장애인을 대상으로 하는 성교육이나 성폭력예방 교육을 실시하여 모집한 후 그 대상자 안에서 성폭력피해자를 발견하는 방법이 있다.
로직 모델의 프로그램 요소를 활용한 예	② 과정요소와 관련된 이슈 과정요소와 관련해서는 진행과정에 대한 이슈들이 있다. 우선, 프로그램에 참여하는 참여자들의 동기부여가 매우 중요한데 이는 다양한 방법들을 통해 이루어질 수 있다. 특히 노인들의 경우에는 새로운 것을 습득함에 있어 이론과 실습의 병행이 매우 중요함을 알 수 있었다. 참여자들이 직접 과제를 수행해 보고 반복학습을 통해 이해도를 높일 수 있었으며, 이를 통한 활용의 폭도 더 넓어질 수 있었고 몰입도도 높아졌다. 실질적으로 전문가로부터 무언가를 얻고자 한다면 단순한 학습뿐만이 아니라 실습을 병행하여 이해의 폭을 넓히는 것이 필요하다고 볼 수 있다.

> 둘째, 개입과정과 방법의 유연성에 대한 이슈다. 프로그램 참여에 대한 동기부여를 위하여 주제를 벗어나지 않는 선에서 외부에서의 다양한 활동을 진행한다면 긍정적인 효과를 얻을 수 있을 것이다. 본 프로그램의 경우, 외부 학습 및 활동에서 적절한 주제를 가지고 배웠던 부분들을 활용해 보는 시간을 가졌고, 그 결과 참여자들의 만족도와 친목도모뿐만 아니라 SNS 활용에 대한 자신감도 높일 수 있었다. 특히 이 과정에서 지역사회 내에서 함께 할 수 있는 SNS 활동들을 자조모임을 통하여 결정할 수 있도록 하였더니, 참여자들이 흥미를 가지게 되었을 뿐만 아니라 지역사회 내 블로그 활동을 프로그램 시간 이외에 일상생활 속에서도 다양한 정보공유를 통해 수행하고 있음을 볼 수 있었다. 참여자들이 목적에 대한 명확한 이해를 통해 주제에서부터 활동내용들을 주도적으로 결정한다면, 자율성과 참여로 인한 만족도를 높일 수 있을 것이며, 이는 프로그램의 활성화에도 긍정적인 영향을 미칠 수 있을 것이다.

넷째, 요인 분석은 이슈 분석과 유사하지만, 성과에 영향을 미치는 요인으로서 다양한 투입 요소들과 과정 요소들을 분석하는 것입니다. 이것은 경영학의 품질관리에서 사용되는 기법인 '파레토 분석'과 '어골도 분석'을 염두에 둔 것입니다. 파레토 분석은 제품과 서비스의 품질에 영향을 미치는 변수는 수없이 많지만 대체로 20% 정도의 소수 요인들이 80% 정도의 결함을 일으킨다고 보고, 그 소수의 변수들을 찾아내 문제를 해결하고자 합니다. 어골도 분석은 생선 뼈 모양의 그림을 그리고 성과를 표적으로 하여 거기에 영향을 미치는 변수들을 찾아내고자 합니다.

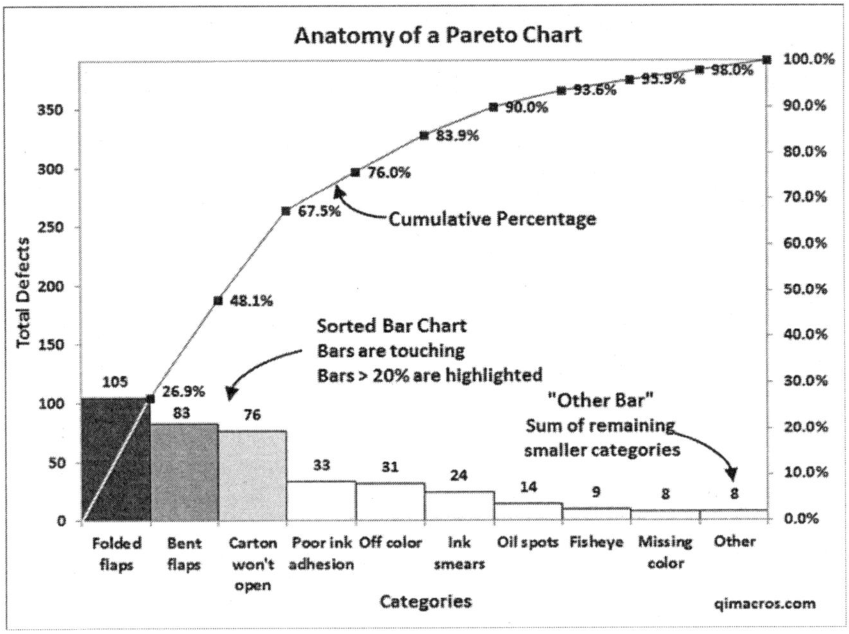

| 그림 4-2 | 파레토 분석

출처 : https://www.qimacros.com/pareto-chart-excel

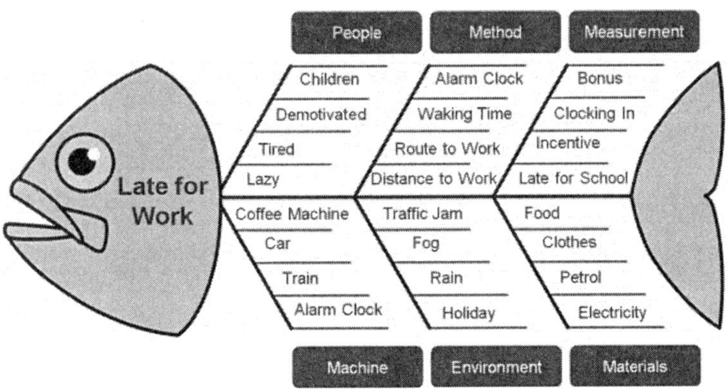

| 그림 4-3 | 어골도 분석

출처 : https://www.squawkpoint.com/2012/01/fish-bone-diagrams-helpful-or-not

이러한 분석방법을 사회복지실천에도 적용할 수 있다고 봅니다. 이는 사회복지조직이나 서비스를 평가하는 데도 활용할 수 있습니다. 주로 고객들의 불만사항을 접수하여 범주화해 보면, 고객들이 주로 불만을 표현하는 사항들을 몇 가지로 정리할 수 있고, 이를 개선함으로써 불만족을 상당히 줄일 수 있을 것입니다.

다음 <표 4-3>은 요인 분석의 사례입니다. 이 사례는 보훈대상노인에 대한 국가보훈처의 보훈섬김이(돌봄) 서비스의 품질요인을 분석한 것입니다. 연구진이 전국의 보훈복지 서비스제공자 34명, 보훈복지대상자 31명을 대상으로 6차례의 집단 인터뷰를 통해서 발견한 주제를 정리한 것인데, 여기서 나온 주제들과 관련한 진술문의 빈도와 내용을 분석해서 보훈섬김이의 활동에 대한 서비스 만족 및 불만족 요소를 발견해 낼 수 있었습니다(조흥식·염태산, 2012). 이를테면 보훈복지대상 노인의 경우에 정서지원, 가사간병 서비스 등이 보훈섬김이 활동의 만족도를 결정하는 핵심 요인으로 확인되었고, 서비스 제공자의 기본 소양의 부족, 근무시간 미준수가 불만 요인으로 대두되었습니다. 또한 보훈섬김이의 경우에는 급여, 교통비 등을 비롯한 처우문제, 성희롱을 비롯한 근무상의 안전 등에 대한 보호가 장기간 만족스러운 근무를 방해하는 요인으로 확인되었습니다. 이러한 분석을 통해, 보훈섬김이 사업을 위한 개선점을 발견하여 정책 과제를 개발할 수 있었습니다.

〈표 4-3〉 요인 분석의 예 - 보훈섬김이 관련 주제와 의견

주 제	의 견	의견수
정서지원	신뢰와 정, 가족역할을 대행해 줌	4
	외로움에 대한 대응(정서지원)	4
	보훈섬김이에 대한 병원입원 시 병문안 기대	3
가사지원	가사간병서비스 만족	5
건강관리	노인용품 제공	2
	건강관리지원을 추가로 한 재가복지서비스	2
	보훈섬김이 노인보호용품 항목의 조정	1
복지서비스 안내	보훈복지서비스에 대한 안내자로 훈련시킴	1
연속적 보호	보훈섬김이에 대한 병원에서의 지원 요구	3
자원연계	봉사단체 연계를 통한 밑반찬 지원	2
	후원금 연계	2
	공익요원 등의 남성노인에 대한 목욕지원서비스	1
	치매예방 프로그램 등 특화서비스	1
타 서비스와 비교	여타 복지서비스와의 비교	1
특별 프로그램	기본사업에 충실한 사업 운영	1
대상확대	보훈섬김이 지원을 위한 생활등급 기준 및 부양의무자 재산 기준 폐지	3
	보훈섬김이 이용대상을 국가유공자 유자녀 등으로 확대	1
	자녀와 동거하는 경우에도 출근 등으로 부재 시 지원 요구	1
지원확대	보훈섬김이 지원횟수의 증가	2
	보훈섬김이 활동시간 제약으로 병원동행 곤란	1
	반찬지원요구	1
운 영	보훈복지사와 보훈섬김이를 위한 소규모 활동센터 확보	1
	소양교육, 전문적 생활지원 교육을 통한 서비스 강화	4
	보훈섬김이 근무시간 모니터링을 위한 대책 마련	3

	보훈섬김이 지원대상 검토를 위한 지자체, 건보공단 통합연계망 구축	1
직무명확화	보훈섬김이의 직무 명확화(범위 구체화, 간병 제외)	2
위험요인	이용자의 차량이용지원 요구(사고 위험, 비용)	4
	보훈섬김이에 대한 성(性)적 문제	3
	서비스 대상자에게도 교육이 진행되어야 함	2
노무/ 처우	보훈섬김이 교통비 현실화	2
	보훈섬김이 처우 개선(급여, 종사상 지위, 활동비, 명절 휴가비 지급)	2
	국가유공자 및 가족에 대한 보훈섬김이 양성 교육	1
	보훈복지사, 섬김이와 유사한 업무를 수행하는 다른 인력과 임금 차이를 개선, 현실화	1
	보훈섬김이의 고용형태 다각화	1
	서비스 질 확보를 위한 비정규직 서비스 인력문제 해결	1

다섯째, 실천지혜는 사회복지실천가가 자신의 개입활동을 반성하면서 얻은 통찰을 말합니다. 이것은 각 단계나 각 회기에서 얻는 것일 수도 있지만 전반적인 개입과정을 거친 뒤에 떠오를 수도 있습니다. 사회복지실천가가 자신이 깨달은 실천지혜를 사라지도록 내버려두지 않으려면 그때마다 메모를 해두어야 하고, 여러 차례 마음에 새기며, 다른 사람들과 공유하고, 차곡차곡 정리해 두어야 할 것입니다. 그리고 슈퍼바이저와 동료들을 포함한 많은 사회복지실천가들과 공유하는 과정을 통해 사회복지전문직의 실천지혜로 체계적으로 정리될 필요가 있을 것입니다. 이러한 실천지혜에 최선의 서비스 실천 사례만 포함될 필요는 없습니다. 오히려 자신의 시행착오를 솔직하게 반성하고 이를 개선하기 위한 아이디어를 조직원들과 공유하고 지혜를 모으는 과정도 필요합니다.

이러한 실천지혜가 조직의 내공으로 쌓이는 조직, 이를 바탕으로 시스템을 개선시키는 조직이 이른바 학습조직이라 할 수 있습니다.

실천지혜는 가급적 평가서나 평가연구에 반영하는 것이 좋습니다. 실천지혜는 기록으로 남겨지지 않으면 개인의 노하우, 즉 암묵지로 남아 사라져버리기 쉽기 때문에 명시화하여 정리하는 것이 좋습니다. 다음 진술은 다문화 인식개선을 위한 청소년 연극동아리 활동 프로그램 연구 중 '실천가의 반성적 검토'에서 발췌한 것입니다(최유민·권지성, 2014). 이 글은 독자에게 동아리 구성원 간 관계를 증진시키기 위해 수행할 수 있는 활동 아이디어를 풍부하게 제공해 줍니다.

> "다온 3기 활동은 1, 2기보다 동아리 구성원들이 친밀하고 긍정적인 관계를 유지할 수 있었던 것으로 판단된다. 담당자는 동아리 내 소통을 라포형성과 관계증진의 중요한 요소로 생각하였고, 지속적인 소통을 위해 메신저 단체대화방을 개설하여 운영하였다. 이를 통해 개인적인 이야기나 전체 활동 이야기 등 다양한 방식으로 소통할 수 있도록 하였다. 구성원들이 따로 연락하고 생일이나 주요 기념일을 챙겨주는 등 이전에 볼 수 없었던 상황들이 다양하게 나타나기도 하였다. 비밀친구를 선정해 챙겨주는 마니또를 통해 서로 챙김을 받고 선물도 주고받을 수 있는 기회를 주었다. 작은 이벤트 형식이었지만 시간이 지나도 재미있는 활동이었다고 이야기하는 등 청소년들에게 긍정적인 영향을 미치는 것을 확인할 수 있었다."

The Plus **생각해 볼 점**

■ **실천지혜의 전승 과정으로서 인수인계**

사회복지조직에서 이루어지는 업무 인수인계의 과정을 돌아볼 필요가 있습니다. 사회복지조직의 인력충원은 누군가 이직할 경우에 이루어지는 경우가 많습니다. 인수인계의 과정은 매우 급박하게 짧은 시간에 이루어지며, 인수인계는 피상적으로 이루어지는 경우가 많습니다. 인계직원은 짧은 인수인계서, 주요한 파일, 컴퓨터 폴더를 알려주고, 인수직원은 인수인계 내용을 잘 몰라도 '무지하거나 무능해 보일까 봐' 드러내놓고 묻기 힘듭니다. 이러한 피상적인 인수인계 방식으로 인해, 기존 직원의 실천지혜는 직원이 퇴사하면서 조직에서도 사라지게 됩니다. 인수인계가 실천지혜의 전수과정으로 자리매김하기 위해 어떤 조치가 필요할까요? 인수인계는 충분한 시간을 두고, 참관인의 입회 아래, 중요한 업무 관련 이슈를 차근차근 짚어가면서, 궁금한 것을 다 해결한다는 신입직원의 자세 속에서 이루어져야 할 필요가 있습니다. 이러한 과정은 앞에서 살펴본 요인 분석에 해당된다고 볼 수 있겠습니다.

(2) 개입방법

개입방법에 대한 분석은 개입기술이나 상호작용, 개입모듈에 대한 분석 등으로 세분할 수 있습니다. 개입기술 분석은 사회복지실천가가 사용하는 기술에 초점을 둔 것이고, 상호작용 분석은 사회복지실천가와 클라이언트, 클라이언트들 사이의 상호작용에 초점을 둔 것이며, 개입모듈 분석은 관련성을 가진 개입활동들을 모듈로 묶고 그것의 영향을 분석하는 것입니다.

첫째, 개입기술 분석은 사회복지실천가가 사용한 기술의 효과를 미시적으로 분석하기 위한 방법입니다. 이는 우리가 사회복지전공 학부와 대학원 과정에서 사회복지실천론이나 실천기술론, 고급기술론 등에서 배우는 기술이 실제 현장에서 어떻게 사용될 수 있고, 그것이 실제로 클라이언트에게 영향을 미치는지 확인하려는 것입니다. 이를 위해서는 사회복지실천가가 개입 전에 어떤 기술을 사용할지 정교하게 기획할 필요가 있으며, 그에 대한 클라이언트들의 반응을 예상하고, 정밀하게 기록할 수 있는 준비를 해두어야 할 것입니다.

둘째, 상호작용 분석은 사회복지실천가와 클라이언트의 상호작용, 클라이언트(들) 사이의 상호작용 과정을 분석하는 것입니다. 사회복지실천가와 클라이언트는 문답식 대화를 나눌 수 있으며, 클라이언트들은 특정 이슈에 대해 문답식 또는 순환식 대화를 나눌 수 있습니다. 그 과정을 구체적으로 기록하고 사회복지사가 클라이언트에게, 또는 클라이언트들이 서로에게 어떤 영향을 미치는지 분석하여 더 적절한 개입이 이루어질 수 있도록 하려는 것입니다.

셋째, 개입모듈 분석은 상호관련성 때문에 묶어놓은 개입모듈의 영향을 분석하는 것입니다. 모듈은 회기 내에서 구성할 수도 있고, 여러 회기를 묶어놓은 것일 수도 있으며, 개별상담－가족치료－집단 프로그램－사례관리－캠프 등을 묶어놓은 패키지일 수도 있습니다. 실제 사회복지실천현장에서 사회복지실천가들은 단일 활동만을 수행하는 것이 아니라 각 회기에서 본 활동과 워밍업, 마무리 활동을 짝지어 진행하거나 2회기 인지－3회기 정서－4회기 행동 등으로 묶어서 프로그램을 진행하곤 합니다. 문제는 이렇게 짝지어 놓거나 묶어놓은 모듈의 적합성이나 효과성을 엄밀하게 분석하는가 하는 점입니다. 이러한 모듈의 효과성을 분석하기 위해서는 모듈 내의 유닛들을 교체하면서 최적의 조합을 찾아가는 작업이 필요할 것입니다.

필자 중 한 명은 사회복지사로 근무하면서 개입과정을 검토하기 위하여 다음과 같은 방법을 활용한 적이 있습니다. 개입기술 혹은 상호작용 분석을 위해서 빈번하게 활용한 것은 녹음과 녹취였습니다. 따로 질적 평가를 하겠다는 의도보다는 실천가로서의 서툶으로 인해 필요한 도움을 주지 못할 수도 있다는 걱정에서 시작한 일이었습니다. 개별 면담, 집단 면담 상황에 클라이언트에게 양해를 구하여 녹음하고, 이를 듣거나 녹취를 풀었습니다. 이를 통해 경청기술의 사용, 질문 방법, 실천 상황에 대한 이해의 정도를 되짚을 수 있었습니다. 그리고 어떤 상황에서 클라이언트가 불편함을 느꼈는지, 어떤 표현으로써 자신의 입장과 의견을 제시했는지 파악할 수 있었습니다. 모든 실천을 이렇게 분석할 수는 없지만, 중요한 사업이라면 일부의 면담을 지정하여 자신의 실천을 돌아보는 시도를 해보기를 권해드립니다. 자신이 특정 실천을 위해 '했다고 생각하는 일'과 '실제로 벌어진 일' 사이의 간극은 의외로 큽니다. 이를 살펴보고 좁혀나가는 노력을 해나갈 필요가 있습니다. 이 과정은 질적 연구자로서 감수성을 높이는 데, 실천의 수준을 향상시키는 데 분명 효과가 있습니다. 클라이언트는 녹음의 상황에 의외로 불편함을 느끼지 않습니다. '클라이언트의 목소리를 하나도 떨어뜨리지 않기 위해 또 하나의 귀로 녹음기를 활용한다'는 사회복지실천가 앞에서 오히려 존중의 경험을 할 수 있습니다.

한편 개입모듈 분석은 각 회기를 마치고 이루어지는 동료, 자원봉사자와의 평가회를 통해 진행하였습니다. 물론 내실 있는 프로그램 진행과 평가를 위해서, 자원봉사자의 경우 1회성 봉사자는 지양했습니다. 처음부터 해당 프로그램의 전 과정을 참여하는 사람을 중심으로 섭외하고,

프로그램을 둘러싼 세부 요소 중에 무엇이 만족스럽고 효과적이었는지 수시로 함께 이야기를 나누었습니다.

다음 <표 4-4>는 필자가 참여한 청소년자살사후 위기개입 프로그램에 대한 개입과정 평가의 사례를 일부 발췌하여 제시한 것입니다(최미희 · 권지성, 2014).

〈표 4-4〉 개입방법 분석의 예

구 분	J여고	H고	J중
특 성	인문계 여고	특성화고	남중
사안 발생 사유	가정문제 추정	이성문제 추정	교우문제 추정
자살방법	인근 아파트 투신	인근 빌딩 투신	거주 아파트 투신
장례식 진행 여부	無	有	有
사후위기개입 참여 학급생 수	39명	26명	29명
사건 후 위기개입 시기	30일	16일	8일
위기개입 진행장소	해당 학급	집단 상담실	지구과학실
비고	학급생 외 친한 친구도 참여. 장례식을 진행하지 않아 학급생들이 애도 활동 시 오열	자살발생 이후 자살자 부모가 학급생들에게 자녀가 떠났음을 직접 알리며 애도하는 시간을 가져서 타 학교보다 안정된 분위기에서 사후위기개입 진행	시신을 보았다는 아이들 때문에 소문이 더욱 무성하게 난 학교였음. 사후위기개입 중 슬픔을 참지 못한 청소년이 밖으로 뛰어나감. 이후 상담 개입

개입이 이루어지는 과정에서 서비스가 진행된 맥락과 클라이언트의 반응 등의 상호작용이 비교 가능한 형태로 표현되어 있습니다. 프로그램이 여러 집단을 대상으로 전개될 경우에는 한눈에 보고 검토할 수 있도록 정리하는 것이 서비스 개선과 유형화에 도움이 될 수 있습니다.

3) 산출 요소

논리모형에서 산출은 중간산출, 품질산출, 최종산출 등으로 이루어집니다. 먼저 각 요소들을 살펴보겠습니다.

(1) 중간산출

중간산출은 우리가 흔히 실적이라고 부르는 것으로 실인원, 연인원, 건수 등으로 제시되며, 상황 혹은 접촉단위, 시간단위, 물적 단위 등으로 측정될 수 있습니다. 예를 들어, 12명의 클라이언트가 참여하고 회기당 1시간씩 8회기 동안 진행되는 집단 프로그램은 8회의 접촉단위로 8건, 8시간의 시간단위로 8건을 기록할 수 있으며, 클라이언트 전체가 100% 출석한다면, 12명의 실인원, 96명의 연인원으로 산출될 것입니다. 도시락배달서비스와 같은 현물은 물적 단위로 측정할 수 있습니다. 30명의 독거어르신에게 매주 4회씩 도시락을 배달해 드린다면, 실인원 30명, 연인원 480명, 480건의 도시락을 제공한 것으로 산출할 수 있습니다. 그러나 모든 클라이언트가 100% 출석을 하는 경우는 거의 없고, 도시락도 100% 계획대로 제공되는 경우가 많지 않기 때문에, 100% 달성은 목표에 불과하며, 실제 제공된 서비스의 양이 실제 산출이 될 것이고 그만큼의 목표달성수준이 결정될 것입니다. 또한 여기에 투입된 예산을 고려하면, 투입 대 산출의 비율로 목표에 대비한 산출의 양이 줄어들수록 비효율적인 프로그램으로 평가될 것입니다.

다만, 산출의 경우 수량집계가 기본적 평가방식이므로 양적 평가가 주된 방법으로 활용됩니다. 그러나 산출을 대하는 질적 평가는 특정 산출이 충분한 의미를 갖는지, 특정 산출이 예상과 다를 경우에 그 원인이 무엇인지 등을 밝혀내는 것에 더 관심이 있습니다. 자살위기 전화상담기관의 예를 들어봅시다. 해당 기관에서 연간 300건의 상담전화를 목표로 삼고, 실제로 그 정도의 실적을 달성했다고 가정해 봅시다. 연간 목표대로 300건의 상담전화가 이루어지면, '모든 것이 좋았다'고 할 수 있을까요? 그렇게 단순하지 않습니다. 우선 그 전화가 의미 있는 전화통화라고 볼 수 있을까요? 일부는 자살위험을 지닌 이들에게 필요한 도움을 준 것일 수 있겠지만, 일부는 다른 상담기관에서 처리하는 것이 더 나을 전화이거나 그냥 걸려온 전화일 수 있습니다. 만일 청소년의 자살전화상담 비중이 현격하게 줄어든 상태에서 300건의 목표가 달성되었다면, 자살위험에 놓인 청소년과 상담하기 위한 다른 수단을 함께 마련해 놓을 준비를 해야 할 것입니다. 산출을 평가하여 사업을 개선시키기 위해서, 실천가는 산출을 구성하는 세부 내용을 범주화하여 자료를 수집하고 정리하는 부지런함을 가져야 합니다. 그 다음에는 그 빈도가 충분한지, 관리해야 할 차이는 무엇인지 살펴봐야 합니다. 이를 위해 질적인 평가 방법이 유용하게 활용될 수 있을 것입니다.

다음 <표 4-5>는 앞에서 살펴본 청소년자살사후 위기개입 프로그램에 대한 산출평가 중 학급 위기개입 부분의 예입니다. 산출평가에는 산출목표와 달성 정도를 비교할 수 있도록 제시해야 하며, 단순한 수치 이외에도 해당 산출이 어떤 활동이었는지 간략하게 제시하여 일목요연하게 작성되도록 하는 것이 좋습니다.

〈표 4-5〉 산출평가의 예

5. 학급위기 개입	1월, 4월, 6월, 9월, 11월	3개교 (90명) / 6개교 12회 (199명)	• 사후위기개입을 위한 구조화된 매뉴얼 50%와 학교상황, 성별, 사안발생 사유에 따라 100분간 애도의식과 함께 슬픔감정을 극복할 수 있도록 재구성하여 진행. 각 학급 또는 조용한 학교 내 공간에서 운영하였고 담임교사와 학교 안에 자살을 한 친구와 연관이 있는 친구를 포함하여 함께 학급위기개입 진행. 위기개입 이후 유품 정리, 이후 사후예방에 대한 안내도 함께 실시 • D여고(30명), J여고(39명), H고(26명), J중(29명), K고(40명), G중(35명) 진행

(2) 품질산출

품질산출은 중간산출을 품질이라는 기준에 따라 다시 산정하는 것입니다. 여기에서 품질기준은 재화와 서비스의 유형에 따라 다양하게 설정될 수 있습니다. 경영학에서 개발한 SERVQUAL 척도가 사회서비스에도 어느 정도 적용 가능합니다. SERVQUAL은 서비스 품질을 신뢰성, 확실성, 공감성, 반응성, 유형성 등으로 구성하는데, 개별상담이나 집단 프로그램, 가족치료, 도시락배달서비스 등에도 이러한 척도들을 적용할 수 있습니다.

다음 <표 4-6>은 마틴 등이 널리 인정되는 15가지 품질 척도를 규정한 것입니다.

〈표 4-6〉 Martin, Kettner, Moroney 등의 품질 척도

척 도	정 의
접근성	프로그램이나 서비스에 접근하거나 얻기가 쉽다.
확실성	직원이 친절, 공손, 신중하고 관련 지식을 많이 가지고 있다.
의사소통	서비스 및 추후의 변경 사항에 관하여 클라이언트가 이해할 수 있는 언어로 클라이언트에게 알려준다.
자격 여부	직원이 서비스를 제공하는 데 대한 필수 지식 및 기술 요건을 갖추고 있다.
준수성	서비스가 표준을 준수한다.
결핍성[2]	클라이언트 만족에 부정적으로 영향을 미치는 모든 품질 특성
지속성	성과, 산물, 결과가 유지된다.
감정이입	직원이 클라이언트에 대한 개별화된 이해와 관심을 보여준다.
인격성	클라이언트의 존엄성과 자존심을 보호하는 방식으로 서비스가 제공된다.
수행성	프로그램과 서비스가 계획대로 수행된다.
일관성	시간이 지남에 따라 또는 클라이언트 사이의 최소 변화에 대하여 신뢰할 수 있고 일관되게 서비스를 제공하는 능력
즉응성	직원이 서비스를 제공하는 시기의 적절성
안전성	프로그램과 서비스가 안전한 세팅에서 제공되며 위험이 존재하지 않는다.
가시성	시설, 장비, 인력, 출간된 자료의 물리적인 외형
정중성	직원이 클라이언트를 존중한다.

이 척도는 서비스제공자와 클라이언트 입장에서 모두 측정이 가능합니다. 서비스제공자 입장에서 측정하면 체크리스트가 될 것이고, 클라이언트 입장에서 측정하면 클라이언트 만족도 척도가 될 것입니다. 이 척

2) 품질 척도에 나타난 속성들은 대체로 긍정적인 속성을 나타내고 있습니다. 그러나 '결핍성' 만큼은 부정적인 속성이라는 점을 주의할 필요가 있습니다. 따라서 우리는 프로그램을 평가할 때, 결핍된 것이 있는지 살펴보고 검토해야 할 필요가 있습니다.

도는 다양한 문항으로 구성되어 있기 때문에 매회 측정하는 것은 적절하지 않으며, 분기별로 또는 중간 평가나 최종 평가 시점에서 측정하여 분석하는 것이 나을 것입니다.

품질산출은 서비스의 질을 측정하는 것이기 때문에 서비스에 대한 질적 평가의 한 차원으로 볼 수 있을 것입니다. 그러나 그 품질을 양화하여 측정하고 분석한다는 점에서는 질적이라고 보기 어렵습니다. 이것만으로도 질적인 평가가 충분하다고 생각하면 품질산출을 다시 계산하는 것만으로도 끝낼 수 있지만, 이것이 부족하다고 느껴지면 다른 접근을 시도할 수 있습니다. 아마도 일차적으로 적용할 수 있는 방법은 품질 저하의 수준과 원인을 구체적으로 질적인 평가 방법을 활용하여 분석하는 방법일 것입니다. 이는 뒤에서 다른 산출방법들과 묶어서 다시 살펴보겠습니다.

다음 <표 4-7>은 A복지관의 아동사회교육에 대한 질적 품질 조사의 결과 중 '이용자 소감' 일부를 발췌한 것입니다. 이 자료는 프로그램을 이용하는 학부모 대상의 집단인터뷰를 기반으로 진행되었고, 익명으로 게재하는 것에 대해 허락을 얻어 다음과 같이 제시합니다. 개별 설문으로 응답을 얻는 것 이외에 직접 찾아가 의견을 듣게 되면, 품질 향상을 위한 개선점을 더욱 분명하게 찾을 수 있습니다. 품질을 평가하기 위해 앞에서 제시한 품질 척도를 객관식 문항으로 구성해서 쓰는 것도 바람직한 방법일 수 있고, 허심탄회한 집단인터뷰를 통하여 클라이언트의 의견을 들은 후 이를 주제별로 묶어내는 것도 효과적인 방법이 될 수 있습니다.

〈표 4-7〉 품질 요소에 대한 질적 평가 사례

구 분	특 징
접근성	마감률이 높음, 주차가 불편함, 이용을 희망하나 못하는 경우가 있음 ■ *복지관은 한번 이용을 하셨던 분들이 계속 이용을 하시는 것 같아요. (참여자1)* ■ *주차도 쉽지 않잖아요. (참여자1)* ■ *… 차 대기가 너무 어려워요. (참여자2)* ■ *다니고 싶어 해요. 근데 거리도 있고, 마감도 많이 되잖아요. 다니던 사람들이 계속 이용하시게 되는 거니까. … ○○초 다니는데 거기서 여기까지는 거리가 좀 되기도 하고. 차 가지고 오기도 힘들고, 아이가 걸어서 오기도 좀 머니까 많이 망설이는 것 같아요. 저희 애가 여기 다닌다고 하면, '나도 보내고 싶은데, 계속 데리고 오기가 힘들다'고 해요. (참여자1)*
강 사	긴장감이 없음. 일정 수준 이상을 바라는 것에 대한 거부감이 있음. 지속적인 강사 관리 필요 ■ *여기에 계신 선생님들은 긴장이 아예 없어요. 왜냐, 너무 오래 하셨어요. (참여자3)* ■ *전반적으로 봤을 때는 선생님들이 엄마들이 많이 바라는 거에 대해서 거부감이 있어요. 어쩔 수 없는 현실인 것 같아요. '일반 학원 수준을 바라느냐?'는 마인드를 갖고 계신 것 같아요. (참여자3)* ■ *복지관 측에서 지속적으로 강사 선생님들에 대한 관리가 필요할 것 같아요. (참여자2)*
수업만족도	수업만족도는 가격대비 만족도가 있는 정도 ■ *잘 하시는 게 아니라 엄마들이 많이 참은 거예요. 왜냐하면 가격이 많이 싸잖아요. … 일반 학원이 아니기 때문에, '우리가 이 가격을 내면서 너무 많이 바라면 안 되겠지' 하는 마음을 갖고 있어요. (참여자3)*

(3) 최종산출

최종산출은 수료, 종료, 완결된 산출의 양을 말합니다. 미리 정해둔 수료 기준에 따라 개별 클라이언트의 수료 여부를 판단하고, 개별상담과 가족치료, 사례관리에서 적절하게 종결된 클라이언트의 수나 집단 프로그램에서 수료한 클라이언트의 수를 세고 목표와 실제 사이의 차이를 분석하면 될 것입니다. 이론적으로 정해진 수료 기준이 없기 때문에, 개별 개입의 수료 기준은 일반적인 수준이나 이론적 구성체의 수준에 따라 정해야 할 것입니다. 즉, 8회기짜리 집단 프로그램의 수료 기준을 5회로 할지, 6회로 할지, 7회로 할지 누구도 답을 알지는 못하므로 전문직의 일반적 기준이나 기관 내의 규칙, 사회복지실천가의 전문적 판단에 따라 정해야 할 것입니다. 다만, 분명한 것은 이러한 수료 기준이 개입 이전에 결정되어야 하며, 목표를 100%로 할지, 90%나 80%로 낮출지도 미리 정해두어야 할 것이고, 그에 따라 산출목표의 달성 정도가 측정되고 평가될 것입니다.

(4) 산출 요소들에 대한 질적 평가

지금까지 살펴본 산출 요소들을 질적으로 어떻게 평가할 수 있을까요? 품질산출이라는 요소가 있으므로 그것만으로도 충분하다고 볼 수도 있을 것입니다. 그러나 그것마저도 양적인 측정이므로 불충분하다고 생각할 수 있습니다. 따라서 만약 그 이상의 질적 평가가 필요하다고 생각되면 다음과 같은 대안을 고려할 수 있을 것입니다.

첫째, 산출 목표와 실제 산출의 차이를 살펴보고, 그 원인을 구체적으로 분석할 수 있습니다. 일반적으로 양적 평가에서는 산출 목표와 실제의 차이만을 분석할 뿐 그 원인까지 분석하지는 않습니다. 따라서 질적 평가에서 어떤 이유로 특정 회기의 산출이 낮아졌는지, 품질이 저하되었는지, 수료자가 적어졌는지 파악하고 구체적으로 기술하면 될 것입니다.

둘째, 산출에 대한 사회복지실천가의 평가와 클라이언트의 경험을 분석할 수 있습니다. 예상하지 못한 일로 특정 회기를 빠트리게 되면, 그것은 사회복지실천가와 클라이언트 모두에게 영향을 미칠 수 있으며, 갑자기 출석률이 낮아진 경우에도 사회복지실천가와 클라이언트의 사기가 저하될 수 있습니다. 출석률이 낮아지면 최종산출, 그러니까 수료자의 수나 비율도 줄어들 수 있으며, 이것은 집단역동이나 사회복지사-클라이언트 관계에 다양한 영향을 미칠 수 있습니다. 이러한 측면들을 분석하는 것이 산출 요소의 질적 평가가 될 수 있을 것입니다.

4) 성과 요소

성과는 중간성과와 최종성과로 구분할 수 있습니다. 중간성과는 개입의 종결시점에서 측정하는 것이며, 최종성과는 사후관리 시점에서 측정하는 것으로 이해되고 있습니다.

개입의 목표가 클라이언트의 변화된 상태가 일상생활에서 지속되는 것임을 고려한다면, 중간성과만큼이나 최종성과를 측정하고 분석하는 것이 우리에게 중요한 일이라고 생각됩니다. 다만, 현실에서는 개입이 종결된 이후에 지속적으로 사후관리를 하는 것이 쉽지 않기 때문에 실제로는 제대로 적용되지 않고 있는 것 같습니다. 여하간 사후관리와 최종성과가 중요하다는 점은 여기서 짚고 넘어가고자 합니다. 중간성과와 최종성과는 시점의 차이일 뿐 같은 측면을 분석하는 것이기 때문에 따로 살펴보지는 않겠습니다.

다른 한편으로 성과를 측정하는 방법은 크게 네 가지, 즉 수량집계, 표준화된 척도, 기능수준 척도, 클라이언트 만족도 척도 등으로 구분됩니다. 수량집계는 개입을 통해 변화된 사람의 숫자를 세는 것이며, 표준화된 척도는 엄밀한 과학적 절차에 의해 타당도와 신뢰도가 검증되고 반복적인 검증과정을 통해 표준화가 이루어진 척도를 말하고, 기능수준 척도는 클라이언트의 기능수준을 여러 단계로 구분하고 클라이언트의 개입 전 상태와 개입 중간, 종결 시점에서 측정하여 비교하는 척도이며, 클라이언트 만족도 척도는 클라이언트의 관점에서 변화된 수준, 이후 참여 의사, 유사한 욕구를 가진 타인에게 추천할 의사 등을 물어봄으로써 개입의 효과를 측정하는 것입니다.

이 중에서 기능수준척도와 클라이언트 만족도 척도는 질적인 속성도 가지고 있는 것으로 보입니다. 왜냐하면 기능수준척도는 클라이언트의 기능을 질적으로 기술하고 분류하는 체계를 구축하는 것이기 때문이고, 클라이언트 만족도 척도는 클라이언트의 관점에서 주관적인 평가를 시도하는 것이기 때문입니다. 그럼에도 이들 척도는 성과를 양화하는 것이기 때문에 양적인 평가라고 말할 수 있습니다. 그렇다면 성과에 대한 질적 평가는 어떻게 할 수 있을까요? 이것을 성과에 대한 질적 평가가 아닌 '질적 성과'로 바꾸면 다음과 같이 다양한 차원들을 생각해 볼 수

있습니다.[3)]

첫째, 맥락을 반영한 성과입니다. 이것은 변화의 두께, 또는 부피라고 표현할 수도 있을 것입니다. 숫자로 표시할 수 없고, 한 마디로 말하기도 곤란하지만 분명하게 드러나는 어떤 변화이며, '이것이다'라고 꼬집어 말하기보다 '이러저러한 측면에서 복합적으로'라고 구체적으로 기술해야만 하는 변화이고, 하나의 지점이 아니라 서로 연결된 다양한 지점들의 연쇄적 변화로 묶인 것입니다. 자활사업을 예로 들어보겠습니다. 자활사업의 전형적인 성과는 취업과 탈수급이며, 양적 성과 차원에서는 취업자 수와 수급에서 탈피한 사람의 수를 세면 됩니다. 여기에 맥락을 반영한다면, 취업의 질, 즉 정규직 여부, 계약기간, 급여와 복리 수준, 물리적 접근성 등 취업의 지속성을 예측할 수 있는 지표들을 포함할 수 있고, 지속적인 자활역량의 변화, 자활의지의 강화 등을 성과에 포함할 수 있을 것이며, 직무수행능력, 직장 내 의사소통과 대인관계기술, 일상생활기술 등 취업유지에 필요한 역량의 강화도 성과에 반영할 수 있을 것입니다.

둘째, 바탕이 달라진 성과입니다. 이것은 흔히 '질적으로 다른 차이'라고 표현되곤 하는 변화입니다. 아마추어와 프로의 차이, 일류선수와 이류선수의 차이, 극적인 성적의 변화 등으로 표현할 수도 있을 것입니다. 물론 현실에서 이를 분간해 내는 것은 쉽지 않습니다. 아마추어 최우수선수가 프로의 1군과 2군을 오가는 선수보다 나은 경우도 있고, A－학점과 B+ 학점 사이에는 종이 한 장 차이밖에 없다고도 합니다. 그럼에

3) 이 부분은 '권지성(2018). 사회복지실천 질적 성과의 개념화를 위한 탐색적 연구. 한국사회복지질적연구, 12(3), 221-245'의 논의 부분을 옮겨온 것입니다.

도 우리는 어떤 사람이 이전에 비해 큰 차이를 보인다고 말하곤 합니다. 자활사업을 예로 들면, 취업과 실업, 수급과 탈수급을 반복하던 사람, 취업해도 한 달을 채 못 넘기던 사람이 1년 이상 취업을 유지하고 있고, 계속 일할 의지와 능력을 갖게 되었다면 바탕이 달라졌다고 말할 수 있을 것입니다. 이러한 변화는 표준화된 척도상의 통계적으로 유의미한 변화 이상의 의미를 갖습니다. 즉, 이용자의 삶이 근본적으로 변화된 것입니다. 뒤에 언급되겠지만, 이러한 변화의 내용, 경험과 의미는 이용자 관점을 검토하며 탐구할 수 있습니다.

셋째, 사회복지실천 관점을 반영한 성과입니다. 이것은 생태체계 관점, 강점 관점, 발달 관점의 요점들을 반영합니다. 개인과 환경의 변화, 강점을 활용한 변화, 발달수준과 생애주기에 따라 개별화된 변화 등이 그것입니다. 다시 자활사업을 예로 들면, 자활사업 참여자의 취업과 함께 가족 구조와 기능의 변화, 동료들의 변화, 이웃과 공동체의 변화 등이 생태체계 관점에 포함되며, 지역자활센터 실무자의 주도가 아닌 자활사업 참여자의 주도로 모든 절차가 진행되고 취업에 이르게 되었다면 강점 관점이 반영되었다고 할 수 있으며, 미취학아동과 초등학생 자녀를 돌보고 저녁과 주말을 같이 보낼 수 있는 직장을 구하게 되었다면 발달 관점을 반영했다고 볼 수 있을 것입니다.

넷째, 클라이언트 관점을 반영한 성과입니다. 위에서 살펴본 개념들이 서비스제공자의 관점에서 본 것이라면, 이것은 클라이언트의 관점을 강조하는 것입니다. 클라이언트 관점은 크게 두 가지 차원으로 나눌 수 있을 것입니다. 하나는 클라이언트 스스로가 평가하는 자신과 환경의 변화이며, 다른 하나는 그러한 변화의 의미입니다. 역시 자활사업을 예로 들면, 자활사업을 통해 취업한 사람에게 어떤 변화가 있었는지 물어보고 그 답변을 듣는 것이 전자에 해당하고, 그러한 변화가 자신에게 어떤 의미를 가지고 있는가에 대한 질문의 답변이 후자에 해당할 것입니다. 자활사업의 참여자는 실무자가 보지 못한 변화의 차원들을 느끼고 생각하고 판단하고 있을 것입니다. 또한 오랜 기간 실패를 반복하던 그는 이번이야말로 자활을 위한 마지막 기회라고 생각하고 '동아줄을 붙잡는' 심정이라고 말할지도 모릅니다.

다섯째, 다양한 이해당사자를 포함한 성과입니다. 사회복지실천은 클라이언트뿐만 아니라 개입에 관여하는 동료 클라이언트, 가족, 관계망, 사회복지사, 사회복지조직, 사회복지제도에까지 영향을 미칠 수 있습니다. 최소한 사회복지사와 다른 클라이언트, 가족들의 목소리에 귀를 기울임으로써 성과의 복합성을 포착할 수 있을 것입니다. 자활사업의 경우도 마찬가지입니다. 특정 자활사업 참여자에 대한 개입과정에서 사회복지사의 역량이 강화될 수 있으며, 가족관계가 달라질 수 있고, 다른 참여자들의 자활의지를 고취할 수 있으며, 자활사업의 운영방식에 변화를 초래할 수도 있습니다. 또한 다른 차원에서, 자활사업 참여자의 변화를 다양한 이해당사자들의 관점에서 평가하고 해석할 수도 있을 것입니다.

여섯째, 예상하지 않은 성과입니다. 이것은 기존의 목표지향평가와는 다른 탈목표지향평가를 염두에 둔 것이며, 체계이론의 다중결과성(원인은 같아도 결과는 달라질 수 있음)과도 관련되어 있습니다. 동일 집단에게 동일한 개입을 하더라도 결과는 달라질 수 있으므로, 특정 프로그램에 대해 동일한 성과를 기대할 수도 없고, 그럴 필요도 없습니다. 오히려 기획된 프로그램이 예상치 않은 다양한 성과를 낼 수 있다는 것을 발견하고, 이후 프로그램에서 그 성과 요소를 포함할 수도 있을 것입니다. 자활사업도 마찬가지입니다. 자활사업을 통해 참여자들이 좋은 일자리에 취업하거나 지속가능한 창업을 하거나 수급상태에서 벗어나도록 하는 것이 목표이자 성과지만, 그 과정에서 자아존중감이나 자기효능감, 문제해결능력, 관계형성능력 등이 개발되거나 향상될 수 있을 것입니다. 어쩌면 이러한 요인들이 단계적으로 향상된다는 사실을 발견하고, 자활사업의 개입구조를 바꿀 수도 있는 것입니다.

이와 같은 여섯 가지 측면의 성과를 파악하여 분석한다면, 그것이 성과 요소에 대한 질적 평가라고 할 수 있을 것입니다. 이 밖에 성과를 넘어선 '영향'을 분석하는 작업도 필요하다고 생각됩니다. 개입의 대상이 된 클라이언트(들)의 장기적 변화 또는 클라이언트의 관계망에서 발생하는 변화, 그리고 지역사회에 대한 파급효과 등을 이 '영향'의 범위로 볼 수 있을 것입니다.

The Plus **더 깊이 들어가기**

▪ 논리모델을 활용한 프로그램 질적 평가 사례

다음 사례는 저자가 서울시에서 진행된 희망플러스 시범사업을 평가하고 그 결과를 재구성한 '저소득층 자산형성 프로그램에 대한 질적 평가연구'입니다(권지성, 2010). 이 연구에서는 시범사업에 참여한 30명의 참여자에 대한 심층면접을 통해 얻은 질적 자료를 논리모델을 중심으로 적용하여 분석하였습니다. 논리모델에 따라 질적 요소가 어떻게 검토될 수 있는지 알아볼 수 있는 자료이므로, 다소 길지만 제시하고자 합니다.

〈표 4-8〉 논리모델의 구성요소를 기준으로 한 범주화 분석 결과의 예

영역	하위영역	범 주	하위범주
투입 요소	클라이언트	대상자 확대	대상 확대/ 일반인 참여기회/ 할당은 불공정함
		접근성 향상	정보인식능력 부족/ 맨땅에 헤딩
	서비스 제공자	따뜻함	세심한 관심과 배려/ 챙겨줌/ 애써줌/ 따뜻함/ 친절함/ 자상함/ 진심으로 대함/ 믿음/ 고마움
		공감	공감/ 들어줌/ 마음 아파해 줌
		열심히 일함	열의가 대단함/ 열심히 일함
		정보 제공	정보 제공
		격려	격려해 줌/ 힘을 실어줌
		공평	대우를 해 줌/ 차별 없음
		손발이 잘 맞음	손발이 잘 맞음
		지속성	실무자 유지
		거리가 멂	소원한 관계/ 무시당함
	물리적 자원	공간이 좁음	좁은 공간/ 개방된 장소 필요
		기록하기 불편함	책상이 없어 불편함/ 의자밖에 없어 불편함
		다과 마련	교육 시 음료 제공/ 자판기 마련
		쉬는 시간 부족	쉬는 시간이 짧음
		교통 불편	불편한 교통/ 편리함/ 임신 중이라 이동 불편/ 거리가 멂
과정 요소	참여경로	기관 추천	기관 추천(제비뽑기)
		직원 추천	복지제공자 추천/ 정보제공
		스스로 찾음	스스로 찾음
		대중매체	TV광고, 라디오 뉴스/ 지하철 광고
		가족의 정보제공	가족 구성원 정보제공

	시작단계	기대와 걱정	돈에 혹함/ 의심함/ 걱정과 기대 공존/ 고민을 많이 함/ 엄두가 안 났음/ 서류가 복잡함/ 탈락될 수 있다는 전화 받고 깜짝 놀람/ 걱정이 앞섰음/ 부담이 됨/ 힘들었음/ 제2의 출발점/ 생계가 버거움
		꿈같은 일이 생김	복권 당첨/ 꿈같은 일/ 마지막 행운/ 감사함/ 기쁨/ 행복함/ 기회가 생겨 기뻤음/ 된 것만으로도 좋았음/ 열심히 해보자는 생각
		저축할 기회가 생김	저축에 대한 인식 전환/ 적금할 기회 제공/ 저축을 시작하게 됨/ 다짐함
		희망이 생김	통장을 보며 자신감 가짐/ 희망이 생김
		사람들에게 다가가게 됨	사람들을 이해하고 다가갈 수 있게 됨
	중간단계	과거를 되돌아봄	과거가 후회됨/ 과거를 돌아봄/ 부정적 생각 줄어듦
		생활습관 변화	최우선순위/ 저축에 대한 인식전환/ 아껴쓰게 됨/ 소비습관 변화/ 지출에 계획을 가짐/ 교육을 삶 속에 적용/ 저축할 기회/ 저축이 습관이 됨/ 없는 걸로 생각함
		목표 의식	뚜렷한 목표의식
		인식 확대	경제관념 확대
		더 강해짐	삶에 대한 의지/ 어려워도 해야 함/ 인내심/ 힘이 됨/ 자신감 생김/ 강인함이 생김/ 자랑스러움/ 위기대처능력/ 더 노력하게 됨/ 좋은 일만 생김/ 마음이 편해짐/ 일에 생동감이 넘침
		이심전심	자조모임 공감대 형성
		적극적으로 살아감	적극적 삶/ 도전하게 됨/ 일을 하게 됨/ 희망과 기대/ 희망이 됨/ 더 나은 곳을 바라봄/ 신뢰함
		행복함	든든함/ 뿌듯함/ 표정이 좋아짐/ 즐거움과 기대감/ 행복함

		가정이 변화됨	새로운 가족이 생김/ 돈 문제로 싸울 일 없어짐/ 평화로운 가정생활/ 가족이 바뀜/ 가족의 의미 깨달음
산출 요소	교육참여	실천으로 옮김	실천에 옮김
		적극적 참여	적극적 참여/ 잘 참여함/ 자녀들도 참여
		관심영역 참여	관심영역에는 적극적으로 참여함
		필수교육만 참여	필수교육밖에 참여하지 못함
		불가피하게 빠짐	병간호로 한 번 빠짐/ 군 면회로 한 번 빠짐
		나에게 맞지 않음	무관심 영역 불참/ 흘려들음/ 듣기만 함/ 어긋남
		의무로 참여	의무적 참여
	교육평가	맞지 않음	교육은 도움 안 됨/ 피부로 느껴지지 않음/ 지루할 때가 있음/ 식상한 것도 있음/ 나와 거리가 멂/ 수준에 맞지 않음/ 시간이 부족함/ 일상에서 잊어버림
		다시 생각하게 함	생각해 볼 기회/ 되돌아보게 함/ 다시 생각하게 함
		새로운 정보를 알게 됨	구체적 계획 세움/ 새로운 정보 습득/ 모르던 것을 알게 됨/ 절약방법, 소비방법을 알게 됨/ 삶이 담긴 강의
		새 생활을 위한 실천방법을 배움	문제를 알게 됨/ 실천방법을 배움/ 행동으로 옮길 기회/ 가난에서 벗어나는 수단/ 새로운 생활 기회
		자신감을 가짐	걱정 생김/ 자신감
		구체적 목표를 세움	새로운 일을 구상/ 구체적인 목표를 갖게 됨
		긍정적 생각을 갖게 됨	돈의 가치 되새김/ 인식 전환/ 부정적 생각의 치유/ 긍정적으로 바뀜

		삶에 영향을 미침	여유를 갖게 됨/ 스트레스가 적어짐/ 삶에 영향 미침/ 다른 영역에 영향
	자조집단	안 가는 게 나음	희망적이지 않음
		불편함	답답할 것 같음/ 불편함
		갈 필요 없음	의무가 아님/ 갈 시간이 없음/ 거리가 멂/ 귀찮음
		참여하기 어려움	일 때문에 참여 못함/ 가족을 위해 불참/ 다 같이 모이기가 어려움
		나에게 맞지 않음	연령대가 맞지 않음/ 인식을 공유할 수 없음/ 회비가 부담스러움/ 정보접근성이 낮음/ 다시 참여하기 어려움
		기회가 안 됨	기회가 된다면 참여하고 싶음
		도움을 받음	정보교환/ 문화활동 혜택/ 돕는 기회를 가짐
		가족보다 나은 사람들을 얻음	솔직하게 개방함/ 거리낌 없음/ 위로받음/ 동병상련/ 정신적 도움이 됨/ 지지함/ 이해할 수 있음/ 계속 모이고 싶음/ 가족보다 나음/ 사람을 얻음
		적극 참여함	적극 참여/ 기다려짐/ 역할 맡음/ 내가 만들었음
	전반적 평가	잘 짜여짐	일상이 됨/ 참여할 만한 조건/ 잘 짜여짐/ 가족참여 좋음
		문화생활 만족	문화생활 기회/ 공연안내가 좋음
		옥에 티	일부 교육은 도움 안 됨/ 강제 교육은 안 좋음
		얽매임	용도규제는 이해 안 됨
		2등 시민	좋은 자리가 아님/ 2등 시민이 된 듯함
결과 요소	목표 수정	바뀜/ 고려 중/ 바뀌지 않음	변화 없음 : 19명/ 미정 : 1명/ 변화 : 10명
	수정 이유	안정 추구/ 도전	생각이 바뀜/ 안정성 추구/ 상황이 바뀜/ 더 나은 생활 기대/ 자격증을 활용/ 아직 젊음

	영향	희망을 갖게 함	희망이 이루어진 느낌/ 희망을 갖게 해줌/ 가난에서 벗어날 수 있는 길을 제시/ 삶에 시너지효과/ 동기유발이 됨/ 희망적인 모습으로 변화/ 정신적 변화
	영향	자신감	적금 부을 자신감/ 해냈다는 성취감/ 없는 이에게 힘을 줌
	영향	추진력을 얻음	새로운 교육 계획/ 용도 전환/ 구체적 계획 세움/ 유용하게 쓸 것임/ 실천할 수 있어 좋음
	영향	긍정적 생각	긍정적으로 생각함/ 걱정을 덜어냄
	영향	벗어나려는 의지	벗어나려는 의지/ 계속 노력할 것임/ 계속 하겠다는 다짐
	영향	긍정적 영향력	긍정적 영향력을 끼치고 싶음
	영향	계속 참여	계속 참여를 원함
경험	돈의 의미	내 생애 가장 큰 행운	복권 이상/ 기적/ 가장 큰 행운/ 기대하지 않은 행복/ 한 번도 만져보지 못한 큰돈/ 뿌듯하고 부자가 된 기분
경험	돈의 의미	희망을 갖고 벗어나게 함	잡을 수 있는 희망/ 벗어날 수 있는 발판/ 탈출구/ 절망에서 희망으로 건져줌/ 제2의 출발점/ 재출발 의미부여/ 디딤돌/ 희망 파랑새/ 꿈을 펼칠 기회/ 마지막 기회/ 미래의 일부/ 열심히 살 동기/ 기대/ 새로 태어남
경험	돈의 의미	값을 매길 수 없는 가치	보배로운 가치/ 남의 1억보다 소중함/ 소중한 가치/ 감사함
경험	돈의 의미	눈앞의 행운	구체적인 목표/ 당장 필요한 돈
경험	돈의 의미	자신을 알게 함	자신을 알게 됨
경험	돈의 의미	여유로워짐	마음의 짐을 덜어줌/ 마음의 여유가 생김/ 아픈 것도 낫게 함/ 안정
경험	돈의 의미	끌어올려 줌	목표에 빨리 도달하게 함/ 하는 만큼 쌓임/ 실천에 옮길 수 있도록 도와줌/ 알 속에서 꺼내줌/ 끈을 잡음/ 돌다리 역할

		도전할 힘을 줌	도전하게 함/ 열심히 살 힘을 줌/ 함께 살아갈 밑받침/ 적극적 삶/ 자신감 부여
		가족을 회복시켜 줌	가족에게 행복을 줌/ 가족을 지켜줌/ 가족을 껴안는 즐거움/ 한 가정의 희망/ 미래에 대한 확신/ 자녀의 미래를 열어줌/ 자녀에게 당당해짐/ 자녀에게 보탬이 됨
		살아가는 힘이 됨	태도 변화/ 새로운 마음을 가짐/ 살아갈 수 있는 다리/ 삶의 활력소/ 하루하루 사는 게 즐거움/ 효자/ 소중함과 감사함/ 포기하지 않게 함
		타인을 돕고 싶어짐	혜택을 다른 사람에게 전해주고 싶음/ 사회에 돌려주고 싶음
	문화	또 다른 문화	또 다른 문화를 만듦
		이심전심	공감대/ 유대관계/ 친밀감/ 상호이해/ 터놓고 얘기함/ 같은 처지/ 편하게 느껴짐/ 절제하고 분위기에 맞게 말함
		정보공유	정보공유
		희망을 나눔	위로해 줌/ 조력자/ 정신적 도움/ 편안함/ 긍정적 말을 나눔/ 희망적임
		부정적 영향	어두운 사람이 있음/ 부정적 영향력
		공유하지 않음	공유하는 것이 없음
	공공부문 지원에 대한 인식	고마움	고마움
		희망을 줌	희망을 줌/ 벗어나야겠다는 생각을 촉진함
		자존심 상함	떳떳하지 못함/ 자존심이 상함/ 마음이 아픔/ 썩 좋지는 않음
		벗어나고 싶음	익숙해지면 안 됨/ 자기 힘으로 살고 싶음
		돌아가고 싶음	수급자일 때가 편함

3. 특정 질적 연구접근을 선택하여 적용하기

기존의 질적 연구접근들을 적용하여 질적 평가를 수행할 수도 있습니다. 여기에서 말하는 질적 연구접근이란 현상학, 근거이론, 문화기술지, 내러티브 탐구, 질적 사례연구 등 다양한 학문분야에서 독립적으로 또는 융합을 통해 발전시켜 온 질적 연구방법들을 말합니다. 앞서 밝힌 바와 같이, 저는 이러한 질적 연구접근들을 질적 평가에 그대로 적용하는 것에는 무리가 있다고 생각합니다. 그럼에도 자료수집이나 분석방법 수준에서는 부분적으로 적용할 여지가 있습니다. 따라서 여기에서는 연구접근별로 적용할 수 있는 방법들을 모색해 보겠습니다. 다만, 질적 사례연구는 개별 개입을 '사례'로 이해할 경우 적용할 가능성이 높다고 생각되어 따로 기술하겠습니다.

1) 현상학

현상학은 동일한 현상을 경험한 개인들이 가지고 있는 경험의 본질적 구조를 탐구하려 합니다. 현상학에서 중요한 개념은 '지향성', '판단중지', '있는 그대로', '본질 직관' 등입니다. 현상학을 제안한 후설(Husserl, E.)은 우리가 가지고 있는 편견이나 선입견 때문에 주어진 현상을 있는 그대로 보지 못한다고 주장하면서 판단중지를 통해 그러한 '선이해'를 걷어내고 본질직관을 통해 본질구조를 파악할 수 있다고 주장하였습니다.[4)]

---

4) 현상학은 주로 체험 연구에 많이 활용되는 연구방법입니다. 연구대상의 체험의 본질을 탐구하는 방법으로서 현상학을 충분한 분량으로 설명하기 어렵지만, 독자의 이해를 돕기 위해 주요 개념을 설명하고자 합니다. 자세한 이해를 위해서는 이남인(2014)의 '현상학과

이러한 생각들을 질적 평가에 적용한다면, 우선 평가자는 자신이 가지고 있는 현상, 즉 사회복지실천 개입에 대한 선이해를 걷어내고, 아무런 선입견이 없는 상태에서 개입과정과 결과를 관찰하여 있는 그대로의 상태를 파악해야 하며, 그 본질구조를 발견해야 합니다. 그런데 과연 사회복지실천가가 자신의 선입견을 걷어낼 수 있을 것인가의 문제와 함께

질적 연구'를 참조하시길 바랍니다.

- 지향성 : 지향성은 모든 체험이 지니고 있는 본질적 속성으로, 각 체험이 나름의 방식으로 세상 및 세상에 있는 대상을 향하고 있음을 의미함. 사회복지사가 실천을 통해 클라이언트의 변화를 지향하는 태도로 대한다고 할 때, 어쩌면 클라이언트는 프로그램에 참여함으로써 사람들과의 관계를 맺는 것에 더 많은 지향을 가지며 참여할 수 있음. 각기 같은 공간에서 같은 프로그램에 임한다고 해도, 각 행위자의 경험, 체험은 각기 다른 본질과 의미를 가질 수밖에 없음. 따라서 상대방의 경험과 체험을 이해하기 위해서는 상대방의 지향에서 출발할 수 있어야 함.
- 판단중지, 괄호치기, 현상학적 환원 : 상대방의 체험의 본질을 이해하기에 앞서, 연구자는 선입견, 이전에 가졌던 태도에 대해 '무관심한 태도'를 취해야 함. 기존의 선입견이 본질 이해에 방해요소로 작용하지 않도록 자신의 주관을 제한함을 의미함. 이를 판단중지, 혹은 괄호치기라 부름. 연구자가 기존의 믿음을 검증하려는 의도가 없이 본질을 '있는 그대로' 발견하고자 체험 그 자체로 자신의 시선을 돌리는 것, 그 태도를 말함. 후설은 사실을 파악하고자 하는 태도에서 본질을 파악하기 위한 태도로서의 전환을 현상학적 환원이라 불렀음.
- 본질, 본질직관 : 본질은 개개인이 경험한 체험 각각이 아니라, 그러한 체험이 가지고 있는 핵심적이고 공통적인 성질들을 의미함. 이러한 본질은 이를 구현하는 무수한 개별적 대상을 있는 그대로 이해하면서, 이를 상상 속에서 자유롭게 변형해 가면서 체험의 본질을 이해할 수 있음. 이 과정이 본질직관의 과정임. [이를테면 책상에 대해 연구한다면, 책상이라 알려진 다양한 가구를 모아서 관찰할 수 있다. 이 과정에서 대략 책상이 상판과 네 개의 다리로 구성되었다고 이해했다고 보자. 여기서 상판과 네 개의 다리로 구성되었지만 식사를 하는 데 주로 이용되는 가구를 책상이라 부를지 고민해 보고, 책상은 상판과 네 개의 다리로 구성되었으며, 주로 책이나 공부, 컴퓨터를 하는 데 활용되는 것을 조사와 비교를 통해 이해할 수 있다. 또한 다른 디자인으로 만들어진 가구가 왜 책상이 안 되는지 고민해 보면서 책상의 본질을 이해해 나갈 수 있다. 이러한 과정을 통해 '본질(책상을 책상되게 만드는 것)'과 '불순물(책상처럼 보이거나 책상의 일부가 될 수 있지만, 책상이 되기 위해 꼭 필요하지 않은 것)'을 가려내는 통찰을 얻어내서 본질이 무엇인지 밝혀내는 과정이 본질직관이라 볼 수 있다]

우리가 개입의 본질까지 파악해야 하는가 하는 의문이 있습니다. 따라서 우리가 적용할 수 있는 차원은 두 가지 측면이라고 생각됩니다.

하나는 개입활동에 대한 선이해가 평가에 영향을 미치지 않도록 주의해야 합니다. 특히 사회복지실천가는 개입활동을 통해 의도한 변화를 이끌어 내려는 강력한 동기를 가지고 있습니다. 이러한 동기는 실천가의 지향을 분명하게 하지만, 자신이 보고자 하는 결과만 강조해서 보며 평가를 왜곡시킬 수 있습니다. 따라서 평가를 시작하기 전에 개입활동에 대한 자신의 생각을 정리하고, 외부자의 관점을 반영함으로써 선이해의 문제를 해결해 나가야 합니다.

다른 하나는 현상학의 기술적 측면만을 적용하는 것으로서 심층면접을 통해 수집한 자료를 가지고 줄 단위로 분석하여 의미단위-개념-하위범주-범주로 이어지는 범주화 분석을 수행하고, 범주 또는 그것을 넘어선 주제를 중심으로 연구결과를 제시하는 것입니다. 그런데 이러한 분석방법은 현상학만의 것이라고 말하기 어렵고, 일반적인 질적 연구의 기본 분석방법으로도 이러한 분석이 가능하기 때문에 굳이 현상학을 적용할 필요는 없을 것입니다. 그럼에도 현상학이 질적 평가에 주는 의미는 매우 큽니다. 우리의 관심을 실천에 참여하는 클라이언트의 경험에 집중하게 한다는 점입니다. 이러한 지향은 실천가를 좀 더 겸손하게 만들 수 있으며, 클라이언트의 지향, 생활세계에 더욱 주목하게 만들어 줄 수 있습니다.

2) 근거이론

근거이론은 현실에 근거하여 특정 현상을 설명할 수 있는 이론을 창출하거나 발견하려는 질적 연구접근입니다. 그래서 현실기반이론이라고 번역하기도 합니다. 이 연구접근의 특징은 '지속적인 비교'로 대표되는 방법을 통해 개방코딩, 축코딩, 선택코딩 등을 실시하여, 일련의 분석과정을 거쳐 이론적 모형을 구축하고, 다수의 연구참여자를 대상으로 한 자료수집을 통해 이론적 포화 상태까지 도달하려 한다는 점입니다. 이런 점들 때문에 질적 연구로서 큰 매력을 가지고 있지만, 질적 평가에도 적용할 수 있는지에 대해서는 의문이 있습니다. 기본적으로 질적 평가는 이미 정해진 개입의 과정과 절차라는 틀에 따라 수행되고, 개입의 틀도 기존 이론과 논리 모형에 근거하여 구성되기 때문에 근거이론의 접근 자체가 어울리지 않을 수 있습니다. 물론 정해진 이론과 모형이 없는 상태에서 개입을 시작하고, 다양한 시도를 하면서 최적의 개입모형과 방법을 구축해 가는 접근을 한다면, 근거이론이 적합할 수도 있습니다만 그런 경우는 많지 않을 것입니다. 또한 개방코딩은 일반적인 범주화 분석과 크게 다르지 않고, 축코딩의 모형은 이미 이론이 있는 상태에서는 불필요하며, 과정분석이나 유형분석도 필요하지는 않을 것입니다.

따라서 근거이론을 질적 평가에 적용할 수 있는 측면은 다음 두 가지라고 생각됩니다.

첫째, '포화상태'에 도달하기 위해 가능한 한 많은 클라이언트들로부터 풍부한 자료를 수집하고 지속적 비교를 통해 분석하는 것입니다.

둘째, 개입 이전과 중간, 종결시점에서 수집한 자료들을 분석하여 클라이언트의 상황을 이해할 수 있는 임시이론을 생성하고, 이를 이후 개입에 적용하며 지속적으로 그 이론이 맞는지 확인해 가는 작업입니다. 즉, 기존 이론이 아니라 개입과정을 통해 알게 된 클라이언트들의 변화과정에 대한 새로운 이론을 구축하는 것입니다. 물론 이론이라는 말이 거창해 보일 수 있습니다. 그렇다면 일련의 프로그램 과정, 이용자의 변화 과정에 대한 새로운 설명을 발견하는 것으로 이해해도 무방합니다.

다음은 필자와 현장의 사회복지사가 함께 발달장애인서비스를 이용하는 어머니가 프로그램을 어떤 과정으로 선택하는지를 근거이론으로 정리한 사례입니다. 프로그램 선택 과정은 다음 그림과 같이 정리되었습니다. 또한 발달장애인서비스에서 자유선택, 제한선택, 기회박탈의 선택유형이 나타나는 주요 맥락으로 선택대안의 양과 질, 돌발행동과 관련된 관계인식을 교차하여 유형화하여 설명하였습니다. 이렇게 근거이론은 지속적인 비교, 자료의 포화를 통해, 유형을 발견하여 정리하고, 이를 발전시켜 이론을 발견합니다. 또한 자료를 참조하여 이론의 논리를 분명하게 합니다.

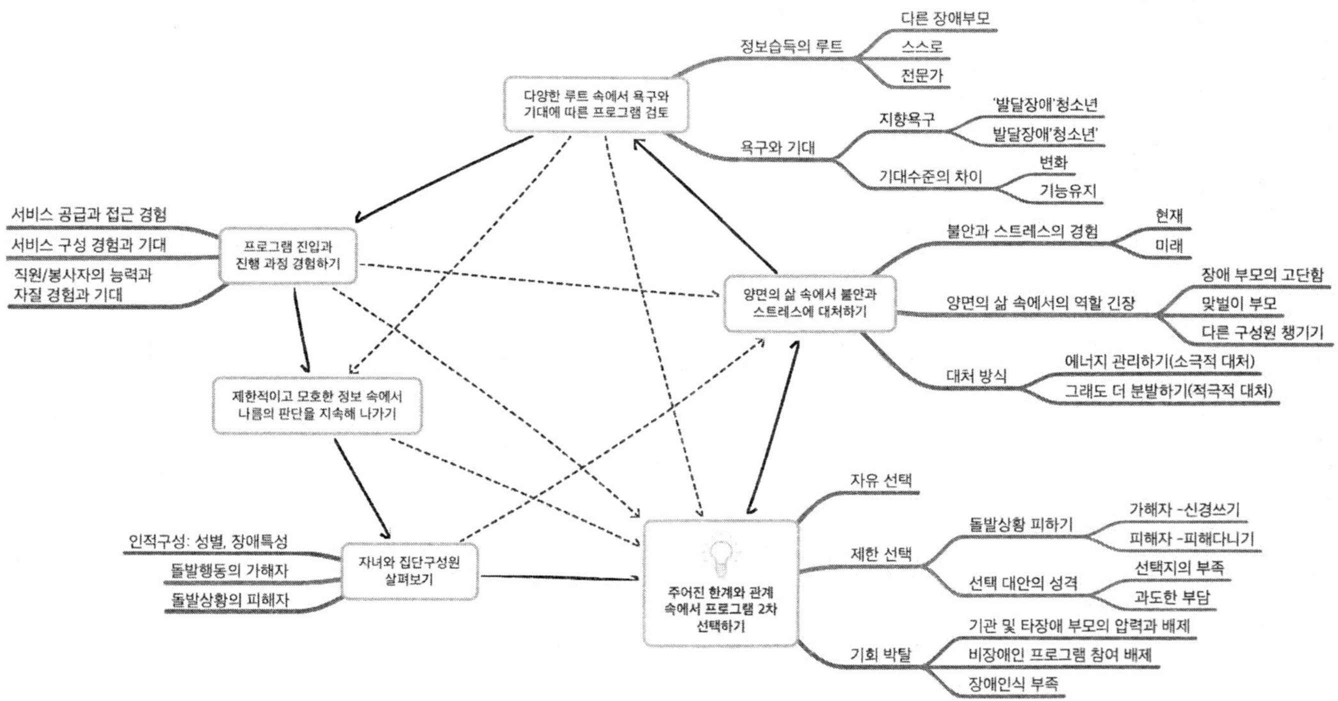

【그림 4-4】 발달장애청소년 어머니의 프로그램 선택과정(염태산 외, 2017)

3) 문화기술지

문화기술지는 특정 문화를 공유하는 집단에 대한 연구접근입니다. 서구의 대항해 시대 이후 제3세계와 남태평양의 섬과 부족들에 대한 연구에서 발전된 문화기술지는 이후 자국 내 소수 민족과 문화집단에 대한 연구로 확대되어 왔고, 해당 문화집단이 만들어 온 인공물과 말, 행동, 기록물, 규범, 인식체계, 가치 등을 종합적으로 분석하는 접근과 면접과 관찰을 통해 문화집단의 인지구조를 분석하는 접근 등으로 다양화되고 있습니다.

기본적으로 문화기술지를 질적 평가에 적용하기는 쉽지 않다고 생각합니다. 질적 평가를 할 때 우리가 문화에 초점을 두는 경우는 많지 않기 때문입니다. 물론 집단 대상 사회복지실천에서 소집단 내의 문화에 초점을 두기는 하지만 그것만을 위해 문화기술지를 적용하기는 어려울 것입니다. 따라서 문화기술지는 특정 문화집단 내에 소속된 개인이 드러내는 문화나 가족이나 집단이 공유하고 발전시키고 있는 문화, 지역사회 문화, 법률과 정책에 대한 문화의 영향을 파악하고 분석하고자 할 때만 적용이 가능할 것입니다. 다만, 이처럼 다양한 범주 중 하나로서 문화를 파악하고자 할 때는 다른 질적 연구접근의 적용도 가능하며, 기본적인 질적 연구방법으로도 가능하다는 것을 짚고 넘어가고자 합니다.

4) 내러티브 탐구

내러티브 탐구는 한 인간의 삶에 대한 탐구를 통해 개인과 사회의 상호작용을 파악하고자 합니다. 한 명 또는 많아도 3명 정도의 연구참여자들을 대상으로 심층면접, 관찰, 각종 기록물, 중요한 타인들의 진술 등 다양한 원천으로부터 자료를 수집하고, 자신의 인생에 대한 연구참여자의 해석과 그에 대한 연구자의 해석 등을 통해 특정 현상을 경험한 개인의 인생을 이해하며, 개인과 사회의 관계를 밝혀내는 것이 중요한 특징입니다. 이를테면, 영화 「박하사탕」을 통해 우리는 한 개인의 인생을 지켜볼 뿐만 아니라 사회가 그 개인에게 미치는 영향과 그 개인이 사회에 반응하며 사회를 변화시켜 가는 과정도 바라볼 수 있습니다. 내러티브 탐구는 그러한 관점을 우리에게 제공해 줍니다.

이런 측면에서 내러티브 탐구를 질적 평가에 적용하는 것은 쉽지 않아 보입니다. 클라이언트들에게 개입하면서 그들의 인생 전체를 조망하거나 사회와의 관계를 깊이 파악하기는 쉽지 않기 때문입니다. 그럼에도 평가자인 사회복지실천가가 이 접근을 적용하고 싶다면, 개입 과정 전반에 걸쳐 클라이언트와 사회의 상호작용, 그리고 그에 대한 클라이언트의 해석을 탐색하고, 그에 대해 논의하는 작업을 진행할 수 있을 것입니다. 그리고 종결시점에 가서 클라이언트의 관점의 변화를 발견할 수도 있을 것입니다.

내러티브 탐구를 적극적으로 적용하고자 한다면, 우리는 내러티브 치료를 실시할 수도 있습니다. 내러티브 치료 자체가 클라이언트 자신의 인생 경험에 대한 재해석을 목표로 하고 있기 때문에 치료 과정과 내러티브 탐구 과정을 병행할 수도 있을 것입니다. 물론 치료와 탐구는 구별되어야 하겠지만, 클라이언트의 내러티브의 변화는 그 자체로 치료의 효과를 보여준다고 볼 수 있습니다. 그러나 내러티브 탐구는 개인 대상

사회복지실천의 연구방법으로 한정되는 측면이 있기 때문에 적용 가능성이 제한될 것으로 생각됩니다.

4. 질적 사례연구 적용하기

질적 사례연구는 시간과 공간의 경계를 가진 체계를 사례로 선정하고, 다양한 원천으로부터 자료를 수집하며, 사례 내 분석과 사례 간 분석을 통해 이슈와 주제들을 발견하려 한다는 특성을 가지고 있습니다. 이 접근은 법학의 판례분석, 의학의 사례분석과 같이 다양한 학문에서 독립적으로 또는 융합을 통해 발전되어 왔습니다. 따라서 사회복지학에서도 독립적인 접근을 개발할 수 있으며, 개별 상담이나 집단 프로그램에 대한 사례연구 등을 통해 실제로도 적용되어 왔습니다. 사회복지실천현장에서 적용해 온 사례연구는 개입과정을 기술하고, 그러한 개입과정을 통해 클라이언트에게 어떠한 변화가 있었다는 것을 입증하는 방식으로 되어 있기 때문에 판례분석이나 증례분석과 맥을 같이한다고 할 수 있습니다.

그러나 연구 차원에서 이루어지는 질적 사례연구는 이것과 차이가 있습니다. 연구자들이 질적 사례연구라고 부르는 것은 학술논문의 구조와 내용을 갖춘 형태의 연구와 그 결과물인 논문을 말합니다. 그에 반해 사회복지실천현장에서 발표되는 사례연구는 서론-본론-결론의 구조는 갖추고 있으나 문제제기와 이론적 배경(문헌검토), 연구방법과 연구결과, 논의를 포함한 결론의 구조를 갖지는 않으며, 과학적인 분석과 해석이 결여된 경우가 많습니다. 따라서 두 가지 사례연구를 다르게 인식하는 것입니다.

여하간 질적 사례연구는 질적 평가를 위한 틀로 적용이 가능하다는 것이 제 생각입니다. 왜냐하면 시간과 공간의 경계가 분명한 개입활동을 사례로 규정하고, 클라이언트와 관련된 다양한 자료들을 수집하며, 가족이나 집단, 지역사회의 경우 다양한 클라이언트들이 있기 때문에 사례 내 분석과 사례 간 분석도 가능하기 때문입니다. 예를 들어, 사회복지실천가가 담당하는 집단 프로그램을 사례로 선정하고, 그 시간과 공간을 명확하게 규정하며, 집단 프로그램의 과정과 그 안에서 벌어지는 상호작용을 분석하고, 클라이언트들에 대한 개별 분석과 통합 분석을 실시한다면, 그 자체로 질적 사례연구, 그리고 질적 평가연구가 될 수 있을 것입니다. 특히 사회복지실천가가 자신의 평가연구에 학술적 가치를 부여하고 싶다면, 이러한 질적 사례연구 접근이 적절할 것이라고 생각됩니다.

5. 실행연구 방법을 적용하기

실행연구 방법에 대해서는 앞서 간략하게 언급한 바가 있습니다. 이 방법은 실천가가 자신의 개입활동을 실행하면서 연구하는 것을 강조하며, 따라서 실천가가 자신의 개입을 평가하는 것이 가능하다는 근거로 작용할 수 있습니다. 그러나 여전히 철학적인 문제는 해결되지 않았으며, 그러한 한계 내에서 이른바 '객관적인' 평가가 가능하도록 노력해야 할 것입니다.

실행연구에 대해서는 이미 그 방법을 구체적으로 소개한 다른 단행본들이 있고, 실천을 하면서 연구한다는 의미 외에 특별한 것이 없으며, 여기에서 소개하기에는 내용이 방대하여 구체적으로 소개하지는 않겠습니다.

6. 양적 평가방법을 확장하기

이 방법에 대해서도 앞서 기술한 바가 있습니다. 양적 평가에서 사용하는 방법들을 질적 평가에 적용할 수 있다는 것인데, 그것은 다음과 같은 몇 가지 차원에서 가능합니다.

첫째, 가장 간단한 방법으로서 성과를 측정하는 도구들을 사용하여 질적 평가를 시도하는 것입니다. 즉, 수량집계를 위한 틀과 표준화된 척도, 기능수준 척도, 클라이언트 만족도 척도의 문항들을 질적 평가를 위한 질문들로 사용할 수 있습니다.

둘째, 산출(실적)을 계산하는 틀을 적용하여 질적 평가를 수행할 수 있습니다. 중간산출, 품질산출, 최종산출을 파악한 뒤에 이를 질적으로 평가할 수 있다는 것입니다.

셋째, 양적 평가의 기본적인 틀인 사전사후비교설계의 틀을 적용하여 개입 이전에 클라이언트의 신체심리사회적 측면들을 파악하고 개입 이후에 다시 파악하여 비교함으로써 개입의 영향을 분석할 수 있습니다.

그런데 이러한 방법들은 이미 논리모형을 적용하는 방법에서 다 소개한 것이므로 여기에서 다시 구체적으로 기술할 필요는 없다고 생각됩니다. 또한 이 방법 자체도 논리모형 안에 통합하여 적용할 수 있을 것입니다. 다만, 논리모형을 적용하지 않고, 위에서 언급한 방법들만을 적용하고자 할 때, 이를 별도의 방법으로 활용할 수 있을 것입니다.

7. 우선순위 정하기 : 하나씩 차례로

여기까지 읽고 나면, 사회복지사들은 가슴이 답답해져 오는 느낌을 가질 것 같습니다. 가뜩이나 할 일도 많은데, 하라는 것도 많고, 적용할 수 있는 대안도 너무 많아서 도대체 어떻게 해야 할지 더 모르겠다는 생각이 들지 모르겠습니다. 그래서 여기에서는 이미 여러분들이 하고 있거나 간편하게 적용할 수 있는 쉬운 대안부터 시작해서 조금 더 여유가 생기거나 질적 평가를 한 단계 더 적용해 보고 싶을 때 확장하거나 보완할 수 있는 대안들을 우선순위에 따라 하나씩 덧붙여 보겠습니다.

그전에 큰 틀에서 말씀드리자면, 우리가 권하고자 하는 방식은 이미 현장에서 적용하고 있는 논리모형을 적용하되, 그것을 확장하여 질적 평가를 수행하는 것입니다. 투입－과정－산출－성과로 이어지는 논리적인 틀을 그대로 유지하고, 각 요소별로 질적 평가를 수행하며, 사실 정보에 대한 상세한 기술과 해석, 범주화 분석, 의미 정보에 대한 범주화 분석과 해석 등을 실시하면 될 것입니다. 과정에 대한 상세한 기술만으로도 많은 시간과 노력이 소요되며, 매 회기별로 일지를 작성하는 것도 번거로운 일이라는 것을 잘 알고 있습니다. 그러나 당장 많은 변화를 주기보다 지금 할 수 있는 최소한의 작업을 더하는 것만으로도 충분하다고 생각됩니다. 즉, 실천지혜를 얻기 위해 기존에 작성하던 일지에 칸을 하나 더 만들어서 실천가의 짧은 메모를 적어두고 시간이 날 때 그것을 정리하고 마음에 새겨두는 것만으로도 변화가 일어날 수 있을 것입니다. 양적 평가방법을 적용하는 것도 논리모형 안에서 가능할 것입니다. 이제 우선순위에 따라 차례로 적용할 수 있는 대안들을 제시하겠습니다.

첫째, 종결 평가에 대한 범주분석입니다. 개입 종결시점에 클라이언트(들)와 함께 지나온 과정을 되돌아보고, 각자 경험한 '변화'와 그 '의미'를 질문지에 적거나 개별 또는 집단 면접의 형식으로 진술하도록 한 뒤에(자료수집), 그것을 가지고 범주분석을 실시하고(자료분석), 그 결과를 범주－하위범주－개념의 위계로 구성한 표로 작성하여 제시하거나 범주별로 기술－해석－인용하는 글로 제시하는 것입니다(글쓰기).

둘째, 기초선 평가자료 수집과 범주분석, 그리고 개입 전후 비교 평가입니다. 개입이 시작되기 이전 준비단계나 초기단계의 첫 만남에서, 클라이언트가 변화를 시작하기 이전 상태인 '기초선'을 파악하기 위해, 개입 목표와 관련하여 지금까지의 과정과 현재 상태(맥락과 패턴), 스스로 생각하는 문제, 욕구, 목표 등을 적거나 말해보도록 하는 것입니다. 여기에서 진술되고 수집된 자료들은 위 종결 평가 시점과 마찬가지로 범주분석을 실시한 뒤 잘 보관해 두었다가 중간 평가나 종결 평가가 이루어진 후 그 결과와 비교하면 될 것입니다.

셋째, 성과 중심 시계열 분석입니다. 사전－사후 비교를 위한 틀이 갖추어졌다면, 다음 단계는 개입 초기와 중간, 3/4 시점, 또는 가능하다면 매 회기별로 '표적'을 중심으로 변화 경험을 물어보고 정리하며 분석하면서 차곡차곡 쌓아두었다가 결과평가를 할 때 시계열로 분석하면 될 것입니다.

넷째, 과정-투입-산출 요소들에 대한 분석입니다. 논리모형의 다른 주요 요소들인 과정과 투입, 산출 요소들을 순서대로 평가 틀에 포함하는 것입니다. 일단 각 요소별로 평가하고, 이어서 요소들을 연결하여 평가할 수 있습니다. 과정 분석은 개입 단계와 전체 회기들의 구성, 각 회기의 개입 모듈과 활동들에 대해 이루어질 수 있으며, 개입방법들의 영향 측면에서도 수행할 수 있습니다. 투입 분석은 투입 요소인 인력과 클라이언트, 물적 자원, 시설, 장비의 질에 대한 분석으로 이루어질 수 있습니다. 산출 분석은 중간산출(실적)과 품질산출, 최종산출(수료)을 구체적으로 기술하고, 산출결과에 영향을 미친 요인들을 분석할 수 있습니다. 그런데 투입과 과정은 별도로 분석하기보다는 함께 교차하여 분석하는 것이 더 자연스럽고 적절하다고 생각됩니다. 즉, 프로그램의 단계들을 시간 흐름에 따라 기술하면서 투입 요소들의 상호작용을 분석할 수 있을 것입니다.

논리모형과 평가를 넘어서, 사회복지실천가가 학술적인 목적까지 염두에 둔다면, 질적 사례연구를 적용하거나 기존 질적 연구접근을 적용하여 질적 평가를 시도하고 그것을 학술논문으로 발전시키는 것도 좋은 방법입니다. 프로그램 기획서의 틀을 보고서의 형태로 전환하는 작업을 넘어서서 이론과 현실에 대한 문제제기를 논리적으로 전개하고, 폭넓은 문헌들을 검토하여 정리함으로써 이론적 배경을 구축하며, 질적 연구접근을 방법론으로 적용하고, 평가결과를 압축하여 연구결과로 정리하며,

이론적, 실천적 제언을 결론으로 담아내면 될 것입니다.

우리는 이러한 방법들이 '실행연구'의 접근과 크게 다르지 않다고 생각합니다. 외부 평가자가 아니라 사회복지실천가가 엄밀한 방법을 적용하여 자신의 개입행위를 평가하고, 그 과정에 클라이언트를 참여시키며 함께 논의하고, 더 나은 개입방법을 찾아가려 노력한다면, 그것이 바로 실행연구일 것입니다.

마지막으로 강조해야 할 점은 질적 평가를 위해서는 연구지향적 실천 환경을 위한 기관의 준비와 배려가 필요하다는 점입니다. 질적인 평가를 위한 시간과 노력을 개별 사회복지실천가가 모두 감내할 수는 없습니다. 자료수집(녹음, 녹취), 자료분석(코딩, 범주화, 해석), 글쓰기(평가서, 보고서, 학술논문)에는 막대한 시간과 노력이 요구됩니다. 경우에 따라 이러한 과정을 도와줄 녹취자, 자문연구자가 필요하여 일정 정도의 예산을 할애해야 할 수도 있습니다. 이 모든 상황을 고려하여 기관에서는 업무량을 조정해 주고, 선택과 집중해야 할 영역을 지정해 줄 필요가 있습니다. 연구가 업무에 추가될 뿐, 업무량이 조절되지 않는 상황은 반드시 피해야 합니다. 그렇지 않으면 비범(非凡)한 사람이 평범(平凡)해지고, 평범해진 사람은 연구, 일, 사람 모두 만족스럽게 챙기지 못하게 됩니다. 그로 인한 손실은 클라이언트와 기관도 함께 나누어 지게 됩니다.

CHAPTER 05

사회복지실천 질적 평가의 절차와 방법

도입 질문 : 우리는 어떻게 변화하는가?

질적 평가와 관련된 논의를 시작하기에 앞서, 변화에 대한 이야기를 나누고자 합니다. 인간은 어떻게 변화할까요? 여러분은 자신과 타인들의 삶에서 변화를 경험해 보았을 것입니다. 클라이언트의 변화라고 하면 먼 이야기처럼 들리지만, 사실 우리가 변화하는 과정이나 클라이언트가 변화하는 과정이나 마찬가지일 거라 생각됩니다. 다시, 우리는 어떻게 변화합니까?

우리는 두 가지 경로로 변화한다고 생각됩니다. 하나는 갑자기, 다른 하나는 천천히. 즉, 특정 시간과 공간에 발생한 특별한 계기를 통해 갑자기 변화되는 경우가 있고, 꽤 오랜 시간에 걸쳐 천천히, 점진적으로, 누적적으로 변화되는 경우가 있습니다. 몸의 변화든 마음의 변화든 관계의 변화든 다 마찬가지일 것입니다. 인지의 변화와 감정의 변화, 행동의 변화도 그러할 것이고요. 물론 갑자기 변화되었다고 생각되지만 실은 오래전부터 진행되어 온 경우가 있고, 천천히 변화된 것으로 보이지만 그것도 특정 시점에 계기가 있었거나 특이점을 중심으로 급격히 변화를 보이는 경우도 있습니다.[1] 여하간 두 가지 경로 또는 그 두 경로가 혼합된 복합적인 경로를 통해 변화가 이루어진다고 생각할 수 있습니다. 갑작스러운 변화는 우리가 흔히 생애사건이라는 부르는 시점이나 외상사건, 생각의 전환점, 관계망 내의 균열 등을 통해 시작될 수 있고, 점진적인 변화는 특정 시기를 전후로 특정한 기술과 역량, 능력 등을 형성하는 과정을 통해 이루어지는 것으로 볼 수 있을 것입니다.

그렇다면, 우리는 클라이언트의 변화를 위해 두 가지 경로를 기획할 수 있습니다. 일종의 충격요법을 가미한 급진적 변화경로를 추구하거나 표적이 되는 신체심리사회적 상태의 변화를 위해 천천히 하위요소들을 발전시켜서 결국에는 생태체계적 적합성을 달성하도록 하는 점진적 변화경로를 향하는 것입니다. 물론 두 가지 경로를 결합한 개입을 추진할 수도 있을 것입니다. 그런데 어떤 경로이든, 결국 인간의 변화에서 가장 중요한 핵심요소는 '마음'이라고 할 수 있습니다. '일체유심조(一切唯心造)', 모든 일은 마음에 달려 있으니까요. 아! 어쩌면 여러분은 우리가 생태체계 관점을 가지고 있고, 맥락과 구조의 힘을 믿고 있으니 그렇게 말하면 안 된다고 생각할지 모르겠습니다. 물론 저도 그렇게 생각합니다. 그러나 저는 여기에서 마음의 힘이 변화의 전부이거나 책임의 원천

---

1) 역사전공자인 저널리스트 Malcolm Gladwell은 이러한 변화의 두 가지 측면에 대해 흥미로운 저작을 내놓았습니다. 그는 '아웃라이어(2008)'에서 '1만 시간의 법칙(10,000-Hour Rule)'을 소개했습니다. 하루에 3시간씩 10년, 즉 1만 시간 동안 꾸준히 연습하면 해당 분야에서 최고에 다다를 수 있다고 하였습니다. 이러한 변화는 느리지만 점진적인 변화라 볼 수 있습니다. 한편 그는 '티핑포인트(2006)'에서 특정 시점을 중심으로 극적인 변화가 발생할 수 있음에도 주목했습니다. 물은 끓는점에 도달할 때까지는 큰 변화가 없지만, 100℃에 도달할 때는 이전과는 다른 극적인 변화가 갑작스럽게 나타납니다. 마찬가지로 개인과 사회의 변화는 특정한 조건이 되면 이렇게 갑작스러운 변화가 나타나기도 합니다.

이라고 말하는 것이 아니라, 핵심이라고 주장하는 것입니다. 그중에서도 자아와 의지는 매우 중요한 요소라고 생각됩니다.

그런데 여기서 말하는 마음의 힘이라는 것은 뇌의 중추기능을 염두에 둔 것임을 밝혀두고자 합니다. 마음은 작은 조각이 아닙니다. 뇌 속의 신경세포들이 복잡하게 얽혀 있는 연결망입니다. 우리는 특정한 생각이나 말, 행동을 반복해서 할 때, 이 연결망이 매우 튼튼해진다는 것을 알고 있고, 긍정적인 연결망을 더 튼튼하게, 그리고 많이 만들어 낼 때 인간이 건강해진다는 것도 알고 있습니다. 뇌는 인간의 인지와 정서, 행동, 말, 글, 신체, 관계 모두와 관련되어 있고, 또한 지배하기도 하는 핵심 기제라고 할 수 있지요. 저는 바로 이러한 마음의 힘을 말하는 것입니다. 또한 이것은 신경세포의 연결망뿐 아니라 사람들이 서로 연결된 사회적 관계망에도 적용될 수 있는 진실이라고 생각됩니다. 좋은 사람들을 많이, 자주 만나야 건강한 사람이 되고, 건강한 생활을 할 수 있습니다.

여기에 생태체계 관점, 발달 관점, 강점 관점이 다 들어 있음을 눈치채셨습니까? 결국 클라이언트를 행복하게 해주려면, 그들이 살아가고 있는 일상생활의 맥락을 건강하고 튼튼하게 만들어야 하고, 각자의 수준과 상황에 맞는 건강한 패턴을 만들어 주어야 하며, 그들 자신의 힘으로 그러한 변화를 일으킬 수 있도록 도와야 할 것입니다.

1. 언제나 출발점은 '욕구'

사회복지실천의 기획과 평가에서 출발점은 욕구입니다. 물론 사회복지와 사회복지실천 관련 문헌들에서는 '문제'에서 모든 것이 출발한다고 설명합니다. 그 말도 맞습니다. 그러나 문제에서 바로 기획으로 넘어가는 경우가 너무 많다는 점을 지적하고 싶어서 굳이 욕구를 강조하고, 그것을 출발점으로 삼고자 하는 것입니다.

1) 사회문제 확인

우리가 사회복지실천 개입을 염두에 두기 시작하는 것은 클라이언트와 환경 체계가 가지고 있는 어떤 '문제'가 발생했을 때입니다. 그것을 개인의 문제가 아닌 '사회문제'로 인식하게 되었을 때, 사회복지 체계가 작동한다고 배웠습니다.

특정한 문제를 사회문제로 규정하는 기준은, 사회복지개론이나 사회문제론에서 배웠듯이, 그것이 사회적 가치나 규범에서 벗어나 있는가, 다수의 사람들이 그것으로부터 부정적 영향을 받고 있는가, 다수의 사람들 또는 소수의 영향력 있는 사람들이 그것을 사회문제로 인정하는가, 다수의 사람들이 그것의 해결을 원하는가, 그 원인이 사회적인가, 사회적 개입을 필요로 하는가, 해결을 위한 자원이 존재하는가 등입니다. 이러한 기준들에 부합하면, 우리는 그것을 사회문제로 규정하고 해결을 위해 머리를 모으게 됩니다.

사회복지현장에서 우리는 다양한 사회문제들을 만나게 됩니다. 빈곤과 불평등, 학대, 폭력, 약물, 장애, 노화, 비행과 범죄, 차별 등이 그것입니다. 그리고 개별 클라이언트를 만나게 되고 그 환경을 탐색하다 보면, 그것이 단순한 문제가 아니며 여러 가지 요인과 조건들이 복잡하게 얽혀 있다는 것을 알게 됩니다.

2) 사회문제에서 사회적 욕구로

사회문제를 해결하기 위해 만들어진 사회복지 기관이라는 맥락에서, 사회복지사는 개별적 욕구를 가지고 찾아온 클라이언트를 만나게 됩니다. 사회복지사는 클라이언트에 대한 초기 사정의 과정에서 그 욕구가 '사회적' 욕구인지 확인을 하여 우리 기관에서 감당해야 할 사회문제(욕구)인지 판단하는 절차를 거치게 됩니다. 즉, 사회문제를 해결하기 위해서는, 기관을 찾아오는 이용자의 개별적 욕구에 집중해야 하는 것입니다.

사회적 욕구와 사회 문제는 사실 개념적으로 크게 다르지 않습니다. 루스와 알트슐드(Ruth & Altschuld, 1995)는 욕구를 현재 상태(what is)와 바람직한 상태(what should be)의 차이로 보고 있습니다. 한편 머튼과 니스벳(Merton & Nisbet, 1976)은 사회문제를 현재 상태(what is)와 바람직한 상태(what people think out to be)의 인지된 차이(perceived discrepancy)로 보고 있습니다. 이 두 정의를 살펴보면, 두 저명한 학자의 욕구와 사회문제의 정의가 동일함을 알 수 있습니다. 다만, 사회문제는 욕구에 대한 '사람들의 인식'이 어느 정도 수렴되고 합의될 때 나타나는 것입니다. 정리해 보자면, 클라이언트는 사회문제를 개인화하여 욕구로 경험하고 사회복지 기관을 찾는다고 볼 수 있습니다.

그러므로 사회문제를 확인하게 되면 그 다음에는 사회적 욕구로 전환해서 다시 바라보아야 합니다. 빈곤문제는 자산이나 고용, 의식주에 대한 욕구를 가진 것으로, 장애와 차별의 문제는 통합욕구를 가진 것으로, 학대문제는 안전과 소속, 애정의 욕구 등을 가진 것으로, 약물남용문제는 신체건강과 정신건강, 소속 욕구 등을 가진 것으로, 범죄문제는 건강한 자아정체감과 문제해결능력, 재활의 욕구를 가진 것으로 이해합니다. 우리는 매슬로우의 욕구위계설과 브래드쇼의 네 가지 욕구 차원을 통해 욕구를 세분화할 줄도 압니다. 그런데 실제 사회복지현장에서 이를 적용하고자 할 때 몇 가지 어려움이 있습니다.

첫째, 사회문제를 사회적 욕구로 전환하여 생각하기가 어렵습니다. 그래서 욕구로 전환하지 않고, 바로 문제를 해결하려고 하는 경우가 많습니다. 학대받는 아동을 만나게 되었을 때, 그 아이가 안전과 소속, 애정 욕구를 가지고 있다는 것을 간과하고, 학대와 그로 인한 후유증에 초점을 두면서 문제를 해결하려고 하는 경우가 많다는 것이지요. 그래서 병원에 보내고 심리치료를 받게 하고 부모로부터 격리하며, 부모는 처벌을 받거나 치료를 받도록 하지요. 이렇게 해도 문제가 해결될 수는 있을 것입니다. 그러나 우리는 눈에 보이는 증상에만 초점을 맞추는 것은 최선의 접근법이 아니라고 생각합니다. 그러한 접근은 현재 사회복지사와 클라이언트 모두가 경험하는 문제의 이면에 은밀하지만 중요한 영향을 미치며 존재하는 클라이언트의 진정한 욕구와 가치를 간과하기 때문입니다.

둘째, 특정한 사회문제가 발생하면, 그것을 한두 개의 욕구로만 생각합니다. 아동학대는 어떤 욕구와 관련되어 있습니까? 매슬로우식으로 이야기하자면, 그것은 생리적 욕구, 안전 욕구, 소속과 애정 욕구, 존중 욕구, 자기실현 욕구 모두와 관련되어 있습니다. 다른 사회문제도 마찬가지일 것입니다. 그렇다면 우리는 어떻게 접근해야 할까요? 클라이언트의 입장에서 '개별화'하여, 그가 지금 여기서 가장 필요로 하는 것을 제공해야 합니다. 집단 프로그램이나 지역사회복지실천, 정책과 법률 등 거시적 접근에서 간과하기 쉬운 것이 바로 이런 개별화와 맥락의 복잡성이라고 생각됩니다.

3) 욕구 사정

욕구를 사정하는 방법은 앞서 언급하였고, 많은 문헌에서 소개하고 있기 때문에 여기에서는 구체적인 설명을 생략합니다. 매슬로우의 욕구위계설, 즉 생리적 욕구, 안전 욕구, 소속과 애정 욕구, 존중 욕구, 자아실현 욕구와 브래드쇼의 네 가지 욕구 차원, 즉 규범적 욕구, 인식된 욕구, 표현된 욕구, 상대적 욕구 정도만 기억하면 될 것입니다. 그러고는 위에서 언급한 주의사항들을 고려하여 클라이언트와 상황을 개별화하고, 욕구의 우선순위와 중요성을 따져보면 될 것입니다.

4) 욕구, 필요, 수요

사회복지 문헌에서 잘 설명하지 않는 개념들로 필요와 수요라는 것이 있습니다. 욕구(need)는 대체로 기대와 실제 사이의 차이라고 개념화합니다. 우리의 기대는 월 소득 500만 원인데, 실제 소득은 300만 원일 때, 200만 원만큼의 욕구가 존재하게 됩니다. 필요(want)는 욕구를 충족시키기 위한 수단입니다. 돈을 벌기 위해서는 일을 해야 하고, 일을 하기 위해서는 노동력이 필요하며, 노동력을 갖기 위해서는 신체건강과 직업 기술이 필요합니다. 수요(demand)는 구매력입니다. 돈이 있어야 수요라고 말할 수 있습니다. 빈곤한 사람에게는 수요가 없습니다. 바우처나 상품권, 현금을 지급해야 수요가 될 수 있습니다. 욕구와 필요, 수요의 관계를 이렇게 설명할 수 있습니다. '배가 고프다'는 욕구, '치킨을 먹고 싶다'는 필요, '치킨을 살 돈이 있다'는 수요입니다.

사회복지실천 개입을 기획할 때 이러한 세 가지 개념을 이해하고 구분하여 적용할 필요가 있습니다. 경영학에서는 기업이 고객의 욕구를 간과하고 필요에만 초점을 두는 것을 '마케팅 근시안(myopia)'이라고 부릅니다. 사람들이 휴대전화를 원한다고 생각하여 더 많은 기능이 부착된 휴대전화만 계속해서 만들어 낼 때, 이렇게 말할 수 있습니다. 사회복지현장에서도 어르신들이 '노인대학'을 원한다고 생각하여 노인대학의 프로그램을 다양화하는 데만 몰두할 수 있고, 장애인들이 '나들이'를 원한다고 생각하여 여행 프로그램을 개발하는 데만 몰두할 수 있습니다. 정작 어르신들은 자아통합을 원하고, 장애인들은 정상적인 일상생활을 원하고 있는데 말입니다. 클라이언트가 요구하는 바에만 초점을 맞추고, '이들이 원하는 것을 우리가 다 안다'고 생각하면서 일을 한다면, 정작 중요한 것을 놓치고 임시방편적 처방만 내세울 수밖에 없는 것입니다.

수요도 마찬가지입니다. 사회복지관에서 서비스를 이용하는 클라이언트들의 다수는 저소득계층이므로 수요가 적다고 말할 수 있습니다. 그러나 실제로는 국가가 그들을 대신하여 비용을 지불하고 있으므로 자격만 갖춘다면 모두 수요로 볼 수 있습니다. 여기에 '이용료'가 덧붙여지면 일이 좀 복잡해집니다. 특정 프로그램을 한 달 동안 운영하는 데 500만 원이 드는데, 25명 정원이므로 20만 원씩을 받아야 합니다. 그런데 10명은 일반이용자라 전액을 받을 수 있고, 5명은 차상위계층 이용자라 10만 원씩 받을 수 있지만 나머지 10명은 수급계층이라 돈을 받을 수 없습니다. 여기에서 수요는 얼마나 됩니까? 차상위계층과 수급계층 모두 국가가 대신 일부 또는 전부를 지급하므로 수요라고 할 수 있지만, 문제는 당사자인 클라이언트들과 사회 구성원들이 그렇게 생각하지 않을 수도 있습니다. 그래서 '바우처' 시스템이 필요한지도 모르겠습니다. 수급계층과 차상위계층에게 '구매력'을 제공하기 때문입니다. 사실 바우처라는 제도가 없더라도 '무료서비스 대상자'에게 이미 권리가 있음을 유념해야 합니다. 그 비용을 이미 국가와 사회가 보조금, 후원금이라는 이름으로 '대신' 지불해 주었기 때문입니다. 부모님이 자녀에게 짜장면을 사줄 때의 장면을 떠올려 보십시오. 자녀가 짜장면 값을 내지 않았기 때문에 짜장면을 먹을 권리가 없나요? 당연히 아니라고 생각할 것입니다. 그런 의미에서 서비스를 받는 모든 클라이언트는 소비자, 이용자로서 권리가 있는 것입니다.

여하간 사회복지실천 개입을 기획할 때, 욕구와 필요, 수요의 관계를 염두에 둘 필요가 있으며, 욕구의 개별화와 복잡성도 함께 고려해야 할 것입니다. 그리고 이제는 목표로 나아가야 합니다.

5) 욕구와 목표 사이

그런데 여기에 난관이 하나 있습니다. 그것은 욕구를 목표로 전환하기가 쉽지 않다는 것입니다. 오히려 문제에서 목표로 가는 것이 더 쉬워 보입니다. 학교폭력이라는 '사회문제'를 가지고 찾아왔다면, '학교폭력을 없애는 것'을 목적으로 하고, 폭력적인 학생들의 '충동성'과 '분노조절'능력을 향상시키는 것을 목표로 하면 되기 때문입니다. 뭔가를 향상시킨다고 하면 강점 관점으로 보이기도 하고, 욕구에 대응하는 것 같기도 하지만 실상은 그렇지가 않습니다. 가해자와 피해자 학생들에게 필요한 것, 부모들에게 필요한 것, 학교에 필요한 것을 찾아내야 합니다. 개입을 위한 이론적 배경과 인과관계를 위한 이론, 프로그램 가설을 위한 이론을 찾는 과정에서도 문제에서 목표로 넘어가는 것이 쉽습니다. 학교폭력의 원인을 찾으면 되고, 충동성과 분노조절장애가 학교폭력의 원인이라는 가설을 세운 뒤에, 충동성 조절을 목표로 하고 그에 맞는 충동성 조절 프로그램을 찾아 그것을 원인으로, 충동성 조절을 결과로 하는 가설을 설정하면 됩니다. 그러나 이것은 적절한 접근이 아니라는 것입니다. 그리고 이런 접근을 계속하게 되면, 학교폭력의 해결이라는 욕구를 충족시키기 위해 충동성 조절 프로그램이라는 수단이 필요하다는 생각을 하게 될 수도 있습니다.

따라서 우리에게 필요한 것은 문제에서 욕구로 넘어간 뒤에, 욕구를 중심으로 다시 목표를 정하는 올바른 경로입니다. 빈곤이라는 사회문제는 소득과 재산이라는 사회적 욕구로 전환되어야 합니다. 빈곤을 해결할 만큼의 소득을 얻기 위해서는 괜찮은 일자리가 필요하며, 비용이 적게 드는 주거공간이 필요하고, 다른 지출항목들은 다른 방법으로 해결되어야 합니다. 그리고 클라이언트가 그것을 '열망(욕구)'해야 합니다. 학교폭력이라는 사회문제는 건강한 학교생활이라는 사회적 욕구로 전환되어야 합니다. 피해학생들이 안전감을 느껴야 하고, 자아존중감을 가져야 하며, 학생들이 친밀하고 협력적인 교우관계를 형성해야 하고, 학교를 자아실현의 장으로 만들어야 합니다. 그러고 나서 괜찮은 일자리를 찾기 위한 방법과 친밀한 교우관계를 형성하는 방법을 찾아야 할 것입니다.

본 저자가 참여했던 SNS를 활용한 노인 소통증진 프로그램 평가연구의 예를 들어보겠습니다(신지원·권지성, 2017). 이 프로그램을 진행하게 된 계기는 노인의 '고독'이라는 사회문제였습니다. 이 프로그램에서 '고독'의 문제는 사회적 관계에 대한 욕구로 전환되었습니다. 급변하는 디지털 시대에, SNS는 물리적 이동이 어려운 노인의 소통을 보완하는 양약이 되기도 하고, 사회적 고립과 소외를 심화하는 독약이 될 수 있는 양면 모두의 특성을 지니고 있습니다. 따라서 노인의 소통과 관계형성을 돕기 위해 SNS를 활용한 프로그램을 기획하여 진행하였습니다. 이 프로그램의 목적이 SNS 활용법을 증진시킨다는 것만 목표로 삼을까요? 그렇지 않습니다. 실제 프로그램이 '고독'이라는 문제를 해결하기 위하여 SNS를 배우고자 하는 노인의 욕구에서 출발하였기 때문에, 다음 성과목표가 추가되었습니다. '소통의 가치를 이해하고 다양한 방법들을 터득한다.', '다양한 경험과 정보를 공유하는 SNS활동을 하여 자기효능감을 향상시킨다.', 'SNS 홍보와 보급을 통해 지역사회와 소통을 증진시킨다.' 이렇게 사회문제를 욕구로 전환하게 되면 프로그램을 통해 이루고자 하는 변화의 폭과 방향을 의미 있게 재조정할 수 있게 되는 것입니다.

질적 평가와 관련하여 이 단계에서 고려해야 할 것은 이러한 전환과정이 제대로 되었는가 하는 점일 것입니다. 양적 평가에서는 목표의 구체성, 척도의 적합성 정도가 평가의 초점이겠지만, 질적 평가에서는 문제에서 욕구로의 전환, 욕구에서 목표로의 전환이 사회복지실천의 관점에 맞게 잘 이루어졌는가가 초점이 되어야 할 것입니다.

욕구를 파악하기 위한 질문은 다음과 같은 방식으로 이루어질 수 있습니다. 우선 "현재 어떤 어려움이 있으신가요?"라고 묻습니다. 경청의 태도로 대답을 듣고, "어떤 점이 달라지면 좋겠어요?"라는 질문을 이어서 합니다. 이 두 질문을 통해 현재의 어려움과 바라는 바 사이의 차이를 확인한 후, "그 차이를 좁히기 위해 어떤 노력을 해오셨나요?"라고 다시 묻습니다. 모든 클라이언트는 자신의 욕구를 다루어 온 역사를 가지고 있고, 그 과정에서 성공 경험과 실패 경험을 가지고 있기 때문입니다. 이후에 사회복지사는 과거의 대처 노력으로 해결되지 않은 지점을 찾아보고, 이를 개입의 목표로 삼으면 됩니다. 물론 클라이언트의 상황은 녹록지 않습니다. 현재의 상황에 압도되어, 당장의 문제 해결이라는 '근시안적 시야'를 가질 가능성도 높습니다. 그런 상황에서는 클라이언트에게 현재의 조건을 잠깐 제쳐두기를 요청합니다. 그리고 다시 묻습니다. "현재 당면한 어려움과 관련해서 진짜 바라는 것이 무엇입니까?"라고 말입니다.

강점 관점에서는 클라이언트에 대한 전문가로 사회복지사를 상정하지 않습니다. 자기 삶의 전문가인 클라이언트가 스스로 자신의 열망을 드러낼 수 있도록 초대해야 하는 것입니다. 그리고 이를 바탕으로 프로그램 목표를 함께 세워나가야 하는 것입니다.

2. 목적과 목표의 재검토

1) 이론, 그리고 인과 가설과 프로그램 가설

클라이언트와 협의한 욕구를 충족시킬 수 있는 방법에 대해, 사회복지사는 자신의 직감을 활용합니다. 자신이 학생 시절에 배웠던 것, 과거의 실천 경험 등을 참조하여 무엇이 최선일지 생각하게 됩니다. 이는 자연스러운 일이지만 위험이 도사리고 있습니다. 자신의 직감을 과신하여 이를 대안으로 삼아 프로그램 목표와 활동을 급하게 구성하게 될 수 있는데, 그렇게 하면 성공적이지 않은 결과가 나타날 가능성이 높아 클라이언트에게 최선을 다했다고 할 수 없게 됩니다. 클라이언트의 욕구 해결이 시급한 상황이라도 잠깐 호흡을 가다듬고, 자신의 생각이 맞는지 확인하기 위해 이론을 들여다보아야 합니다. 물론 클라이언트와 합의한 욕구를 충족시킬 방법에 대한 아이디어가 전혀 떠오르지 않을 경우도 있습니다. 그때도 당연히 이론을 들여다봐야 합니다. 이론은 욕구와 문제에 대한 인과적 설명을 제시하며, 해결의 논리를 제공해 줍니다. 또한 이론은 검증의 과정을 거쳐 개발되기 때문에, 사회복지실천을 더욱 확실한 근거에서 실시하는 데 도움이 되는 프로그램 가설로 이행하도록 통찰을 얻게 해줍니다.

이론의 층위를 나누는 여러 가지 설명들이 있지만, 이해를 돕기 위해 여기에서는 이론을 거시이론과 중범위이론, 미시이론으로 나누어 보겠습니다. 거시이론은 기능주의이론, 갈등주의이론, 상호작용이론, 교환주의이론, 사회구성주의이론처럼 거시적인 수준에서 사회변동의 원인을 설명하려는 거대이론들을 말합니다. 중범위이론은 거시이론보다 한 단계 더 낮은 수준에서 특정 현상의 인과관계를 설명하려는 이론군입니다. 범죄의 원인을 설명하는 아노미이론, 낙인이론, 사회통제이론, 빈곤문화론, 그리고 이상행동을 설명하는 정신역동이론, 심리사회이론, 행동주의이론, 인본주의이론 등이 여기에 해당될 것입니다. 이들 이론은 특정 현상을 설명하려는 과정에서 구성된 것이기는 하지만, 다른 현상에도 적용 가능하다는 특징이 있습니다. 여기에서 한 단계 더 내려가면 미시적인 수준에서 현상을 설명하려고 하는 미시이론들이 있습니다. 이런 이론들은 인간과 사회에서 발견되는 구체적인 현상을 설명하기 위해 구체적이고 복합적인 모형을 구축하기도 합니다. 프로이트의 정신분석이론도 그렇고 피아제의 인지이론도 그러하며, 행정학의 관료제이론, 경영학의 과학적 관리론, 심리학의 스트레스대처이론 등도 미시이론이라고 할 수 있을 것입니다. 미시이론들을 개입에 적용하기 위해 만들어 낸 틀을 '실천모형'이라고도 부릅니다.

물론 이론의 층위를 단순하게 나누기는 쉽지 않습니다. 다만, 실제로 현실에 적용하고자 할 때 구체적인 근거가 될 수 있고, 그 이론을 통해 일정한 개입기제를 고안해 낼 수 있다면 미시이론에 해당되고, 그것을 개입의 틀로 적용하게 되면 실천모형이 될 것입니다. 우리는 거시이론과 중범위이론을 통해 개입을 위한 아이디어를 얻을 수는 있지만 그것을 그대로 적용하여 개입 모형을 만들기는 어렵습니다. 예를 들어, 강점 관점은 일종의 패러다임에 가까운 거시이론인데, 이것을 실천현장에 적용하는 일은 꽤 막막해 보입니다. 이 이론을 적용하려면 최소한 적응유연성이라는 중범위이론이 필요하고, 가족적응유연성이라는 미시이론을 통해 구체적인 지침을 얻을 수 있습니다. 다행히도 거시이론과 중범위이론들은 이미 거의 포화상태가 되었기 때문에 새로운 이론들이 자주 등장하지는 않는 것 같습니다. 따라서 사회복지실천가들은 거시이론과 중범위이론들을 숙지한 상태에서 미시이론들을 지속적으로 학습하며 현장에 대한 적용 가능성을 시험해 봐야 합니다.

목적과 목표, 그리고 목표를 달성하기 위한 프로그램을 논리적으로 연결하기 위해서는 '이론'이 필요합니다. 학교폭력의 원인을 파악하기 위해서도 이론이 필요하며, 학교폭력이 피해학생들에게 미치는 영향을 이해하기 위해서도 이론이 필요하고, 학교폭력과 자아존중감의 관계를 설명하기 위해서도 이론이 필요합니다. 또한 자아존중감을 높이기 위한 방법을 찾기 위해서도 이론이 필요합니다. 우리가 막연히 자아존중감을 높이기 위한 방법을 생각해 내어 실천하게 될 때, 그러한 직감이 최선이 아닐 수 있기에 더욱 확고한 논리를 마련하고자 하는 이러한 작업은 필수적입니다. 일단 자아존중감을 향상시키는 것을 목표로 설정하게 되면, 이론보다는 모형을 찾거나 이미 만들어져 있는 프로그램을 그대로 또는 절충하거나 변형하여 적용하는 경우가 많을 것 같은데, 그것은 사실 좋은 방법이 아닙니다. 자아존중감과 관련된 직접적인 이론이 없더라도, 자아존중감을 포함한 이론적 모형이나 실천모형들을 찾아보고, 그중에서 가장 적합한 모형을 선택하는 것이 이상적일 것입니다.

만약 어떤 사회복지사가 학교폭력 피해 청소년들에게 개입해야 하는데, 그들에게 가장 시급한 문제가 낮은 자아존중감이고 욕구가 자아존중감을 높이는 것임을 알게 되었다면, 자아존중감과 관련된 미시이론과 실천모형들을 찾아보고, 그중에서도 청소년과 관련된 문헌들을 검색해 보면 될 것입니다.

이렇게 해서 특정 현상과 관련된 인과관계를 파악하였다면, 원인과 결과를 연결하는 인과관계 가설을 설정하고, 개입을 원인으로, 변화를 결과로 하는 프로그램 가설을 설정하면 됩니다. 즉, 이런 개입을 적용하면 저런 변화가 생길 것이라는 가설을 세워보는 것이지요. 인과관계 가설과 프로그램 가설을 설정하였다면 이제 목적과 목표를 설정하는 단계로 넘어갈 수 있습니다.

물론 현장에서 이러한 이론과 실천모형을 찾는 것은 매우 힘든 일입니다. 사회복지사들은 현장에서 만나는 다양한 네트워크를 활용하며, 우수한 실천 사례에 대한 소문에 단편적으로 의존하여 의사결정을 하는 경우가 매우 많습니다. 사회복지사의 직감만을 활용해서 프로그램을 기획하는 것보다는 그것이 안전한 접근일 수 있습니다. 그러나 특정 현장에서 검증된 실천이, 자신이 속한 기관 환경이나 클라이언트 특성과 불일치할 경우가 많을 수도 있다는 점을 유의해야 합니다. 또한 타 기관의 성공사례를 단순하게 답습하게 되면, 성공적 결과를 도출하는 논리를 정확하게 파악하기 힘들어 상황의 변화에 적절하게 대처할 수 없으며 자신의 업무환경에서 더 적합한 대안 모색, 프로그램 가설 마련에 어려움을 겪을 가능성이 높습니다.

문제는 학교를 떠나 현장에 있는 사회복지사가 이론, 실천 모형에 접근하기 힘들다는 점입니다. 따라서 사회복지기관과 사회복지사는 학술연구와 문헌에 접근할 수 있는 수단으로서 학회에 기관회원, 개인회원으로 가입하여 최신 연구동향을 파악할 수 있도록 노력해야 합니다. 또한 프로그램 효과에 기여하는 이론과 실천모델의 옥석을 가릴 수 있도록, 전문성을 지닌 연구자, 실천가의 자문을 적극적으로 활용하는 것도 좋은 방법이 될 수 있습니다. 기관에서는 연구지향적 실천문화를 만들어 나가기 위해 노력해야 하고, 사회복지사도 시간과 노력을 투자해야 하는 것입니다.

본 저자가 참여했던 성인발달장애인 성폭력예방 프로그램의 예를 들어보겠습니다(조선영·권지성, 2014). 이 프로그램에는 선행연구 검토를 통해 발견된 이론이 구체적인 프로그램의 구성논리에 잘 담겨 있습니다. C장애인복지관에서는 발달장애인에게 성폭력 위험이 상당하고 이에 대한 개입욕구가 있다는 점에 착안하여 프로그램 기획을 고민합니다. 이와 관련하여 선행연구를 기반으로 성폭력 예방을 위해서는 단순한 장애인의 약점에 초점이 맞추어진 대처요령 중심의 개입에 한계가 있음을 확인하고, 성폭력 예방을 위하여 통합적 예방 프로그램 이론을 발견합니다. 이를 통해 미국성폭력지원센터에서 개발한 '성폭력 예방 스펙트럼'을 정리하여 프로그램 활동과 연결하게 됩니다. 일부 연결지점을 중심으로 다시 정리하면 다음과 같습니다.

〈표 5-1〉 성폭력 예방 스펙트럼과 관련 프로그램의 논리적 연결

구분	스펙트럼 단계	관련 프로그램
1단계	개인의 지식과 대처기술 향상	상황중심의 성폭력 예방교육, 성폭력 상담 및 법적 조치, 성에너지 발산을 위한 커플운동, 이성교제 훈련과 경험 등
2단계	지역사회 예방교육 향상	사회안전망 구축을 위한 특강, 부모 교육, 지역사회 홍보 및 캠페인
3단계	담당자 교육	종사자 교육
4단계	협력체계 및 네트워크 강화	○○지역 장애인복지관 연합 인식캠페인, ○○지역 성폭력 예방네트워크 협약(인근지역 5개 복지관, 지역 경찰서, 성폭력 관련 상담소 및 보호시설 등), 솔루션 위원회 사례 워크숍, 네트워크 사례 워크숍
5단계	기관활동 변화 (조직적 실천)	
6단계	관련 정책입안 및 법제화	미실시

2) 목적과 목표

다 아시는 바와 같이, 목적은 추상적이고, 목표는 구체적입니다. 목적은 궁극적으로 도달하고자 하는 곳이고, 목표는 눈에 보이는 표적입니다. 목적은 정작 도착을 했어도 도달했는지 여부를 확인하기도 어렵지만, 목표는 SMART하기 때문에 구체적이고, 측정 가능하며, 달성 가능해야 하고, 관련성이 있으며, 시간제한적입니다. 즉, 목적에 맞는 목표를 세웠다면, 목표를 성취하면 목적도 당연히 이룬 것입니다. 이를테면 남해안(목적)에 놀러간다는 계획을 세웠다면, 내비게이션을 해운대(목표)에 맞추어 이동하면 됩니다. 해운대에 도착하면, 남해안에 간다는 목적은 이룬 셈입니다.

일상생활 표현을 쓰자면, 목적은 대충 써도 되지만, 목표는 제대로 써

야 합니다. 목표에는 시간의 한계, 측정 기준, 변화의 대상, 변화의 표적, 변화의 방향, 변화의 수준이 담겨야 합니다. 따지고 보면 어렵지 않은 일입니다. "프로그램 종결시점까지 공감능력척도를 기준으로 학교폭력 가해학생의 공감능력을 임상적으로 유의미한 수준까지 향상시킨다"와 같이 개별 요소에 적합한 개념들을 끼워 맞추면 되기 때문입니다.

그러나 현장에 있는 사회복지사들은 목표 설정에 어려움을 경험하는 것으로 보입니다. 그 이유는 첫째, 변화의 표적을 정하기가 쉽지 않고, 둘째, 척도를 포함한 평가방법을 찾거나 설정하기 어려우며, 셋째, 어떻게 평가해야 할지 모르기 때문인 것 같습니다. 제가 보기에 사실 이런 어려움은 해당 분야를 전공한 교수나 전문연구자들도 경험하는 것입니다. 오히려 교수들에게 더 어려운 문제입니다. 왜냐하면 클라이언트를 직접 만나 물어보기 어렵기 때문입니다. 그런 면에서 우리는 사회복지실천가들이 조금 더 적극적으로 문제와 욕구의 상황을 파악하고, 제대로 된 목표를 설정해 주기를 바랍니다.

사실 변화의 표적을 정하는 것은 별로 어렵지 않습니다. 신체, 심리, 사회적 측면들과 그 세부 요소들이 이미 표적의 레퍼토리로 다 제시되어 있기 때문입니다. 실천 영역, 욕구별 변화의 표적은 [부록 2]에 정리해 두었으니 참조하시길 바랍니다. 내가 지금 클라이언트로부터 찾아내어 변화시키려는 것이 수많은 변화의 표적 중에서 바로 그 개념에 해당한다는 것만 알면 됩니다. 예를 들어, 여러분은 자아존중감, 자기효능감, 자기인식, 자아정체성, 자아개념, 자아상 등이 각각 어떤 의미를 담고 있고, 어떤 이론적 구성체이며, 서로 어떻게 관련되어 있는지 알고 계십니까? 이것을 제대로 알고 있어야 표적을 정할 수 있는 것입니다. 따라서 개념과 구성체, 모형, 이론 등에 대한 끊임없는 학습이 필요합니다.

여하간 이제 위에서 언급한 학교폭력 문제를 중심으로 목적과 목표를 설정해 보겠습니다. 생태체계 관점과 강점 관점을 적용해야 하니, 목적은 "건강한 학교생활을 가능하게 하는 학교문화 형성"으로 하고, 목표에서 변화의 표적은 피해학생들의 자아존중감 향상, 가해학생들의 공감능력 향상, 일반학생들의 친밀한 친구관계 형성, 교직원들의 우호적인 태도, 학교 내의 개방적이고 협력적인 분위기 조성 등으로 해보겠습니다. 일부 표적은 그것을 측정하기 위한 표준화된 척도가 있지만, 어떤 표적들은 그런 척도가 없으니 기능수준척도나 클라이언트 만족도 척도로 측정하는 것으로 하겠습니다.

이런 상황에서 기능수준척도나 클라이언트 만족도 척도의 문항들을 만들거나 수준을 구분하여 기술하는 것 자체도 질적인 접근이라고 할 수 있을 것입니다. 가해학생들의 공감능력을 어떻게 수준별로 구분할 수 있을까요? 1단계 상대방의 기분을 파악하지 못한다, 2단계 상대방의 기분을 알아차릴 수 있다, 3단계 상대방의 기분을 이해할 수 있다, 4단계 상대방의 기분에 공감할 수 있다, 5단계 상대방의 기분에 맞춰 행동으로 옮길 수 있다 등으로 구분할 수도 있을 것입니다. 그러고 나면, 이것을 실제로 측정하거나 자료를 수집하기 위한 도구도 만들어야 합니다. 예를 들어, 다양한 표정을 그려놓은 질문지나 다양한 표정의 얼굴이 나타나는 슬라이드를 제작해야 할 것입니다. 이러한 접근 자체가 질적이라고 할 수 있습니다. 여기에서 한 걸음 더 나아간다면, 단계별로 말과 글, 행동 등에서 나타나는 감정을 구체적으로 기술하고, 개입 이전의 상태와 종결 시점의 상태를 비교해 볼 수 있을 것입니다.

그런데 다른 한편으로는 질적 평가를 염두에 둔 목표 설정과 진술도 필요할 것입니다. 즉, 목표 진술 안에 양적 평가를 위한 측정도구와 판단 기준 등을 포함하면, 양적 평가에 초점을 둘 수밖에 없고, 질적 평가도 쉽지 않을 것입니다. 따라서 질적 평가를 고려한 포괄적인 목표 진술이 필요하다고 생각됩니다. 만약 자아존중감이 표적이라면 목표를 이렇게 진술할 수 있을 것입니다.

- 목표 : 학교폭력 피해학생의 자아인식을 긍정적인 방향으로 변화시킨다.
- 양적 세부목표 : 프로그램 종결시점까지 로젠버그 자아존중감 척도를 기준으로 클라이언트의 자아존중감을 통계적으로 유의미한 수준으로 향상시킨다.
- 질적 세부목표 : 프로그램 종결시점까지 면접과 관찰을 통해 수집한 자료와 그에 대한 범주화, 사전사후비교분석 결과를 기준으로 클라이언트의 자아인식에서 유의미한 변화를 일으킨다.

여기에서 한 가지 더 중요한 차원을 말씀드린다면, 탈목표지향(Goal-free) 평가를 들 수 있습니다. 지금까지 목적과 목표를 중심으로 한 평가에 대해 기술했지만, 우리는 생태체계 관점에 의해 특정한 개입이 다양한 반응을 불러일으킬 수 있고, 더욱 다양하고 복잡한 변화를 초래할 수 있다는 것을 예측할 수 있습니다. 따라서 우리는 지금까지의 과정을 통해 설정한 목표, 그리고 그 안에 제시된 성과 이외에 다른 변화들이 발생할 수 있음을 예측하고, 그것을 민감하게 파악할 수 있어야 합니다. 위에서도 제시한 것처럼 탈목표지향 평가는 목표와 무관한 개방적 질문 또는 지속적이고 체계적인 관찰을 통해 수행할 수 있습니다. 학교폭력 피해학생의 자아존중감을 향상시키기 위해 개입을 했는데, 자아정체감이나 문제해결능력, 사회성, 자기주장능력이 향상될 수 있습니다. 이는 목표와 간접적으로 관련이 되어 나타날 긍정적 변화를 확인하기 위한 관찰, 인터뷰와 설문 등의 기본적인 평가 수단을 활용할 때 조명될 수 있습니다. 이런 결과들이 어떻게 발생했는지 추적해서 파악해야 한다면, 이를 위해서는 이전에 적어놓은 기록들이 필요할 것입니다. 따라서 사회복지실천가에게 기록의 중요성을 다시 한번 강조하고 싶습니다.

3) 목표의 중요성

지금까지 목표에 대해 기술했지만, 목표의 중요성을 다시 한번 강조할 필요성을 느낍니다. 목표는 사회복지실천 개입의 핵심입니다. 목표가 없거나 분명하지 않다면, 사회복지실천은 무의미하거나 무책임한 행동에 불과할지도 모릅니다. 무엇을 어떤 방향으로 변화시키려고 하는지도 모르면서 효과도 분명하지 않은 개입을 한다면, 얼마나 무책임한 일이겠습니까? 특정한 개입의 효과성은 확률이나 가능성으로만 제시할 수밖에 없더라도, 그러한 개입을 어떤 표적을 향해, 왜 하는지는 분명하게 이야기해야 할 것입니다.

평가라는 차원에서도 목표는 가장 중요합니다. 기본적으로 평가는 목표달성 여부와 정도를 판단하는 일입니다. 따라서 목표가 분명하지 않다면 평가도 제대로 할 수 없습니다. 그러니 목표를 제대로 설정하는 일에 최우선순위를 두어야 할 것입니다.

3. 개입의 대상 확인하기

1) 클라이언트 선정하기

프로그램 개발과 평가 교과목을 통해 우리는 클라이언트 집단을 선정해 가는 절차를 알고 있습니다. 일반집단－위험집단－표적집단－클라이언트 집단 순으로 범위를 좁혀가는 것이지요. 이 접근은 일반적으로 유용하다고 생각됩니다. 그러나 실제로는 현재 기관을 이용하는 사람들을 위한 서비스를 고려하는 경우가 많기 때문에, 현실적으로 일반집단－위험집단－표적집단－클라이언트 집단으로 이용자를 좁혀 나가지 않는 경우도 상당히 많습니다. 이를테면 장애인거주시설의 이용자 대상 프로그램의 경우 일반집단, 위험집단 등을 고려할 필요는 없습니다. 다만, 우리는 최종 클라이언트 집단을 선정할 때 다음 몇 가지 사항을 유의해야 할 것입니다.

첫째, 크리밍(Creaming)입니다. 목표를 달성하기에 수월한 클라이언트들만을 선정하는 경향 말입니다.

둘째, 접근성의 원칙입니다. 사회복지기관을 자주 들락거리는 이용자들이 있는 반면, 욕구는 있지만 여러 가지 이유로 기관에 오지 못하는 이들이 있습니다. 아웃리치가 필요한 사람들이죠. 아웃리치는 사실 번거로운 일입니다. 그러나 사회복지행정의 여러 가지 원칙들을 되돌아보면, 아웃리치는 반드시 필요한 일이며, 가장 높은 수준의 욕구를 가진 이에게 최선의 서비스를 제공하기 위한 노력이 필요할 것입니다.

셋째, 지켜야 할 원칙은 지켜야 합니다. 특히 프로포절과 심사를 거쳐 정부나 기업 등 외부기관의 재정지원을 받는 경우, 프로그램 참가자 모집에 어려움을 겪는 경우를 많이 보게 됩니다. 20명을 모집하여 3월부터 시작해야 하는데, 2월 말이 되었는데도 10명밖에 모집을 못한 경우 말입니다. 그럴 때 우리는 클라이언트의 자격기준을 낮추거나 범위를 넓히고는 합니다. 그것은 나름대로 정당성을 가지고 있지만, 이론적으로 볼 때 적절한 일은 아닐 것입니다. 우리는 클라이언트를 선정하는 과정에서도 원칙을 지킬 필요가 있습니다. 이를 위해서는 사전 욕구조사 등 철저한 준비가 필요할 것입니다. 사실 외부 공모사업은 주기적이고 반복적으로 진행되는 경우가 많기 때문에, 시기, 주제, 지원 규모 등은 대개 예견할 수 있습니다. 따라서 프로포절을 갑작스럽게 작성하면서 급히 욕구조사를 수행하거나 생략하기보다는, 클라이언트의 욕구에 관심을 가지고 미리 조사하거나 잠재적인 참여자를 가늠하고 프로그램을 기획할 때 이를 반영한다는 원칙이 지켜져야 합니다.

2) 클라이언트 이해하기 : 일반적 이해와 개별적 이해

클라이언트(들)을 선정했다면 우리는 그들을 개별적으로 집단적으로 그리고 일반적으로 이해해야 합니다. 일반적 이해란 클라이언트가 가지고 있는 속성들을 공유하는 인구사회학적인 일반 집단에 대한 이해를 말합니다. 이것은 프로그램 개발 이전부터 사회복지실천가가 가지고 있어야 할 것입니다.

그 다음으로는 표적집단으로서 클라이언트 집단의 특성과 상황 특성을 파악하고 있어야 합니다. 그리고 개별 클라이언트(들)의 생태체계, 발달단계, 강점 등 일반적으로 사정 단계에서 수집하고 분석해야 할 자료들을 수집하고 정리해야 할 것입니다.

그런데 평가 차원에서 고려해야 할 것이 있습니다. 개인 대상 사회복지실천이나 가족 대상 사회복지실천에서는 자연스럽게 개별화가 이루어질 수 있지만 집단 대상 사회복지실천에서는 개별화가 쉽지 않은 것으로 보입니다. 물론 사회복지실천가는 집단 내 구성원들의 개별 파일을 만들고 개별적으로 기록하고 분석하는 작업을 하겠지만, 집단 내에서 개인들의 개별화된 목표를 설정하고, 측정하고, 분석하는 작업은 쉽지 않을 것입니다. 일지를 작성하는 것도 간단한 일이 아닌데, 프로그램 중에 진술한 말을 일일이 기록하고, 행동을 관찰해서 분석하는 것은 훨씬 더 어려울 것입니다.

이러한 상황에서 사회복지실천가들이 활용할 수 있는 전략은 두 가지 정도입니다. 하나는 사전에 충분한 준비를 통해 집단 상호작용뿐 아니라 개인 클라이언트들의 말과 글, 행동을 분류해서 기록할 수 있는 체계를 구축해 두는 것입니다. 회기가 끝난 직후 약식으로 기입하고, 나중에 시간 날 때 구체적으로 기술할 수 있도록 합니다. 각 회기 진행을 위한 세부사업계획서의 여백을 활용하는 것도 한 가지 방법이 될 수 있습니다. 물론 새로운 프로그램이라면 이러한 작업을 사전에 하고 부족한 부분은 프로그램 진행과정에서 보완해야 할 것입니다. 그러나 꾸준히 진행해 오던 프로그램이라면 매년 사업을 이행하면서 알게 된 이용자의 특성과 이해를 기록에 남겨 이를 차기년도 사업에 반영할 수 있도록 해야 합니다.

다른 하나는 별도의 기록원을 두는 것입니다. 이것은 현장에 갈 때마다 제안하는 것인데, 사회복지 전공 학부생이나 대학원생을 자원봉사자로 활용하여 진행 보조도 하고 기록도 하게 하면 교육 효과도 있을 뿐만 아니라 사회복지사의 기록 업무를 덜어줄 수 있을 것입니다. 처음엔 서툴러도 계속 대화하면서 발전시켜 나가면 요긴한 전략이 될 수 있을 것입니다.

4. 실천개입의 유형에 맞는 평가 접근의 구축

문제 확인－욕구 사정－이론과 실천 모형 검토－목적과 목표 설정－클라이언트 선정이 끝났다면, 이제 사회복지실천 개입의 구조와 방법을 확인합니다. 개입의 구조와 방법에 따라 평가의 구조와 방법도 달라져야 하기 때문입니다. 개입의 구조와 유형은 다음과 같이 구분할 수 있을 것입니다. 사회복지 분야에서는 개입 대상에 따라 개입 방법이 구분되어 있지요.

1) 개인 대상 사회복지실천

개인을 대상으로 하는 사회복지실천은 정신의학과 상담에서 주로 하는 장기상담과 사회복지학에서 주로 하는 단기개입으로 구분할 수 있을 것입니다. 과제중심모델을 중심으로 하는 8주 이내의 단기개입이 사회복지실천 고유의 접근이라고 할 수 있겠습니다. 다만, 개입 기간과 개입 이론, 개입 구조는 클라이언트와 구체적인 표적에 따라 달라질 것입니다. 시간 여유가 있는 장년이나 만성화된 이슈를 해결하기 위해서는 장기개입이 필요할 것이고, 인지능력이 충분한 성인과 시간제한이 있는 아동, 청소년들의 행동 문제에 개입할 때는 단기개입이 적절할 것입니다.

또한 무의식 영역을 의식화하려고 할 때는 정신분석이론, 인지능력을 중심으로 정서와 행동에까지 영향을 미치려고 할 때는 인지행동이론, 행동 자체에만 초점을 두고 과업을 통해 행동을 변화시키려고 할 때는 행동주의이론, 인간의 전체성을 인정하고 공감을 통해 인격적인 관계를 형성하며 따뜻함과 존중을 통해 변화를 주도하도록 할 때는 인본주의 이론을 적용해야 할 것입니다. 이론에 따라 개입 기간이 달라지기도 하며, 개입의 단계들도 달라지고, 구체적인 기법과 기술도 달라진다는 것은 여러분도 잘 알고 있을 것입니다.

그런데 문제는 과연 사회복지실천현장에서 이러한 이론의 적용이 가능하고, 실제 적용되고 있는가 하는 점입니다. 우리가 보기에는 그렇지 않은 것 같습니다. 장기적인 관계 형성, 깊이 있는 대화와 전문적인 기술을 통한 변화는 심리상담 전문가들에게 맡기고, 사회복지실천가는 접수상담과 중개자 역할, 또는 사례관리 차원의 짧은 면담만을 하고 있는 것이 현실이지 않을까 싶습니다. 이런 상황이 잘못된 것이라고 생각되지는 않습니다만, 이것이 우리가 원하는 현실인가에 대한 의문은 여전히 남아 있습니다.

여하간 개인 대상 사회복지실천에 대한 평가는 어떻게 해야 할까요? 가장 전형적인 방법은 단일사례연구설계입니다. 개입 이전에 기초선을 잡기 위해 여러 번 관찰하고, 개입 중에 다시 여러 번 관찰하여 측정치의 패턴을 살펴보는 것이지요. 개인을 대상으로 하는 것이기 때문에 표준화된 척도를 쓰는 것이 큰 의미는 없지만 임상 점수를 가진 척도(예를 들어, Beck의 우울 척도)를 쓰거나 척도 점수의 경향을 보거나 척도의 세부 문항들을 가지고 세밀한 분석을 하는 것은 가능할 것입니다. 다만, 표준화된 척도는 신뢰도가 확보되어 있기 때문에 측정값은 측정시기가 변동해도 극단적으로 변화하지 않습니다. 만일 측정값이 변화해도 이게 근본적인 변화인지, 검사도구에 익숙해지는 검사효과(testing effect)인지 구분하기 쉽지 않은 문제가 있습니다.

또한 개인 대상의 사회복지실천 평가에 적용할 수 있는 대안으로 목표달성척도(goal attainment scale)를 소개하고자 합니다. 개인 대상 실천과 사례관리 실천에서 유용성이 있지만 많이 쓰이지 않는 것 같습니다. 이 방법을 쓰는 요령은 다음과 같습니다. (1) 사회복지사와 클라이언트가 함께 목표를 설정한다. (2) 수립한 목표의 우선순위를 정하여 가중치를 부여한다. (3) 프로그램 이전의 수준을 평가한다. (v로 표시) (4) 프로그램을 시행한다. (5) 프로그램 시행 후에 달성된 수준을 평가한다. (x로 표시) (6) 실제 변화의 정도를 수치화하여 제시한다. (x−v) (7) 가중변화점수에서 가능한 가중변화점수를 나눈 후, 이를 통해 목표달성 정도를 검토한다.

목표달성척도는 사회복지사와 클라이언트가 함께 목표를 정하고, 이를 바탕으로 우선순위를 정하며 평가의 기준을 함께 세우는 평가 절차라는 측면에서 클라이언트의 자기결정을 존중하는 평가 방식입니다. 자기결정에 의한 목표 설정은 동기부여라는 측면에서도 유리합니다. 시작 시점과 점검 시점에서 실제 변화의 정도를 측정하여 전체 가능한 변화의 정도와 비교하며, 가중치를 고려하여 평가함으로써 전반적인 변화의 정도를 양화시켜 평가할 수 있습니다. 이러한 개별 실천에 대한 목표달성평가 사례를 모아 종합하면, 기관 전반의 개별 실천의 효과성을 검토할 수도 있을 것입니다. 다음은 B복지관의 저소득 청소년에 대한 특기지원사업의 사례입니다(염태산, 2006).

〈표 5-2〉 목표달성척도 활용의 예[2]

시작 시 수준: V 점검 시 수준: X	척도1 : 미술 학원 출석	척도2 : 미술에 대한 자신감	척도3 : 진로 정체성 확립	전체
달성수준	가중치 = 20	가중치 = 40	가중치 = 40	계 100
(−2점) 대부분의 개입성과가 생각한 것보다 나쁨	전혀 출석하지 않음 V	전혀 자신감이 없어짐	앞으로 무엇을 할지 생각을 하지 않음	

2) 이 사업에 참여한 저소득 청소년의 경우에는 미술을 전공하고자 하는 꿈을 꿉니다. 하지만 경제적 사정으로 미술학원에 다니는 것은 불가능했습니다. 이 청소년의 특기지원을 위해 고액의 학원비를 복지관에서 후원금으로 지급하고, 효과를 분석하기 위해 목표달성평가를 진행하였습니다. 이 청소년은 미술학원을 다니는 꿈을 실현했습니다. 아쉽게도 학원에 다니며 또래 청소년을 보며 미술에 점차 자신감이 부족해집니다. 그러나 앞으로 무엇을 할지 진로에 대한 방향을 잡게 됩니다. 전체적으로 미술에 대한 자신감을 잃어 전반적인 목표달성 정도는 25%에 머물렀습니다. 기회가 없어 꿈을 포기하는 것보다 기회를 얻어 자신에게 맞는 길을 찾아나갈 수 있다는 것이 의미가 있는 것이겠지요. 따라서 목표달성척도의 점수는 그 자체로도 의미가 있겠지만, 세부 척도를 검토하면서 점수의 의미를 판단해 볼 필요가 있습니다.

(−1점) 개입성과가 기대한 것보다 못함	약 50% 미만 출석	자신감이 부족해짐 X	앞으로 무엇을 할지 모르겠음	
(0점) 개입성과가 기대한 정도	약 50~80% 이상 출석	모르겠음 V	앞으로 무엇을 할지 고민 중임 V	
(1점) 개입성과가 기대보다 약간 더 좋음	약 80~90% 미만 출석 X	자신감을 가짐	앞으로 무엇을 할지 대략 방향을 잡음 X	
(2점) 예상했던 최고의 개입효과	90% 이상 출석	매우 자신감을 가짐	앞으로 무엇을 할지 결정함	
가중치	20	40	40	100
변화점수(x−v)	3	−1	1	3
가중변화점수 (변화점수×가중치)	60	−40	40	60
가능한 가중 변화점수 ((2−v)×가중치)	80	80	80	240
목적달성백분율 (가중변화점수÷가능한 가중 변화점수)	75%	−50%	50%	25%

개인 대상 사회복지실천에서도 투입과 과정, 산출, 성과 요소별로 그리고 이 요소들을 연결하여 분석하는 것은 가능하나 투입의 물리적 자원이나 산출 요소는 상대적인 중요성이 낮을 것입니다. 그 대신에 과정과 성과, 그 연결고리가 더 강조되고 엄밀하게 분석되어야 할 것입니다. 질적 평가도 과정에 대한 분석과 성과에 대한 기술, 변화의 의미, 그리고 과정과 성과 간의 관계에 대한 분석을 더 강조하게 될 것입니다.

2) 집단 대상 사회복지실천

개인 대상 사회복지실천과는 달리 집단 대상 사회복지실천은 구조화된 접근을 주로 합니다. 길게는 1년, 짧게는 4주, 때로는 1회성 프로그램으로 진행하기도 하지만, 대체로 8주에서 12주 사이, 주 1회, 1시간에서 2시간 사이의 일정으로 진행하게 되지요. 그리고 전체 프로그램은 초기단계, 중간단계, 종결단계로 구성되고, 변화의 표적에 따라 몇 가지 개입모듈을 결합하는 것이 일반적인 듯합니다.

집단 대상 사회복지실천은 프로그램 개발과 평가에서 전형적으로 적용하는 실천모형이기 때문에, 프로그램 개발과 평가의 틀을 그대로 적용하면 됩니다. 즉, 투입과 과정, 산출, 성과로 이어지는 논리모형의 틀을 적용하여 평가 계획을 세우면 되고, 질적 평가도 앞서 기술한 대로 계획하고 수행하면 됩니다.

그런데 이 틀을 적용하기 어려운 경우도 있습니다. 1회성 프로그램과 강연이나 공연 형식의 대집단 프로그램이 그렇습니다. 1회성 프로그램은 사전사후 비교가 어렵고, 대집단은 여러 차례 진행되더라도 측정도구를 만들어 측정하거나 질적 평가를 수행하기가 어려울 것입니다. 따라서 이런 경우에는 클라이언트 만족도 척도를 사용하고 그 질문지에 개방형 질문들을 포함하여 클라이언트들의 생각을 조금이라도 담아낼 수 있도록 하면 좋습니다. 또한 클라이언트 만족도 문항에는 투입 요소와 과정 요소들이 전반적으로 포함되도록 하고, 각 요소들에 대한 간단한 주관식 답변을 할 수 있도록 질문지를 구성하면 됩니다.

이론 적용의 문제도 남아 있습니다. 집단 프로그램들은 대체로 클라이언트의 인지, 정서, 행동을 표적으로 하기 때문에 개입이론을 적용할 수 있습니다. 그럼에도 사회복지실천현장에서 개입이론을 순수하게 적용하여 프로그램을 설계하는 경우는 찾아보기 어려운 것 같습니다. 사회복지실천가들이 가능한 한 이론을 적용하여 프로그램을 설계했으면 하는 바람입니다.

3) 가족 대상 사회복지실천

개인이나 집단 대상 사회복지실천과는 달리 가족 대상 사회복지실천은 이론을 적용하는 경우가 많습니다. 이는 가족치료 이론들이 특화되어 있고, 사회복지사들에게도 익숙하기 때문인 듯합니다. 또한 가족은 집단과 유사하지만 동일한 문화를 공유하고 있고, 이미 복잡한 관계로 얽혀 있는 한 덩어리로 볼 수 있기 때문에 개별화된 접근도 가능하다고 할 수 있습니다.

그리고 논리모형을 그대로 적용할 수도 있습니다. 투입과 과정, 산출, 성과의 요소들도 집단 프로그램과 마찬가지로 적용할 수 있으며, 질적 평가도 그렇습니다. 양적 평가의 경우에는 개인 대상 사회복지실천과 마찬가지로 가족관계와 관련된 표준화된 척도를 사용할 수도 있지만, 그보다는 개별 가족 구성원의 목표와 가족이 합의한 목표를 설정하고, 그에 맞게 개인과 가족의 기능수준척도를 만들어서 사용하면 됩니다.

4) 지역사회복지실천

지역사회복지실천은 사회복지실천에서 별도의 교과목으로 가르치고 있는 만큼, 개입이론과 모델, 과정, 평가방법에도 차이가 있습니다. 지역사회복지실천 모델은 지역사회개발모델, 사회계획모델, 사회행동모델로 크게 구분되며, 각 모델의 특성과 초점, 주요 기법들이 구체적으로 나열되어 있습니다.

욕구 사정과 평가를 위한 방법들도 잘 정리되어 있는 편입니다. 지역사회복지실천 교과목을 위한 단행본들을 보면, 다양한 양적 평가와 질적 평가 방법들이 제시되어 있습니다. 그러나 이런 방법들도 그대로 적용하기는 쉽지 않은 것 같습니다.

지역사회복지실천의 목표는 과업 목표와 과정 목표, 두 가지로 크게 나눌 수 있습니다. 이러한 목표에 따라 평가방법도 달라져야 할 것입니다. 또한 누구를 대상으로 자료를 수집하고 분석하여 평가할 것인가에 대해서도 고민해 봐야 합니다.

우선 과업 목표는 조직화, 사회개발과 경제개발, 지역사회 문제해결, 불평등과 차별의 해소 등과 같이 가시적인 표적을 가지고 있으므로 추진회라고 부르는 주민조직과 지역사회일반주민들이 합의하는 목표를 설정하고, 그 목표달성 정도를 평가하면 될 것입니다. 이를 기능수준척도와 같이 여러 수준으로 나누고, 각 수준별로 세부과업이나 지표를 덧붙이면 양적 평가로 활용할 수 있고, 각 수준에 대해 구체적으로 기술하거나 지역주민들의 관점에서 의미를 부여하거나 예상하지 못한 결과를 포착한다면 질적 평가가 될 수 있을 것입니다.

과정 목표는 지역사회와 주민들의 역량강화를 표적으로 합니다. 각 모델에서 지향하는 역량에는 차이가 있지만, 주민들 스스로 조직화하거나 변화 과정에 적극적으로 참여하고, 상호 협력하며, 자원을 동원하고,

문제를 해결하는 능력을 갖추어 간다면 역량이 강화되는 것으로 볼 수 있을 것입니다. 문제는 이러한 역량들은 눈으로 보기 어렵다는 것입니다. 따라서 직접 물어보거나 가시적인 행동, 문서, SNS 대화, 인공물 등을 활용해야 합니다. 예를 들어, 특정한 과업을 종결한 이후에 주민조직의 구성원들에게 자신과 지역사회에 어떤 변화가 있었는지 물어보면 자신의 심리사회적 변화를 진술할 수 있을 것입니다. 또한 주민조직의 모임이 회를 거듭할수록 참가자가 늘어나고 출석률이 높아지며, 상호작용 빈도가 늘어나고 대화 수준이 깊어지며, 사회복지실천가에서 주민대표에게로 주도권이 넘어간다면 역량이 강화되었다고 판단할 수 있을 것입니다.

일반적인 수준에서 이렇게 과업 목표와 과정 목표를 제시할 수 있지만, 구체적인 지역사회와 상황에 따라 목표는 달라질 것입니다. 개별 지역사회복지실천의 목표는 결국 사회복지실천가와 주민조직, 지역사회 주민들이 합의를 통해 설정해 가야 할 것이며, 평가방법도 그렇게 합의할 수 있을 것입니다.

다음으로 평가를 위해 누구를 대상으로 자료를 수집할 것인지 결정해야 합니다. 자료수집의 대상은 일차적으로 주민조직이 될 것이며, 일반 지역사회주민들 중 일부를 2차 자료수집 대상으로 표집할 수 있고, 담당 사회복지실천가를 포함한 서비스제공자들과 자원 네트워크의 구성원들로부터도 자료를 수집할 필요가 있습니다.

5) 거시적 실천

거시적 실천을 지역사회복지실천과 사회복지행정, 사회복지정책을 포괄하는 것으로 이해하는 경우도 있지만, 여기에서는 사회복지행정과 사회복지정책을 포함하는 것으로 보겠습니다. 그런데 사회복지행정을 사회복지실천의 한 유형으로 보면, 그 대상은 클라이언트가 아니라 사회복지실천가들이 되기 때문에 여기에서 굳이 살펴볼 필요는 없을 것 같습니다. 따라서 여기에서는 사회복지정책과 사회복지법제를 포함하는 것으로 재정의하겠습니다.

사회복지정책을 평가하는 방법은 사회복지정책론 교과목에 잘 소개되어 있습니다. 사회복지정책이 지향하는 가치인 평등과 효율, 욕구, 자유를 기준으로 하고, 구체적인 정책목표를 설정하며, 정책분석의 네 가지 틀, 즉 대상(할당), 급여의 종류(현금, 현물, 서비스, 증권, 기회 등), 전달체계, 재원 등으로 목표달성 정도를 평가할 수 있을 것입니다. 예를 들어, 생활보호제도에서 국민기초생활보장제도로 정책이 바뀌었을 때, 새로 도입된 국민기초생활보장이라는 정책이 대상의 포괄성, 급여의 충분성, 전달체계의 접근성, 재원의 분배효과 측면에서 어느 수준에 미치고 있는지 분석할 수 있습니다. 자활사업의 경우라면, '자활'이 목표가 될 것이며, 그 지표로 탈빈곤율, 탈수급율, 취·창업자 수 등이 활용될 것입니다.

정책은 상당히 많은 사람들을 대상으로 하므로 미시적 실천이나 지역사회복지실천에서 수행하는 평가방법을 그대로 적용하기는 어렵습니다. 그러나 기본적인 틀은 비슷하다고 봐야 할 것입니다. 즉, 정책이 집행되기 이전과 정책을 집행한 이후의 상태를 비교하는 사전사후비교 분석이 이루어지며, 필요하다면 정책 대상으로 선정되지 않은 사람들과 비교할 수도 있습니다. 상당히 많은 재원이 들어가므로 효율성도 중요하고, 비용효과성 분석도 이루어집니다. 투입, 과정, 산출, 성과의 논리모형 구조도 그대로 적용할 수 있습니다. 이러한 접근도 기본적으로는 양적 평가에 해당하는 것으로 볼 수 있으며, 질적 평가를 위해서는 다른 접근을 해야 합니다.

질적 평가를 통해 우리가 사회복지정책에 대해 알아내고자 하는 것은 '디테일(detail)'입니다. 즉, 현금이나 현물, 서비스 등의 급여유형이 대상자들에게 어떻게 경험되고, 어떤 의미를 가지고 있으며, 어떤 영향을 미치고 있는가, 대상자의 수나 범위가 정책과정에 어떤 영향을 미치는가, 전달체계의 주요 원칙들이 어떻게 적용되고 있고, 그것은 정책집행자들과 대상자들에게 어떤 영향을 미치고 있는가, 재원은 어떻게 조달되고 집행되고 있으며, 어떤 방식으로 재분배에 기여하는가를 파악하려는 것입니다. 이러한 질문들에 대한 답을 얻으려면, 다른 사회복지실천들과 마찬가지로, 일차적으로는 정책대상자들에게, 이차적으로는 정책집행자들에게 구체적으로 물어봐야 할 것입니다. 따라서 사회복지정책에 대한 질적 평가도 면접, 관찰, 인공물, 기록물 등 다양한 자료를 수집하고, 범주화 분석과 주제 분석, 모형 분석, 과정 분석 등을 수행할 수 있을 것입니다.

예를 들어, 자활사업을 질적으로 평가한다면, 첫째, 급여 측면에서는 근로를 조건으로 지급되는 급여가 충분한가, 충분하지 않다면 생계를 어떻게 꾸려가고 있고 부족분을 메우기 위해 어떤 전략을 사용하는가를 질문할 수 있으며, 둘째, 대상(할당) 측면에서는 자활사업에 참여하는 사람들의 자격기준은 어떠하고 취업과 창업에 함께 참여하는 사람들과 관계는 어떠한가를 물어볼 수 있고, 셋째, 전달체계 측면에서는 어떤 경로를 통해 자활사업에 참여하게 되었고, 지역자활센터의 접근성은 어떠하며, 효과적으로 작동하고 있는가를 탐색할 수 있을 것입니다. 또한 현재 참여하고 있는 취업 프로그램이나 창업 프로그램이 자신에게 어떤 영향을 미치고 있는지 물어볼 수도 있을 것입니다. 이러한 질문에 대한 답변을 분석하는 방법은 다른 사회복지실천에 대한 질적 평가방법과 크게 다르지 않을 것입니다.

5. 평가 전략 구성하기

구체적인 평가방법들에 대해서는 앞서 모두 기술하였으므로 여기에서는 평가 전략의 구성에 대해 생각해 보겠습니다. 평가 전략의 구성에는 세 가지 선택지가 있을 것입니다. 양적 평가만을 수행하는 전략, 질적 평가만을 수행하는 전략, 양적 평가와 질적 평가를 혼합하는 전략입니다. 그리고 혼합 전략은 다시 양적 평가와 질적 평가의 주도권과 비중에 따라 세분화될 수 있을 것입니다. 양적 평가를 중심으로 하되 질적 평가를 통해 보완하는 전략도 있고, 양적 평가는 작은 부분으로 보고 질적 평가의 큰 틀 속에 양적 평가를 포함하는 전략도 있으며, 두 가지 접근을 대등한 구조로 병행하는 전략도 있을 것입니다.

평가 전략들의 조합이 구체적인 평가방법에 영향을 미치지는 않을 것입니다. 다만, 질적 평가의 비중에 따라 다양한 레퍼토리 중에서 어떤 질적 평가방법을 적용할지 선택하게 될 것입니다.

6. 윤리적 이슈를 고려하기

본격적인 평가 절차에 들어가기에 앞서 윤리적 이슈를 고려할 필요가 있습니다. 사회복지실천가가 자신의 개입을 평가하는 것이 적합한가라는 철학적 이슈, 그리고 연구의 타당성에 대한 문제도 있지만, 그보다 윤리적 이슈가 중요하다고 생각됩니다.

일반적으로 연구를 수행할 때 고려해야 할 윤리적 이슈들로는 연구에 대해 알리기 또는 숨기기, 고지된 동의, 자발적 참여, 연구참여로 인한 피해, 연구참여에 대한 보상, 비밀보장 등이 있습니다. 이 중에서 실천현장의 평가연구와 관련하여 가장 중요한 이슈는 '자발적 참여'일 것입니다. 물론 실천가가 개입방법을 향상시키기 위해 자신의 개입을 평가하는 것은 그 자체로 윤리적이라고 할 수 있을 것입니다. 오히려 평가하지 않는 것이 비윤리적이라고 할 수 있겠지요. 그러나 평가결과를 보고서로 작성하여 배부하거나 발표하는 것은 다른 문제입니다. 평가가 연구로 이어질 계획이라면, 클라이언트(들)에게 이 사실을 구체적으로 알려야 하며, 고지된 동의를 얻고 '자발적' 참여를 보장해야 할 것입니다. 자발적 참여는 자발적 취소를 전제로 합니다. 평가연구에 참여하기로 했더라도, 중간에 마음이 바뀌면 참여 의사를 취소할 수 있도록 해야 하는 것입니다.

다른 한편으로 질적 연구에서는 연구자의 개입 행위를 막고 있습니다. 즉, 연구를 위한 심층면접을 진행하던 중에 외상사건의 플래시백이 발생하여 클라이언트에게 개입해야 하는 상황이 발생한다면, 실천가인 연구자는 면접을 중단하고 상담자에게 의뢰하거나 즉각적으로 개입한 뒤

연구를 중단해야 합니다. 만약 실천가가 연구를 수행하는 중에 동일한 상황이 발생했을 때 어떻게 해야 하는지에 대해서는 지침이 없습니다. 그러나 그가 사회복지실천가이고, 자신의 클라이언트가 어려움을 겪고 있다면 개입하는 것이 윤리적일 것이며, 평가연구를 계속할지에 대해서는 나중에 논의해야 할 것입니다.

마지막으로 비밀보장 이슈가 있습니다. 기본적으로 사회복지실천에서도 비밀보장은 매우 중요한 이슈입니다. 평가 자체는 비밀보장과 큰 상관이 없으나 그 결과를 연구로 전환하고 발표하고자 할 때는 비밀보장이 중요해질 것입니다. 클라이언트의 이름을 가명 등으로 익명처리하는 것은 기본이고, 누군지 알아볼 수 있는 개인정보들을 식별 불가능하도록 처리해야 할 것이며, 면접에서 논의된 내용들 중에서도 클라이언트 정보가 담겨 있다면 익명처리를 하거나 삭제해야 할 것입니다. 물론 이 모든 결정들은 클라이언트의 동의나 허락을 구한 후에 이루어져야 합니다.

7. 자료를 수집하기

질적 연구에서 사용하는 자료수집 방법들을 질적 평가에서도 그대로 사용할 수 있을 것입니다. 최근에는 클라이언트들과 SNS 단체대화방을 개설하여 대화하는 경우도 있으므로 그 대화내용을 갈무리하여 분석하는 것도 포함할 수 있겠습니다. 질적 평가를 위한 자료를 수집하는 방법들을 구체적으로 살펴보겠습니다.

1) 면 접

질적 연구에서는 '심층면접'이 가장 일반적인 자료수집 방법입니다. 그러나 질적 평가에서 '심층'면접은 쉽지 않을 것입니다. 사이드먼(Seidman, 2019)은 질적 연구를 위한 심층면접의 기본적 틀을 클라이언트 1인당 3회씩, 각 2시간 정도의 면접이 진행되는 것을 기본으로 제시하였습니다. 그래야 사실정보와 의미 등을 어느 정도 담아낼 수 있고, 본질에 다가가기 위한 질문까지도 할 수 있기 때문입니다. 그런데 질적 평가에서는 그만한 시간을 만들기도 어렵고, 질문에 초점이 있으며, 본질 탐구까지 갈 필요가 없기 때문에, 심층면접을 진행하는 것도 어렵지만 꼭 필요하지도 않을 것입니다. 따라서 우리는 질적 평가를 위한 면접을 시간제한적이며, 초점이 분명하고, 그럼에도 개방적인 자료수집 방법으로 이해하고, 주어진 상황에서 최대한 양질의 자료를 수집하기 위해 노력해야 할 것입니다.

질적 평가의 면접은 다음과 같이 다양한 형태로 수행될 수 있습니다.

첫째, 개입 이전과 종결 이전 시점에서 평가를 위한 회기를 따로 설정하여 1~2시간 정도의 면접을 진행합니다. 개인 대상 사회복지실천은 일대일 개인 면접으로 하고, 가족, 집단, 지역사회, 거시 실천은 집단 면접을 기본으로 하되, 가능한 한 개인 면접을 병행합니다(이하의 다른 형태들도 마찬가지임).

둘째, 개입 초기의 형성 평가, 중간시점의 중간 평가, 매 회기의 수시 평가 차원에서 10~20분 정도의 평가 시간을 진행합니다.

1시간 이상의 면접이든 10분 안팎의 짧은 대화든, 질문의 초점은 '변화'에 있어야 할 것입니다. 이러한 변화는 우선 목표로 정해둔 '성과'와 관련되어야 하고, 목표가 아닌 변화들에 대해서도 열어놓고 탐색할 수 있어야 할 것입니다. 즉, '이 프로그램을 통해 귀하의 어떤 측면이 변화되었습니까?'라고 묻는 것이고, 구체적인 목표에 따라 '자신에 대한 생각이 변화되었습니까?', '다른 사람들과 관계가 변화되었습니까?' 등과 같이 변형하여 질문하면 될 것입니다. 그리고 시간 여유가 있다면, 투입요소와 과정요소들에 대해 더 탐색할 수 있을 것입니다.

다른 한편으로, 얼마 전부터 '초점집단면접(Focus Group Interview)'이 질적 평가를 위한 주된 자료수집 방법처럼 사용되고 있다는 사실을 발견했습니다. 클라이언트나 이해당사자들을 대상으로 초점집단을 구성하고, 그들이 참여한 정책이나 프로그램, 서비스 등에 대해 물어보는 것입니다. 이것도 종결 시점에서 사용된다면 위에서 언급한 집단 면접과 같은 것으로 이해할 수 있을 것입니다. 그러나 여기에 꼭 '초점집단면접'이라는 이름을 붙일 필요는 없다고 생각됩니다. 오히려 이 기법은 경영학의 마케팅 분야에서 신제품을 개발하려 하거나 출시하기 전에 고객품질평가단을 구성하여 제품을 일정 기간 사용해 보도록 하고 돌아와서 그 제품에 대한 만족도에 초점을 맞추어 질문을 하고 그에 대한 답변을 정리하여 품질개선에 적용하는 용도로 개발된 것입니다. 그러니까 엄밀하게 말하면 평가를 위해서가 아니라 욕구사정을 위해 개발된 방법인 것입니다. 그렇다고 해서 평가에 적용하지 못할 이유는 없습니다만, 그냥 '평가를 위한 집단면접'이라고 불러도 되고, 어차피 성과와 투입, 과정 요소 등에 초점을 맞춰 질문을 할 것이기 때문에 굳이 초점집단면접이라는 이름을 붙일 필요가 없다는 것입니다.

다른 한편으로, 개입을 진행 중일 때도 그렇지만, 평가를 위한 면접을 할 때는 꼭 녹음을 할 것을 권합니다. 일지를 작성하거나 관찰하고자 할 때도 녹음한 자료가 필요할 것입니다. 개입 전에 클라이언트들로부터 동의를 얻고, 가능한 한 매회, 클라이언트가 문을 닫고 완전히 나갈 때까지 녹음하는 것이 좋습니다. 녹음된 자료는 분석을 위해 녹취록으로 작성됩니다. 개별 면접은 녹취를 위해 시간을 들이는 것 이외에 큰 어려움이 없지만, 집단 면접에서는 각각의 목소리를 기억해서 구분하여 정리하는 것이 쉽지 않습니다. 따라서 집단을 대상으로 평가를 위한 면접을 실시할 때에는, 발언의 순서와 주요 요지를 따로 손이나 노트북으로 적어두어 각자의 발언이 뒤섞이지 않도록 주의가 요구됩니다. 평가 면접을 진행하면서 이러한 메모를 하는 것은 자칫 진행자나 참여자의 주의를 분산시킬 우려가 있습니다. 이를 대비하여 보조진행자가 발언의 순서에 맞추어 메모를 할 수 있도록 하는 것도 좋은 방법입니다. 전반적인 좌석배치도를 미리 적어두고 메모를 하거나, 사회자가 발언을 요청하며 클라이언트의 이름을 불러주는 것도 녹취를 수월하게 하는 좋은 방법입니다. 한편 집단 면접에서 녹음을 할 때는 녹음기와의 거리에 따라 정확하게 음성이 담기지 않는 경우가 있습니다. 이를 대비하여 복수의 녹음기(보이스 레코더, 녹음기능이 있는 스마트폰)들을 활용하여 녹음 자료의 질을 보완하는 것도 좋습니다.

인터뷰를 할 때 느끼는 것, 녹음된 자료의 녹취를 풀 때 느끼는 것, 녹취된 자료를 다시 읽고 분석할 때 느끼는 것이 다 다릅니다. 따라서 녹취와 분석을 미루면, 실천가로서의 통찰도 지연되고 인터뷰 당시의 생생한 기억도 사라집니다. 다량의 자료를 한꺼번에 녹취하면서 경험하는 부담도 상당히 크며, 시간에 쫓겨서 부실하게 분석할 우려도 있습니다. 따라서 녹취는 즉각 진행하고, 분석한 내용을 실천이나 그 다음 인터뷰에 반영하는 것이 훨씬 유익합니다. 녹취를 위한 조언을 하나 더 드리자면, 이후 코딩과 메모를 위해 녹취록 문서의 우측(왼손잡이는 왼쪽)에 여백을 충분히 마련해 둘 것을 권해드립니다.

2) 질문지

사회복지조사론에서 질문지의 유형은 구조화된 질문지, 반구조화된 질문지, 비구조화된 질문지로 나눕니다. 물론 이렇게 나눌 수도 있지만, 실제 우리가 사용하는 질문지는 개인 ID를 물어보는 간략한 질문들과 성과를 측정하기 위해 리커트 방식으로 구조화된 척도, 투입과 과정 요소의 품질과 관련된 클라이언트 만족도 척도와 연결된 단답형 주관식 질문들, 그리고 성과를 파악하기 위한 반구조화된 질문들로 구성될 수 있습니다. 그리고 개입 이전 시점과 종결 시점, 초기, 중간, 수시 평가 시점에 따라 적절한 질문들을 선택하여 조합할 수 있습니다.

개입 이전에 기초선을 잡기 위한 질문지는 ID와 표준화된 척도, 성과와 관련된 현재 상태를 묻는 질문으로 구성하면 되고, 초기 형성 평가와 중간 평가, 종결 평가를 위한 질문들은 ID와 척도, 투입과 과정, 산출, 성과 요소들을 포함한 질문지로 구성해야 하며, 수시 평가는 ID와 클라이언트 만족도 척도, 개방형 질문들을 포함하면 됩니다. 다음 <표 5−3>을 참고하시길 바랍니다.

〈표 5-3〉 평가 시점과 질문지 구성

구 분	ID	표준화된 척도	클라이언트 만족도 척도	품질에 대한 주관식 질문	변화에 대한 반구조화 질문
기초선 평가	○	○	–	–	○
초기 형성 평가	○	–	○	○	–
중간 평가	○	○	○	○	○
매회 수시 평가	○	–	○	○	–
종결 평가	○	○	○	○	○

그리고 면접과 질문지는 병행하여 사용하는 것이 좋다고 생각됩니다. 질문지를 통해 먼저 생각을 적어보도록 하고, 면접을 진행하면 답변이 더 풍부하게 나올 가능성이 높습니다. 그와는 반대로 먼저 돌아가면서 짧게 소감을 말해보도록 하고, 질문지에 생각을 적도록 하는 것이 나을 수도 있습니다. 이는 클라이언트 집단의 특성에 따라 결정하면 될 것입니다.

3) 관 찰

관찰법은 사회복지조사론에서 별도의 장을 할애하여 설명하고 있고, 앞에서도 간단하게 설명하였기 때문에 여기에서 다시 구체적으로 설명하지는 않겠습니다. 다만, 관찰법은 표준화된 척도가 없기 때문에 사회복지실천가가 직접 관찰을 위한 체크리스트를 만들어야 하는 경우가 대부분이고, 그래서 실제로 수행하기가 어려운 것으로 보입니다. 그러나 어렵게 생각할 필요가 없습니다. 쉬운 것부터 시작하면 됩니다.[3)]

3) 관찰 연습을 위한 아이디어를 하나 제시할까 합니다. 우리가 종종 방문하는 카페는 관찰을 연습하기에 좋은 장소입니다. 그곳에서 벌어진 일을 상세히 적어보고, 그러한 일의 순서와

사회성 향상을 위한 프로그램을 진행하려고 하는데, 사회성 척도가 마땅치 않고, 실천가가 직접 관찰해서 평가하고 싶다면, 두 가지 방법이 있을 것입니다. 하나는 사회성에 대해 미리 연구해 보고, 사회성에 해당하는 말과 행동, 비언어적 의사소통들을 목록으로 적은 뒤, 그것의 빈도, 강도, 지속시간 등을 표시하는 것입니다. 다른 하나는 기능수준척도와 같은 것으로 사회성의 수준을 1에서 5까지 나누고, 각 수준에 맞는 말과 행동, 비언어적 의사소통들을 구체적으로 기술한 뒤, 개입 이전 수준을 평가하고, 중간평가, 수시평가, 종결평가에서 지속적으로 확인하여 비교하는 것입니다. 빈도, 강도, 지속시간 등을 표시해 두었다가 분석하게 되면 양적 평가가 될 것이지만, 그 변화의 맥락과 패턴, 의미 등을 분석한다면 질적 평가가 될 수 있고, 구체적인 변화들을 세밀하게 기술하는 것도 질적 평가가 될 수 있을 것입니다.

또한 우리는 집단 프로그램이나 가족치료에서 사용하는 기법들을 질적 자료수집의 도구로 활용할 수도 있습니다. 의자가 없거나 고정되지 않은 상황에서 클라이언트들이 입장하여 자리를 잡는 양상을 보거나 가족 구성원들이 편을 가르듯이 나뉘어 앉는 것을 보면서 우리는 그 집단과 가족의 하위체계를 파악할 수 있습니다. 이러한 양상이 변화되는 것을 관찰하고 비교하는 것도 질적 평가의 한 방법이라 할 수 있겠습니다.

패턴을 정리해 보는 것, 각자의 기대를 실현하기 위한 행동과 상호작용의 다양한 모습을 관찰해 보는 것입니다. 이러한 연습은 혼자 해도 좋지만, 질적 평가나 관찰기술 향상에 관심이 있는 동료 사회복지사와 함께 해보면서 각자의 관찰 및 분석의 공통점과 차이점을 나누면 성장에 더 큰 도움이 될 것입니다. 참고로 이 방법은 근거이론가인 Corbin(2015)이 '과정'이라는 개념을 설명하는 부분에서 아이디어를 얻었습니다. 그녀는 공항에서 항공편을 기다리면서, 카페에서 일어나는 일, 즉 직원과 손님의 상호작용을 관찰하여 그 가운데 나타난 상황을 관찰하고, 연결해 나가며 과정이라는 개념을 소개한 바 있습니다.

그런데 사회복지조사론에서는 관찰법을 완전관찰, 관찰참여, 참여관찰, 완전참여 등으로 구분하기도 합니다. 완전관찰과 관찰참여는 위에서 기술한 방법을 쓰면 되겠지만, 참여관찰은 일상생활을 같이 하는 것이므로 적용하기가 어렵고, 문화기술지와 같이 전문연구자에게 더 적합하다고 생각됩니다. 지역사회복지실천에서 욕구사정의 한 방법으로 소개되어 있기도 하지만, 그것도 실천가가 직접 하기는 어렵다고 생각됩니다. 다만, 프로그램 개발을 목적으로 일정 기간에 일을 멈추고 온전히 지역사회와 주민들을 이해하기 위해 지역을 돌아다니면서 관찰하고 사람들을 만나 이야기하는 접근을 할 수 있다면 적극적으로 권할 만한 방법이기도 합니다. 저는 개인적으로 사회복지실천가들이 분기별로 한 주 정도는 일을 하지 않고 지역사회를 자유롭게 돌아다니면서 주민들과 소통하는 시간이 필요하다고 생각합니다. 조직 차원에서 추진해 볼 만한 일이라고 생각됩니다.

The Plus 마을 돌아다니기 사례

■ 마을 돌아다니기

오늘 마음배달원사업과 점심식사 후 안○○ 사회복지사와 도시락 봉사자 이○○ 학생과 함께 마을을 돌아다녔습니다. 큰 뜻은 없고, 가다가 주민들도 만나고, 새로운 이벤트를 만들 수 있는 기회가 되지 않을까 생각했습니다. (중략) 오랜만에 만나는 주민들과도 인사를 나눴습니다. 그동안 미처 보지 못한 지역도 볼 수 있었습니다. 주로 아파트 단지 내에서 활동을 했지만, 오늘은 연립주택지역을 둘러보니, 사회복지사가 주로 더 있어야 할 곳이 여기가 아닌지 생각했습니다. 연립주택에 사시는 분들 중에 폐지수집 활동을 하는 어르신들이 많았습니다. 골목마다 주차되어 있는 리어카, 1층 마당에는 폐지를 보관하고 있는 집들. 김○○ 주무관님 말로는 폐지수집활동 하는 어르신들은 수급권자 분들이 대다수라고 합니다. 일반화는 아니지만 그러할 확률이 높다는 겁니다. 그렇다고 우리는 직접 다가가 "무슨 도움이 필요하세요?"라고 묻지 않습니다. 그분들은 그 상황에서 약자지만 나름 잘 살고 계시기 때문입니다. 우리가 할 수 있는 일, 지역조직? 사례관리? 좀 더 구체적으로 계획해서 해야 할 것 같습니다.

-광교종합사회복지관 한ㅇㅇ 사회복지사 업무일지(2018년 5월 4일자 중)

■ **폐지 줍는 어르신들**

쭉 질문을 진행하는 것보다 자연스럽게 이야기가 흘러가게 해보는 것이 좋을 것 같아 다른 이야기를 이어갔습니다. 꽃바람 캘리그라피 사장님네 가게는 ㅇㅇㅇ병원 뒷골목(교회 옆) 차가 다니는 도로변에 위치하고 있습니다. 이사를 오고 처음에는 문을 열어놓기만 하면 차가 못 지나간다고 하여 지나가는 차주들과 많이 싸우기도 했고 결국 시에 민원을 넣어 도로변에 선을 그은 적이 있다고 하셨습니다.

최근 가장 신경이 쓰이는 일은 주변에 폐지 줍는 어르신들이 많이 왔다 갔다 하시는데, 특히 집 앞에 살고 계시는 한 할머니(예상하건대 저희 도시락 당사자 어르신인 듯함)에게 두어 번 박스를 모아 드린 적이 있다고 하십니다. 그래서 그런지 가게 앞을 서성이곤 하시는데 박스가 매일 있는 것이 아니기도 하고 근처 다른 폐지 줍는 어르신들도 매일같이 오셔서 가져갈 것 있냐고 물어보시기에 그 어르신의 눈치가 보인다고 하셨습니다. 사실 버리는 곳이 근처에 따로 있긴 한데 나름 폐지 줍는 어르신들의 구역 싸움이 심하다는 이야기를 듣고 이런 저런 생각이 많으신 듯 했습니다. 이런 걸로라도 여러 어르신들이 나누어서 가져가시도록 도와드리고는 싶은데 그게 눈치싸움이라 마음처럼 쉽지는 않다고 하셨습니다.

-광교종합사회복지관 안ㅇㅇ 사회복지사 업무일지(2018년 11월 12일자 중)

개입현장 내에서 관찰을 할 때도 녹음을 하거나 녹화할 것을 권합니다. 물론 이것도 미리 클라이언트들의 동의를 얻어야 할 것입니다. 개입에 대한 분석을 통해 더 나은 개입을 준비하고자 한다고 설명하면 대부분의 클라이언트들은 동의해 주리라 생각합니다. 다만, 녹화를 한다고 하더라도 모든 장면을 화면에 담기는 어렵습니다. 녹화되고 있다는 상황을 알고 있기 때문에 부자연스러운 행동이 나타날 가능성도 배제할 수 없습니다. 따라서 프로그램을 진행하면서 관찰을 병행하기 힘든 측면이 있으므로, 동료 또는 봉사자가 관찰참여를 하는 구조로 진행하는 것도 고려해 볼 만할 것입니다.

4) 일 지

일지는 사회복지실천가들에게 일상화되어 있는 기록방법일 것입니다. 또한 그들이 속한 조직의 양식과 네트워크에 의존하기도 합니다. 그리고 그 자체가 질적 평가의 자료이며, 분석과 해석의 근거가 되기도 합니다. 일지 작성능력은 경력이 쌓이면서 자연스럽게 숙달되고 터득하는 것이므로 별도로 설명할 필요도 없고, 설명할 수도 없을 것입니다. 다만 한 가지만 덧붙인다면, 사회복지실천가 자신의 '실천지혜'를 쌓아가기 위해, 일지 양식의 오른쪽이나 맨 아래에 한 칸을 덧붙여서 그날 자신이 깨달은 것을 기록해 둘 것을 권합니다. 그것은 메모의 형식이 될 수도 있고, 완전한 문장의 형식을 갖출 수도 있을 것입니다. 윗사람에게 보여주기 위한 것이 아니라 오로지 자신만을 위한 기록입니다. 앞에 제시된 '마을 돌아다니기 사례'처럼 말입니다.

5) 메 모

메모는 질적 연구에서 매우 중요한 자료수집 방법입니다. 심층면접을 진행하면서 요점을 적어둘 수도 있고, 다음 질문이나 빠트린 사항, 연결되는 맥락을 적을 수도 있을 것입니다. 그리고 면접이 끝난 뒤에, 주요 발견들이나 핵심 의미들을 적어놓을 수도 있습니다. 질적 평가에서도 마찬가지로 적용이 가능합니다. 개입을 진행하면서, 그리고 개입이 끝난 뒤에 클라이언트의 말과 행동, 비언어적 의사소통, 상호작용 등에서 중요한 의미를 가진 것을 간단하게 적어두고, 일지를 작성하거나 질적 평가를 할 때 활용할 수 있습니다. 메모 자체가 질적 평가보고서에 들어가는 일은 드물지만, 질적 평가를 위한 기본 틀을 잡는 데 활용할 수 있습니다. 일지나 빈 기록지에 적을 수도 있고, 포스트잇과 같은 메모지를 활용할 수도 있을 것입니다. 또는 휴대전화 등의 전자매체를 활용한 음성메모도 유용할 것입니다.

6) 클라이언트 기록물

개입을 진행하면서 사회복지실천가들은 클라이언트들로부터 질문지 외에 다양한 기록물들을 수집할 수 있습니다. 문장완성 활동을 할 수도 있고, 집-나무-사람 그림을 그려볼 수도 있으며, 인생곡선을 그려볼 수도 있고, 가계도나 생태도 그리기를 함께 해볼 수도 있을 것입니다. 편지 쓰기나 일지 쓰기, 자서전 쓰기, 포토보이스를 위한 사진 찍기, 프로그램 진행 중 작성한 작품 등도 모두 여기에 해당됩니다. 이 모든 기록지들은 (질적) 평가를 위한 소중한 자료들이 됩니다. 이러한 자료들은 분석에 사용될 수도 있고, 질적 평가 보고서에 제시될 수도 있습니다. 이를테면 사회적 지지가 부족하여 고립된 클라이언트와 함께 생태도를 초기 사정 과정에서 그렸다고 가정해 봅시다. 사회적 지지체계를 증진시키기 위한 사례관리를 진행한 이후에 의미 있는 사회적 관계와 교류가 증가했다면 생태도가 달라지게 될 것입니다. 변화하는 생태학적 환경에 대한 분석을 위해 클라이언트와 함께 생태도를 그려서 비교한다면 이는 중요한 평가 자료와 방법이 될 수 있습니다. 그리고 기록물을 만들면서 클라이언트들이 하는 말과 행동, 비언어적 의사소통을 녹음하거나 기록해 두는 것도 중요한 단서가 될 수 있습니다.

7) SNS

개입현장 안팎에서 SNS나 사이버공간을 활용한다면, 그 안에서 주고받은 대화나 상호작용을 갈무리하여 분석 자료로 활용할 수 있습니다. 우리는 SNS를 통해 누가 적극적으로 반응하는지, 누가 상호작용을 주도하는지, 누가 소외되어 있는지, 누구누구가 하위집단을 구성했는지 가늠할 수 있습니다.

개입현장 밖에서 벌어지는 일상생활의 맥락과 패턴을 들여다볼 수도 있습니다. 물론 이 또한 미리 동의를 구해야 하겠지만, SNS는 기록을 보존하기도 용이하다는 장점을 가지고 있습니다. 따라서 클라이언트와 개입의 특성에 따라 SNS를 적극적으로 활용할 수도 있을 것입니다.

8) 인공물

인공물이란 개입 상황이 끝나고 클라이언트들이 개입 현장에 남겨놓은 흔적을 말합니다. 질적 연구에서는 특정 집단, 특히 문화를 공유하는 집단이 일상생활의 어느 시간과 공간에서 활동한 이후 남아 있는 것을 인공물로 기록합니다.

어느 사회복지조사론 책에는 도서관 책장을 훑어보았을 때 먼지가 앉아 있는 정도나 때가 끼어 있는 정도를 보고 이용자들이 즐겨 읽는 책들을 발견할 수 있다거나 특정 지점의 바닥이 패여 있거나 가구의 특정 부위가 맨들맨들 빛나고 있는 것을 통해 사람들의 활동 범위를 파악할 수 있다고 예를 들어놓기도 했습니다. 그러나 개인, 가족, 집단 개입에서 이런 인공물을 찾기는 쉽지 않습니다. 이는 지역사회복지실천에서 가장 유용성이 높을 것입니다. 지역사회 주민들이 오랜 시간 특정 공간을 활용하여 활동하면서 만들거나 구성해 놓은 가구들, 표지판, 서류더미, 게시판, 온라인 게시판 등을 통해 지역사회 주민들에 대한 이해와 지역사회복지실천을 위한 지침을 얻을 수 있습니다.

8. 자료를 분석하기

1) 의미단위 중심 분석

의미단위 분석은 질적 연구에서 활용하는 가장 기본적인 자료분석 방법입니다. 이는 질적 평가에서도 그럴 것입니다. 질적 연구에서 '의미단위'란 연구참여자의 진술 중에서 '의미'를 가진 단어, 어구, 문장, 문단 등의 단위를 말합니다. 즉, 의미단위는 단어가 될 수도 있고, 어구가 될 수도 있으며, 문장이나 문단이 될 수도 있습니다. 그러나 실제로 분석을 할 때는 그 단위의 의미를 함축하여 단어나 어구, 개조식 문장의 형태로 요약합니다. 예를 들어 보겠습니다.

> 목표를 세울 때 80% 이상의 긍정적인 응답을 하면 이 목적이 달성된 것으로 평가한다는 식으로 나름대로 조작적인 정의를 내려서 사업계획을 세웠는데, 그 80%에 대한 근거가 스스로 세우면서도 명확하지가 않은 거예요. 내가 뭘 근거로 80% 이상의 긍정적인 응답이면 클라이언트에게 변화가 일어났다고 볼 수 있는 건가? 라는 고민을 아직도 계속 하고 있습니다(참여자5).[4]

위 인용문은 하나의 문단입니다. 연구진은 이 문단에 <'목표설정'에 대한 확신을 가지지 못함>이라는 이름을 붙였습니다. 문단을 한 덩이로 보고, 그 의미를 그렇게 요약한 것입니다. 그런데 자세히 들여다보면, 이 문단이 하나의 의미단위만 가진 것은 아닙니다.

단어나 어구를 의미단위로 보면, '목표, 80% 이상, 긍정적 응답, 목적달성, 나름대로, 조작적 정의, 사업계획, 80%에 대한 근거, 명확하지 않음, 고민을 계속 함' 등을 의미단위로 제시할 수 있습니다. 그런데 단어만으로는 연구참여자가 진술한 현상의 의미를 파악하기 어려울 때가 많으므로, 실제로는 어구나 개조식 문장을 의미단위로 규정하는 경우가 많습니다. 그리고 연구참여자의 진술은 문법에 맞지 않거나 지나치게 길거나 중언부언하는 경우가 많기 때문에 불필요한 음절, 어절, 단어 등은 지우고, 핵심내용을 중심으로 요약하는 경우도 많습니다. 따라서 위 인용문에서는 '나름대로 조작적 정의를 내려서 목표를 설정함', '내가 설정한 목표달성 수준의 근거가 명확하지 않음', '무엇을 근거로 목표달성수준을 정해야 하는가라는 고민을 계속 함' 등으로 문장에 가까운 의

---

4) '이오복·권순애. 프로그램 성과측정 시 겪는 사회복지사의 어려움에 대한 현상학적 연구. 한국사회복지행정학, 17(3), 166-191'에서 173쪽에 제시된 인용문을 인용함.

미단위들을 구성할 수 있습니다. 그리고 이 세 가지 의미단위가 <'목표 설정'에 대한 확신을 가지지 못함>이라는 의미에 포함된다고 생각되면, 세 의미단위를 통합하여 하나의 의미단위로 설정할 수 있을 것입니다. 그러나 전체 현상의 맥락에서 이렇게 의미단위들을 통합하는 것이 적절한가에 대해서는 의문을 가질 수 있습니다.

위에서 언급한 세 가지 작은 의미단위들은 다른 하위맥락에서 다른 의미를 가질 수도 있기 때문입니다. 이렇게 의미단위를 설정하는 작업을 '코딩'이라 부르기도 합니다. 이는 핵심적인 내용을 뽑아 요약하는 작업(essence capturing)으로 이해할 수 있습니다.

여하간 여기에서 중요한 것은 연구참여자 또는 클라이언트가 한 진술 중에서 의미를 가진 것들을 찾아내어 그것을 의미단위로 구성하는 작업입니다. 한 명의 연구참여자당 1시간 이상 면접을 진행하는 질적 연구와는 달리, 질적 평가는 모든 개별 클라이언트가 1시간 이상 평가를 위한 진술을 하는 경우가 거의 없기 때문에, 녹취록이나 질문지의 답변이 길지 않습니다. 따라서 하나의 문단 안에 하나의 의미만을 담아서 진술하거나 간단한 의미단위들을 각각 단어나 어구, 문장에 담고 하나의 문단 안에 나열하는 방식으로 진술할 가능성이 높습니다. 이러한 진술의 함축성을 구분하는 것이 실제로는 매우 어려운 일이지만, 지속적으로 분석을 하다 보면, 자연스럽게 터득하게 될 것입니다.

10명의 클라이언트가 참여한 어느 집단 프로그램의 종결 회기를 가정해 보겠습니다. 사회복지사가 그동안 어떤 목표를 가지고, 어떠어떠한 활동들을 해왔는지 돌아보도록 하고, 미리 배포한 개방형 질문지에 기억나는 활동과 그때 떠오른 생각, 그동안 변화되었다고 생각하는 것들을 10분 정도 써보도록 합니다. 그리고 나서 자발적으로 또는 돌아가면서 각자 쓴 것을 발표해 보도록 합니다.

변화되었다고 생각하는 것들을 써 보라는 질문에 대해 각 클라이언트는 1~3가지 정도의 항목들을 짧은 문장으로 써서 나열하거나 문단의 형식을 갖춰 적어놓을 것입니다. 그리고 그것을 발표하도록 하면, 처음에는 자기가 써놓은 것만을 읽다가 가끔 '자기도 그런 생각이 들었다'거나 '그 말을 들으니 떠오른 건데…'라면서 생각을 덧붙이고, 그것을 다시 질문지에 추가 기술할 수도 있을 것입니다. 10명이 1~3개씩 적었는데 평균 2개씩이라면 총 20개의 개별 의미단위가 정리될 것이고, 비슷한 것끼리 묶으면 10개 안팎의 의미단위로 압축될 것입니다. 집단 토론을 한다면 더 많아질 수도 있고, 깊은 의미가 덧붙여질 수도 있을 것입니다. 또한 조금 더 정리해 보면, 또는 자아/ 인지/ 정서/ 행동/ 관계 등의 이론적 구성체를 사용하여 구분하면 3~4개의 의미단위로 단순화될 수도 있습니다.

이처럼 목록으로 나열하거나 의미단위 수준에서만 분류된 결과를 두고 '의미단위 중심 분석'이라고 부를 수 있을 것입니다. 그리고 이 의미단위들을 목표나 성과 등과 비교하면 목표에 포함되는 의미단위와 그렇지 않은 의미단위를 분류할 수도 있겠습니다.

다음 방법으로 넘어가기 전에 한 가지 정리해 둘 것이 있습니다. '의미'의 의미에 대한 것입니다. 의미란 무엇일까요? 위 인용문에서 의미가 있다는 것은 무슨 의미일까요? 목표, 목표설정, 목표설정의 근거, 목표를 설정하는 근거가 명확하지 못하다는 고민을 함… 이러한 의미단위의 후보들 중에서 의미 있는 것은 무엇이며, 어떤 것이 의미 있다고 할 때 그 의미는 무엇일까요? 그것은 객관적인 사실일까요? 그 사실에 대한 주관적인 생각일까요?

프로그램 종결평가 회기에서 클라이언트가 "저는 그때 인생곡선 그리기 활동을 하면서 제가 그동안 살아왔던 인생을 되돌아 봤는데요, 그동안 생각해 봤던 것보다 제 인생이 그리 불행한 것이 아니었고, 제가 지금까지 잘 버텨왔고, 그동안 경험한 역경들이 저를 강하게 만들어 주었고, 지금의 저를 만들어 준 밑거름이었다고 생각했어요. 말하자면, 사고의 전환점이 된 거죠. 그 활동이…"라고 진술했다고 가정해 보겠습니다. 이 진술 문단에서 의미 있는 것은 무엇이며, 그 의미의 의미는 무엇일까요?

'인생곡선 그리기, 인생을 되볼아 봄, 생각했던 것보다 내 인생이 불행하지 않았음, 내가 잘 버텨왔음을 깨달았음, 역경들이 나를 강하게 만들어 줌, 나를 만든 밑거름이었다고 생각함, 사고의 전환점이 됨' 등을 의미단위라고 본다면, 인생곡선 그리기 활동은 '사실'에 해당하고, 그 뒤의 생각들은 그 활동을 통해 나타난 '주관적 의미'이며, 밑거름, 사고의 전환점 등은 사실과 의미를 포괄하면서 그것을 넘어서는 '메타의미'라고 분류할 수 있겠습니다. 그렇다면 사실과 주관적 의미, 메타의미 중에서 '진짜' 의미는 무엇일까요?

우리가 보기에 많은 질적 연구자들은 사실 정보는 의미가 아니며, 주관적 의미가 의미이고, 메타의미는 '주제'라고 생각하는 것 같습니다. 그런데 우리는 이러한 생각에 동의하면서도 약간 다른 관점도 필요하다고 생각합니다. 우선 그 클라이언트가 '인생곡선 그리기'를 기억했다는 점이 '의미'가 있습니다. 우리 인간은 의미 있는 것들만 기억하는 경향이 있습니다. 다음으로 그 활동에 의해 떠오른 생각들도 의미라고 할 수도 있지만, 그 생각이 떠올랐다는 '사실'일 수도 있습니다. 그러므로 객관적 사실과 주관적 의미를 쉽게 구분하기는 어렵다는 것입니다.

그래서 우리는 다음과 같이 제안합니다. 우리가 분석하는 단위를 '사물', '의미', '통찰'의 세 가지 수준으로 분류하면 좋겠습니다. '사물'은 "일과 물건을 아울러 이르는 말"이며 "물질세계에 있는 모든 구체적이며 개별적인 존재를 통틀어 이르는 말"입니다. '사람, 그리고 사람(들)과 관련된 어떤 일과 물건, 그리고 그것들의 물질적인 작용'을 사물이라고 할 수 있겠습니다. 사회복지조직, 프로그램이나 활동, 사회복지사, 다른 클라이언트, 가족, 집단, 서비스 등이 모두 사물입니다. '의미'는 사물에 대한 인간의 생각입니다. 그것은 인지일 수도 있으며, 언어로 표현된 감정일 수도 있고, 동기, 태도, 상징, 비유, 개념, 범주일 수도 있습니다. '통찰'은 사물과 의미에 대한 인간의 깨달음입니다. 사물들을 바라보는 관점, 의미들을 통합하고 그것을 넘어서는 초월적인 개념입니다. 어떤 측면에서 보면 이것을 본질이라고 말할 수도 있고, '주제'라고 부를 수도 있을 것입니다. 그러나 지금으로서는 통찰이라는 표현이 가장 잘 어울릴 것 같습니다. 이러한 개념들을 염두에 두고, 다음 분석방법들로 넘어가겠습니다.

2) 범주화 분석과 주제 분석

범주란 '동일한 성질을 가진 부류나 범위'이며, 철학에서 '사물의 개념을 분류함에 있어 그 이상 일반화할 수 없는 가장 보편적이고 기본적인 최고의 유개념(類概念)'입니다. 질적 연구에서 범주는 동일하거나 유사한 의미를 가지고 있다고 판단되는 의미단위들을 모아놓은 것이며, 서로 다른 범주들은 서로 다른 의미단위들을 포함하는 것으로 이해됩니다. **범주화**는 이렇게 동일한 사물, 의미, 통찰들을 하나의 범주로 모으고, 다른 사물, 의미, 통찰들은 다른 범주로 모아 분류하는 체계적인 작업을 의미합니다. 이 과정에서 중요한 것은 어떤 사물, 의미, 통찰들이 동일하고 다른지를 판단하고 분류하는 역량이라고 하겠습니다.

질적 연구의 세부 접근들에서 명명하는 이름에는 차이가 있지만, 대략 **범주화 결과**들을 보면 의미단위－개념－하위범주－범주－주제 등의 순으로 추상화 수준을 높여가며 범주화하는 것을 볼 수 있습니다. 현상에 따라 범주화 수준은 3단계(의미단위－개념－범주)에서 끝날 수도 있으며, 위와 같이 5단계 또는 그 이상이 될 수도 있습니다. 위 의미단위 중심 분석에서 '나름대로 조작적 정의를 내려서 목표를 설정함', '내가 설정한 목표달성 수준의 근거가 명확하지 않음', '무엇을 근거로 목표달성수준을 정해야 하는가라는 고민을 계속 함' 등이 의미단위라면, <'목표설정'에 대한 확신을 가지지 못함>을 '개념'으로 볼 수 있습니다. 그리고, 이 개념들의 상위체계가 하위범주나 범주가 될 수 있습니다. 대부분의 질적 연구에서 최상위 범주는 3~7개 정도로 구성되며, 각 범주별로 주제들을 제시하거나 모든 범주들을 통합하는 하나의 주제를 제시하는 경우도 있습니다. 예를 들어, 500개의 의미단위, 50개의 개념, 15개의 하위범주, 5개의 상위범주, 1개의 주제 등으로 상위 단계로 가면 갈수록 숫자가 적어지고, 추상화 수준이 높아지는 것입니다. 의미단위가 많지 않다면 30개의 개념을 만들고, 10개의 하위범주와 3개의 범주 또는 주제로 구성될 수도 있을 것입니다.

질적 연구에서 **전체 분석과정**은 녹취록–의미단위 설정–의미단위 명명–범주 분류와 명명(개념–하위범주–상위범주)–주제 확인 후 진술 식으로 이루어집니다. 구체적으로 살펴보면, 면접을 진행하면서 녹음한 파일을 녹취록으로 작성하고(여기까지는 자료수집 과정), 녹취록을 한 줄 한 줄 읽으면서 의미를 가진 단어, 어구, 어절, 문장, 문단에 줄을 치고, 그것을 어구나 개조식 문장으로 요약하는 의미단위들을 옆에 적은 뒤에(보통 이 과정에서 의미단위들에 3–1–32와 같은 일련번호를 부여합니다. 사례 3의 1회기 면접 녹취록에서 32번째 의미단위), 의미단위들만 따로 모아서 분류작업을 시작합니다. 그런데 여기에서 의미단위들만 모아 놓으면, 녹취록과 분리되기 때문에 실제 의미와 문맥을 놓칠 수도 있습니다. 따라서 의미단위들은 가능한 한 의미와 맥락이 담기도록 구성해야 합니다.

'목표설정 기준'이라고 적어놓으면 '그게 뭐 어쨌다는 말인가?'라는 의문이 들 수 있기 때문에 '목표수준을 설정하는 기준의 근거가 없음' 정도까지는 써줘야 한다는 것입니다. 전체 의미단위들이 나열된 목록을 만들었으면, 이후에는 유사한 의미를 가진 의미단위들을 모으고, 다른 의미를 가진 의미단위들은 구분하여 '개념'(어떤 연구들에서는 '하위범주')을 만들고, 유사한 개념들을 모아서 하위범주로 설정하고 명명하며, 유사한 하위범주들을 묶어서 상위범주로 설정하고 명명하게 됩니다. 물론 의미가 다른 개념, 하위범주, 상위범주들은 분류되는 것이고요.

질적 연구의 분석과정에서 여기까지는 기계적으로 수행될 수 있습니다. 유사한 의미는 같은 범주로, 다른 의미는 다른 범주로 구분하는 작업을 반복하는 것이기 때문입니다.

상위범주로 가면서 추상적인 이름을 만들어 붙여야 한다는 부담이 있지만 그것은 반복적인 작업을 수행하면서 터득하게 될 것입니다. 이는 우리가 어린 시절 인지가 발달하면서 이미 습득했던 자연스러운 능력입니다. 바로 피아제가 구체적 조작기에 형성하게 된다고 주장한 유목기능이라 볼 수 있는 것입니다.

사실 가장 어렵고 중요한 작업은 그 이후에 벌어집니다. 바로 '주제'를 찾는 것입니다. 주제는 위에 언급한 '메타의미'에 해당합니다. 즉, 사물과 의미들을 통합하면서도 그것을 넘어서는 의미들의 의미입니다. 각 범주 안에서 또는 전체 범주를 관통하는 단 하나의 주제를 찾는 작업입니다. 따라서 질적 연구에서 가장 중요하면서 어려운 작업인 것입니다.

그런데 실제로 작업을 수행해 보면, 범주화 과정의 분류 작업이 쉽지 않다는 사실을 발견하게 되는데, 그 이유 중 가장 결정적인 것은 범주화 작업 중에는 전체 그림을 볼 수 없다는 점입니다. 즉, 미시적인 수준의 의미단위에서부터 작업을 진행하다 보니(다르게 말하자면 나무 한 그루 한 그루를 살펴보다 보니), 전체 현상의 맥락을 파악하기가 어려운 것입니다(즉, 숲을 볼 수 없다는 것입니다). 따라서 질적 연구자들은 주제로 넘어가기 전에 다시 범주화 단계의 아래 수준들로 내려갔다가 다시 상위범주까지 돌아오는, 전체를 훑어보는 과정을 반복하곤 합니다. 그래서 오랜 시간이 필요한 것입니다. 그러나 이 과정을 단축하는 방법도 있습니다. 즉, 범주화를 시작하기 전에 전체 녹음파일을 여러 번 듣고, 녹취록을 반복하여 들으면서 큰 그림(big picture)을 그려보는 방법입니다. 연구참여자들이 경험한 현상의 큰 그림을 파악한 뒤에 분석을 시작하면, 큰 틀 내에서 작은 단위들의 위치를 염두에 두면서 분류 작업을 진행할 수 있습니다.

질적 평가도 이와 같은 과정을 진행할 수 있습니다. 그러나 위에서도 언급한 것처럼 질적 평가가 동일한 과정을 거쳐야 하는 것은 아닙니다. 우리가 보기에 질적 평가에서는 범주화 수준이 3단계를 넘길 필요가 없으며(또는 넘기기가 어려우며), 범주들을 넘어서는 주제를 발견하기 위해 굳이 노력할 필요도 없습니다. '목표설정이 어려움'이라는 의미를 알면 되지, 그 메타의미까지 파악하고 비유나 상징을 부여할 필요는 없다는 것입니다. 따라서 질적 평가의 자료분석은 녹취록이나 질문지, 기록지에 쓰인 클라이언트와 사회복지실천가의 진술을 가지고, 의미단위를 설정하고, 개념화하며, 범주를 구분하는 3단계 정도면 될 것으로 생각됩니다.

이 정도까지만 제대로 해도 훌륭한 질적 분석을 했다고 말할 수 있을 것입니다. 그런데 여러분은 이 상태에서 몇 가지 의문이나 호기심을 가질 수도 있습니다. 예를 들어, "목표설정에 대한 확신을 가지지 못한다는 것은 무슨 말인지 알겠는데, 왜 어떻게 해서 확신을 가지지 못하는 것일까? 또는 목표설정에 확신을 갖지 못하면 다음엔 어떤 어려움이 있을까?"라는 의문이 들 수 있습니다. 즉, 범주들은 구분했지만, 각 범주들과 하위범주들이 어떻게 연결되는 것인지는 알 수 없는 것입니다. 이것을 '범주화의 맹점'이라고 부를 수 있습니다. 다른 한편으로는 클라이언트의 변화가 어떤 단계를 거쳐 이루어졌는지 알고 싶은데, 범주화 결과로는 그것을 파악하기가 어렵습니다. 이 때문에 또 다른 분석이 필요하다는 생각이 들 수 있습니다. 즉, 맥락에 대한 분석과 패턴에 대한 분석입니다.

3) 맥락과 패턴의 분석

맥락에 대한 정의는 사람마다 다를 수 있지만, 국어사전에는 '사물 따위가 서로 이어져 있는 관계나 연관'으로 정의되어 있습니다. 질적 연구의 문맥에서 보면, '사물과 의미, 메타의미를 담은 의미단위, 개념, 범주, 주제들이 서로 연결되어 있는 하나의 구조'로 이해할 수 있습니다. 이것은 공간 차원에서 범주들을 연결하는 것이기 때문에 '모형 분석'이나 '구조 분석'이라고 부를 수도 있을 것입니다.

패턴에 대한 정의도 인식주체에 따라 다를 수 있지만, 국어사전에는 '일정한 형태나 양식 또는 유형'이라고 정의하며, 그것은 시간과 공간 차원에서 반복적으로 발생하거나 제시되는 양상이라고 이해할 수 있고, 질적 연구의 문맥에서는 연구참여자들이 대표하는 특정 집단의 구성원들이 보이는 일정한 말과 행동, 상호작용의 형태라고 볼 수 있습니다. 그러나 저자 권지성은 맥락과 구분하기 위하여 패턴을 '시간 차원에서 일관되게 나타나는, 특정 현상의 사물과 의미, 메타의미의 양상'이라고 정의하고자 합니다. 시간 차원에서 분석하는 것이기 때문에 이것을 '시계열 분석'이나 '시퀀스 분석'이라고 부를 수도 있겠습니다. 가장 일반적이고 기본적인 방법은 '단계 분석'입니다. 우리가 알고 있는 발달이론들과 과정이론들은 모두 시간 흐름에 따른 점진적, 급진적 변화를 분석하는 단계분석 방법을 쓴 것으로 이해할 수 있습니다.[5)]

---

5) 참고로 통상적인 과학은 기존에 형성되어 있는 이론에서 가설을 도출하고, 여기 나타난 인과관계에 대한 실증적 검증을 통해 가설의 확실성을 증명해 냅니다. 이는 기존 이론에서 증명하고자 하는 바를 정하고 현실의 자료에서 증명/ 반증하는 방식을 취하기 때문에, 다분히 연역적인 논리를 수용합니다. 반면 현실에서 발견한 의미, 범주들 간의 패턴을 발견하는 것은 연구평가자의 가정이나 전제에서 출발하는 것이 아닙니다. 현실에서 출발하여 패턴을

이 두 가지 분석방법을 각각 맥락분석과 패턴분석이라고 명명하고, 이들을 통합하는 방법을 '**맥락-패턴 분석**'이라고 부르겠습니다. 이것은 권지성(2018)이 제안한 맥락-패턴 분석방법을 질적 평가에 적용하는 것입니다. 먼저 이 방법의 기본 개념들에 대해 살펴보겠습니다.

일반적으로 **생태체계 관점**을 설명하다 보면, 인간과 사회환경을 세포구조처럼 생각하게 되는 경향이 있는 것 같습니다. 즉, 세포벽으로 둘러싸인 세포들이 유기물 내에서 경계를 맞대고 상호작용하는 그림을 떠올리게 된다는 것입니다. 그런데 다시 생각해 보면, 다른 형태의 존재들은

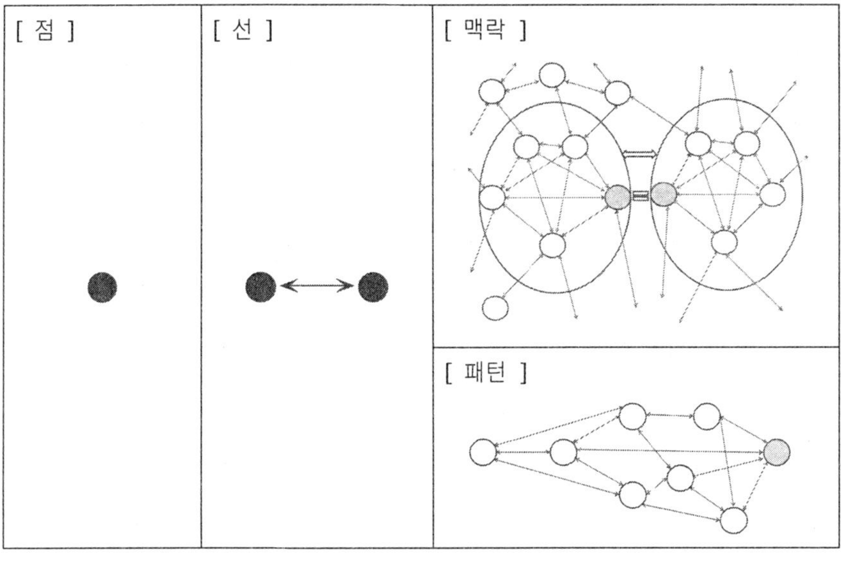

▌그림 5-1▐ 주체의 존재 형태로서 점-선-맥락/패턴의 구조

발견하는 것이니 이론이나 선이해를 검증하려는 의도를 지닌 것도 아닌 귀납의 논리를 따르게 됩니다. 그런 의미에서 이론적 인과관계 추론 방식보다는 다소 유연한 접근을 취하게 됩니다. 현상을 설명하는 하나의 패턴이 확실하다는 전제에서 근거를 찾아내려 하기보다는, 다양한 설명이 가능한 패턴 중에서 가장 설명력이 높은 것이 무엇인지 발견하기 위해 노력합니다. 구체적으로는 구성요소(사물, 의미 등)를 시간적 순서에 따라 다양한 조합으로 검토하고 현실을 가장 잘 드러내는 패턴을 발견해 나가는 것입니다.

일반적인 세포구조보다는 뇌 속 뉴런(신경세포)들의 연결구조에 더 가깝습니다. 그것을 그림으로 그려보면, 개별 주체는 점, 주체들의 연결고리는 선이라고 할 수 있으며, 이것을 공간 차원의 횡단면으로 확장하면 맥락, 시간 차원의 종단면으로 확장하면 패턴으로 표현할 수 있을 것입니다.

이러한 생각들을 토대로 하여 맥락－패턴 분석방법의 중심이 되는 주요 발상은 다음과 같습니다.

첫째, 특정 시점에서 사회복지 현상의 주체들은 서로 연결되어 있는 복합적인 구조인 '맥락'으로 구성되어 있습니다. 한 사람은 한 개의 맥락구조 안에만 들어가 있을 수도 있지만, 대체로 다양한 맥락구조(예를 들어, 가족, 직장, 학교, 사교집단, 종교단체 등)에 포함되어 있습니다. 맥락의 요소들은 개인일 수도 있지만 더 미시적인 수준에서 동질적인 집단에 속한 개인들의 마음에 존재하는 인지, 정서, 행동군일 수도 있으며, 더 거시적인 수준에서 가족과 집단, 지역사회, 국가들의 연결구조일 수도 있습니다.

둘째, 일정 시점들을 연결하여 보면, 사회복지 현상에는 특징적인 패턴들이 존재합니다. 다시 말하면, 그 현상을 경험하는 주체들에게 시간의 흐름에 따라 일정한 패턴이 나타납니다. 그 패턴은 일상생활에서 수행하는 연속적인 일과의 형태일 수도 있고, 특별한 이벤트의 규칙적인 순서일 수도 있으며, 위기사건 이후에 체계와 구성원들이 보이는 일련의 행동일 수도 있습니다.

셋째, 사회복지 현상에 대한 인식 주체의 경험이라는 맥락은 그들이 기억하고 있는 '사물'과 그 사물에 부여된 '의미'로 구성할 수 있으며,

그러한 사물과 의미가 발현하게 된 근본적인 배경으로서 '본질구조'가 존재합니다. 연구를 위한 면접 장면에서 기억된 사물과 의미, 본질구조는 연구참여자의 의식을 통해 연구자에게 전달됩니다. 물론 인간의 마음에는 의식 외에 무의식의 영역이 존재하고, 이것이 기억과 의미, 본질구조에 영향을 미칠 수 있겠지만, 맥락-패턴 분석방법의 틀에서는 무의식의 영역과 의식과 무의식의 관계를 '아직 분명히 알 수 없는' 것으로 남겨두고자 합니다. 이것을 그림으로 표현하면 ▌그림 5-2▐ 와 같습니다.

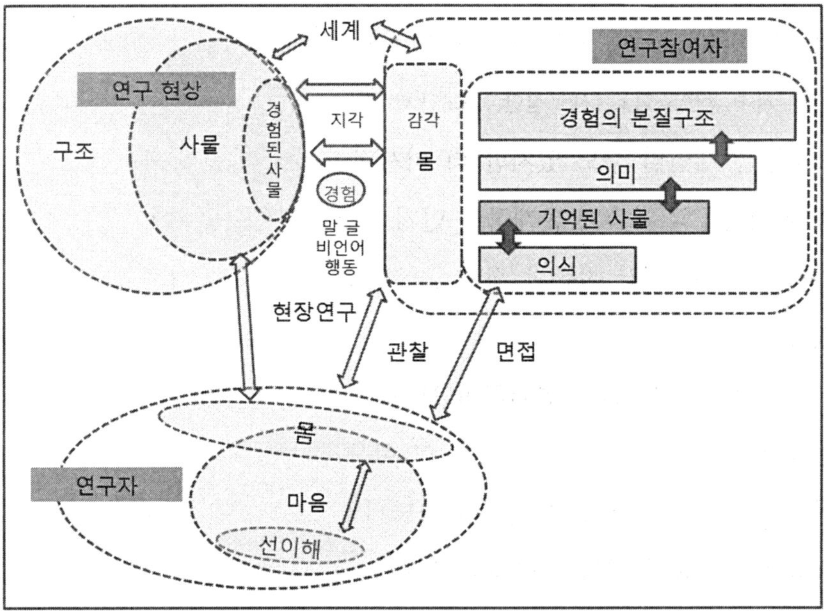

▌그림 5-2▐ 인식의 맥락구조

이러한 개념들을 기초로 하여 분석방법을 맥락 분석, 패턴 분석, 맥락-패턴 분석으로 구분할 수 있습니다. 체계의 맥락만을 강조하면 맥락

분석, 시간 흐름에 따른 패턴에 초점을 두면 패턴 분석, 맥락과 패턴을 통합하고자 하면 맥락-패턴 분석을 하면 될 것입니다. 맥락-패턴 분석의 절차는 다음과 같습니다.

첫째, 녹음파일, 녹취록, 메모와 노트 등을 여러 차례 반복하여 듣고 읽으면서 연구하고자 하는 현상의 전체적인 맥락과 패턴에 대한 밑그림을 그립니다. 이 작업은 머릿속에서 시작되지만 결국은 실제 그림으로 그려지는 것이 좋다고 생각됩니다. 결과적으로 그려지는 맥락과 패턴의 그림은 양적 연구의 이론적 모형을 생각하면 쉽게 이해될 것입니다. 다만, 이 첫 단계에서는 세부적인 묘사까지 이루어지는 것이 아니라 스케치 수준의 밑그림을 그려보는 것입니다.

둘째, 녹취록 등 기록된 자료를 읽으면서 또는 녹음파일을 천천히 들으면서 '사물'과 '의미'의 조각들을 각각 점으로 표기합니다. 여기에서 점으로 표기한다는 것은 일반적으로 질적 연구에서 말하는 '의미단위(unit of meaning)'와 비슷하다고 할 수 있습니다. 다만, 이것을 점으로 표현하는 것은 이 의미단위 또는 '사물조각'과 '의미조각'들이 일반 세포처럼 경계를 맞대고 있으면서 더 큰 체계의 일부로 촘촘하게 연결되어 있는 것이 아니라 뇌의 신경세포들처럼 독립적으로 존재하고 있음을 강조하려는 것입니다.

셋째, 사물과 의미의 조각들을 선으로 연결합니다. 첫 번째 단계에서 연구자는 맥락과 패턴의 밑그림을 그렸으므로 연구참여자의 기억에서 이끌어 낸 사물과 의미의 조각들이 어떻게 연결되어 있는지 대략 파악했을 것입니다. 이 단계에서는 자료에 몰입하여 구체적으로 사물과 의미의 조각들을 시간과 공간의 차원에서 서로 연결해 봅니다.

넷째, 점과 선들을 서로 연결하면서 일정한 시간과 공간의 경계를 가진 맥락과 패턴을 탐색합니다. 특정 시점에서 점과 선들의 연결고리를 분석하면 맥락구조 분석이 될 것이고, 여러 시점에 따라 점과 선들을 연결해 보면 일정한 패턴이 발견될 것입니다. 물론 단일 프로젝트에서 맥락 분석과 패턴 분석을 모두 실시하고 통합할 수도 있을 것입니다.

다섯째, 맥락과 패턴들을 모두 찾은 다음에는 맥락과 맥락, 패턴과 패턴, 맥락과 패턴을 연결하는 작업을 수행합니다. 맥락은 사물조각들의 연결구조일 수도 있고, 의미조각들의 연결구조일 수도 있으며, 사물과 의미가 짝을 지어 붙어 있으면서 다른 사물-의미 짝들과 연결된 구조일 수도 있을 것입니다. 이것은 연구주제나 현상의 특성, 이론의 발전수준에 따라 달라질 것입니다. 패턴도 마찬가지입니다. 사물조각들이 시간순서에 따라 이어지는 패턴도 있고, 의미조각들이 시간이 흐름에 따라 일관되게 나타나거나 지속적으로 변화되면서 이어지는 패턴도 있으며, 사물과 의미가 짝을 이루어 시간이 지나면서 특정한 흐름을 보여주는 패턴이 나타날 수 있을 것입니다.

여섯째, 연구하고자 하는 현상의 전체적인 구조 속에서 맥락과 패턴을 재배치합니다. 개별적인 사물조각과 의미조각, 그것들이 서로 연결된 하위 맥락과 패턴은 제대로 분석될 수 있지만 전체 구조 안에서 보면 적합하지 않을 수도 있습니다. 여기에서는 생태체계 관점과 발달 관점을 염두에 두면서 시간의 흐름과 공간의 구조를 다시 검토하는 것입니다.

마지막으로, 맥락과 패턴의 바탕에 놓여 있는 '본질'구조를 파악하기 위한 작업을 진행합니다. 이전 단계에서 발견된 사물과 의미조각들이 나타나게 된 배경, 맥락과 패턴이 연구참여자들의 삶과 연구하려는 현상에 고착되도록 만든 인간과 환경의 본질구조에 대해 사유하는 것입니다. 이것은 질적 연구에서 흔히 말하는 '통찰'을 얻는 단계입니다. 운이 따른다면, 연구자는 이러한 본질구조를 발견할 수 있을 것입니다. 그렇지 않다면, 바로 앞의 단계에서 그동안의 탐구 과정을 마무리해야 할 것입니다.

질적 평가에도 이러한 맥락-패턴 분석을 적용할 수 있을 것입니다. 그러나 앞서 제시한 분석방법들을 그대로 적용할 필요는 없으며, 특정 차원에서 단순하게 적용해도 될 것입니다. 예를 들어, 맥락 분석을 한다면, 범주화 분석을 마친 뒤에 범주 간의 관계를 다시 검토하여 범주들이 서로 연결된 구조나 일종의 모형을 구성하여 제시할 수 있습니다. 건강상태, 신체상(이미지), 자아존중감과 자기효능감, 문제해결능력, 대처전략, 사회기술능력, 사회적 지지 등이 서로 연결되어 있다는 것은 어느 정도 예측 가능한 일입니다. 개입의 목표가 자아존중감과 문제해결능력, 두 가지 변수에 초점을 맞춘 것이었다고 하더라도 생태체계에 의해 다른 요인이나 조건들이 함께 변할 수 있으며, 이는 탈목표지향 평가를 통해 확인할 수 있습니다. 다만, 실제 평가에서 주의해야 할 것은 이러한 변수, 요인, 조건, 범주, 개념, 사물, 의미들의 상호작용이나 관계를 주장할 만한 증거가 있어야 하고, 결과보고서를 쓸 때 그 증거를 제시해야 한다는 것입니다. 그 증거는 클라이언트의 진술일 수도 있고, 질문지 답변일 수도 있으며, 사회복지실천가의 지속적 관찰기록일 수도 있을 것입니다. 여하간 개입의 시간과 공간이 가지고 있는 경계 내에서, 다양한 원천으로부터 다양한 방법으로 수집한 자료들을 근거로 하여, 범주들 사이의 관계를 제시하면, 그것이 맥락 분석이 될 수 있습니다.

만약 시간 차원을 고려한 **패턴 분석**을 한다면, 두 가지 접근방법을 쓸 수 있습니다. 하나는 자기효능감을 목표로 설정한 경우, 자기효능감 척도의 점수들을 지속적으로 관찰하여 기록하고 비교하는 양적 평가 외에, 클라이언트가 자신의 강점, 장점, 역량, 능력 등에 대해 언급하는 진술들이나 그것들을 보여주는 행동들을 회기별로 기록해 두었다가 그 양과 질의 변화를 분석하는 방법입니다. 다른 하나는 개인이든 가족이든 집단이든 지역사회든 그 체계가 가지고 있는 다양한 하위체계들이 변화하는 양상을 지켜보다가 급격한 변화가 이루어지는 시점들을 포착하고, 그 시점을 중심으로 단계를 구분하여 제시하는 방법입니다. 아마도 이러한 단계들은 기존 이론들이 제시한 단계들과 유사하겠지만, 클라이언트와 상황에 따라 다르게 나타날 수도 있을 것이고, 기존 이론이 없을 수도 있습니다. 그렇다면 여러분은 새로운 이론을 만들어 낸 실천가-연구자가 되는 셈이지요.

이러한 클라이언트의 변화 외에도 개입 자체를 시간 차원에서 분석할 수도 있습니다. 모든 개입은 시간 차원으로 나누어지고 구성됩니다. 집단 프로그램은 준비-초기-중간-평가-종결 단계로 나누어지며, 특정 개입회기는 지난 회기 점검-이번 회기 요약-워밍업-본 활동-정리 활동-평가-종결과 다음 회기 준비 등으로 구성됩니다. 이것을 Routine이나 Sequence, 또는 Module이라고 부를 수 있을 것입니다. 사회복지실천가가 계획한 시퀀스와 실제로 수행된 시퀀스를 비교하고, 어떤 차이가 있었는지, 왜 이런 차이가 발생했는지, 이런 차이가 어떤 영향을 미쳤는지 분석해 보면, 실천지혜와 함께 다음에 동일한 개입을 하고자 할 때 어떻게 변형해야 할지 지침을 얻을 수 있을 것입니다.

사회복지사가 프로그램을 통해서 의도된 변화를 만드는 과정은 기획된 시퀀스(sequence)라 부를 수 있습니다. 클라이언트나 지역사회를 변화시키기 위해 투입요소(인력, 재정, 장소 및 기자재)와 전환요소(조직화된 세부 활동들)를 연결하는 작업이기 때문입니다. 프로그램을 기획하면서 사회복지사는 각 세부 활동이 목표를 달성하는 데 어떻게 기여할지를 상상합니다. 그러한 상상 속의 시퀀스와 클라이언트나 지역사회 변화의 정도를 추적한 시퀀스를 연대기(표나 그림)로 정리하여 이를 세심하게 비교하는 것은 의미가 있습니다. 이 방법은 자신의 실천을 모니터하는 수단이며, 클라이언트 및 지역사회에 나타나는 긍정적·부정적 변화를 포착하며 실천의 방향을 가다듬는 좋은 계기가 될 수 있습니다. 물론 사회복지사는 자신의 실천을 통해 클라이언트 및 지역사회가 긍정적으로 변화하기를 기대하는 바람을 가지고 있기 때문에, 긍정적 변화에 더욱 민감하게 반응할 수 있습니다. 그러나 정직한 성찰(reflection)을 통해 실천의 책무성을 확보할 수 있고, 자신의 실천지혜를 가다듬을 수 있는 계기로 삼아야 합니다.

여기에 한 가지 패턴을 덧붙일 수 있습니다. 그것은 클라이언트의 일**상생활 패턴**입니다. 어떤 면에서 보면, 우리는 개입을 통해 클라이언트의 일상생활 패턴을 변화시키려고 하는 것입니다. 어떤 개인이 좌절하는 경험을 할 때마다 '나는 도무지 잘 하는 게 없어'라고 생각하고(인지), 절망감을 느끼며(정서), 스스로 고립되어 은둔생활을 하는(행동) 패턴을 가지고 있다면, 이혼 가정의 자녀들이 대체로 자신의 잘못 때문에 부모가 이혼하였다고 생각하고(인지), 스스로 죄책감을 느끼며(정서), 상황을 되돌리기 위해 부모에게 매달리거나 비난하는(행동) 패턴을 보인다면,

어떤 부부가 사소한 일로 다툰 뒤에 서로를 비난하고(행동), 자신에게는 잘못이 없다고 생각하며(인지), 상대에 대한 분노를 키워가는(정서) 패턴을 진술한다면, 그들은 각자 악순환의 패턴을 가지고 있는 것이며, 우리는 그 패턴의 한 연결고리를 바꿔주거나 선순환의 패턴으로 바꾸기 위한 개입을 해야 하는 것입니다. 따라서 우리는 클라이언트의 일상생활 패턴을 살펴본 뒤에 개입해야 할 핵심 포인트를 발견하고, 클라이언트와 합의하여 더 나은 패턴으로 전환하기 위해 함께 노력해 가야 할 것입니다. 다이어트는 왜 번번이 실패합니까? 전문 용어로 말하자면 체계의 항상성 때문이고, 쉬운 말로 하면 작심삼일의 악순환 패턴을 따라가기 때문입니다. 살을 빼야겠다는 순간적인 의지가 오랜 시간 형성된 귀차니즘의 패턴에 막혀버리는 것입니다. 이런 패턴을 바꾸고 싶다면, 마음에 엄청난 충격을 가하든가 실행 가능한 아주 작은 표적부터 시작하여 점진적으로 성공의 경험들을 쌓아가야 할 것입니다.

다음은 본 저자가 '시설아동의 빈곤맥락'을 맥락-패턴 분석을 통해서 정리한 사례입니다(권지성, 2018). 시설종사자를 대상으로 한 인터뷰 내용을 중심으로 개념, 범주, 영역 등을 점으로 표현하고 선으로 연결한 후, 해당 영역들과 하위요건과 조건을 연결하여 공간적으로 재구성하였습니다. 이를 통해 시설아동의 빈곤 맥락에 대하여 한눈에 조명할 수 있는 근거를 마련하였습니다.

단순한 코딩과 범주화는 내용을 단편적으로 쪼개거나 종합할 뿐이지만, 이들 사이의 관계를 연결하고 표현하며 수정해 나가는 노력을 성실하게 수행하면 전체적인 그림을 볼 수 있게 됩니다. 또한 어떤 연결 고리에 개입을 해야 상황을 변화시킬 수 있는지 발견할 수 있게 되는 것입니다.

시설아동의 궁핍의 늪을 벗어나서 행복이라는 이상을 추구하기 위해서 아동의 일상생활에서 의미가 있는 주요한 체계들이 어떻게 변화되어야 할까요? 해결의 단초는 아동 개인과 또래 아동, 시설이라는 생활환경, 시설의 자원, 관련을 맺는 사회체계들에게서 발견됩니다. 맥락-패턴에 대한 면밀한 분석을 통해 나온 큰 조망을 중심으로, 질적 자료와 해석을 조직화하면 타당하고 분명한 논거를 갖추어 상황을 이해할 수 있습니다.

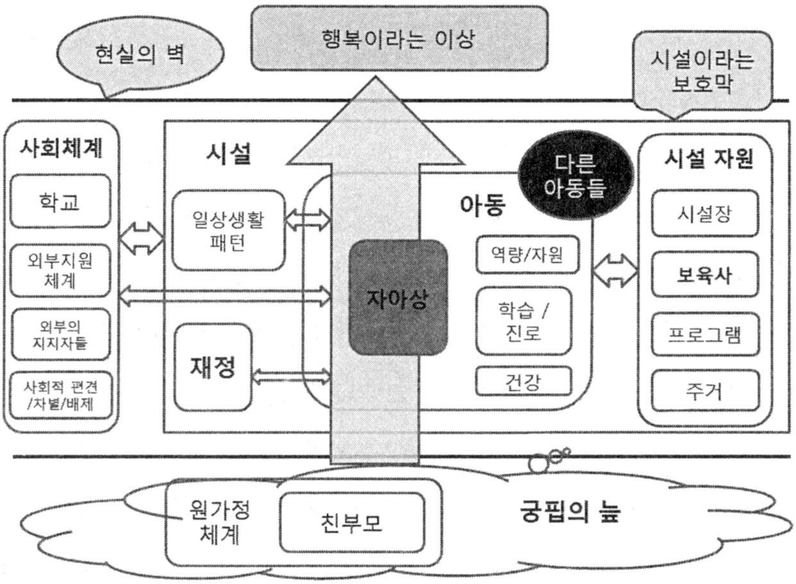

▌그림 5-3▐ 맥락-패턴 분석 사례 : 시설아동의 빈곤 맥락

9. 글쓰기와 발표하기

자료분석을 무사히 마쳤다면, 이제 글을 써서 완성할 차례입니다. 한 가지 명심해 두어야 할 것은 자료분석까지의 과정과 글을 쓰는 과정은 연결되어 있지만 완전히 다르다는 점입니다. 이것은 스스로 이해하는 것과 타인을 설명하거나 설득하는 것이 본질적으로 다르기 때문입니다. 우리는 다른 이들에게 어떻게 설명할 것인지를 먼저 생각해 둔 뒤에 그에 맞춰 이해하는 작업을 할 수도 있습니다. 예를 들어, 기관 내 평가보고서만을 염두에 둔다면, 그 보고서의 기본 양식에 맞춰 분석하고 글을 쓰면 됩니다. 그러나 그렇지 못하는 경우도 있고, 그것이 바람직하다고 말할 수도 없습니다. 여하간 우리에게는 이해와 설득 모두 중요한 미션입니다. 그리고 둘 중에서 '이해'가 우선입니다. 현상에 대한 충분한 이해가 있어야 다른 사람에게 설명할 수 있는 것입니다.

학술적인 가치, 그리고 증거기반실천을 중심으로 한 실천적인 가치를 갖기 위해, 평가보고서가 갖추어야 할 기본적인 틀이 있습니다. 일단 서론과 본론, 결론의 단순 구조이며, 더 구체적으로는 문제제기(평가의 목적과 배경), 문헌검토(개념적 맥락), 평가방법, 평가결과, 결론(평가결과 요약, 논의, 이론과 실천, 후속연구에 대한 제언) 등으로 구성할 수 있습니다. 하위요소들을 합치거나 더 세분화하거나 다른 부분에 배치할 수는 있지만, 대체로 이 정도의 요소들은 필수적이라고 생각할 수 있습니다.

또한 서론부에서 문제제기는 사회문제와 욕구사정을 근거로 한 개입의 필요성과 이론적 맥락의 공백을 제시하는 식으로 기술되며, 문헌검토는 주요 개념에 대한 정의와 이론들, 선행연구들의 주요 결과들을 제시하고, 평가방법은 평가연구 설계, 클라이언트 특성, 자료수집 방법, 자료분석 방법, 윤리적 고려 등을 제시해야 합니다.

평가결과는 개입 유형에 따라 달라지겠으나 논리모형의 구조에 따라 투입과 과정, 산출, 성과의 순서대로 분석할 수도 있고, 투입과 과정 요소는 따로 장을 구성하여 앞에 제시하고 양적 평가와 질적 평가로 크게 구분하거나 성과를 중심으로 혼합할 수도 있을 것입니다.

결론은 평가결과를 요약하고, 선행연구들과 비교하면서 논의한 뒤에, 이러한 결과를 후속 프로그램에 어떻게 반영할 것인지 제시하며, 이론과 정책, 실천에 대한 함의와 지침들을 제시하면 됩니다. 이러한 틀을 기본 구조로 가정하고, 글쓰기와 발표 형식에 따른 차이를 중심으로 살펴보겠습니다.

1) 평가보고서 작성하기

평가보고서는 크게 기관 내에서 공유되는 평가보고서와 전문직의 지식 공유를 위하여 발간하고 외부에 배포하는 평가보고서, 공공기관이나 기업의 재정지원을 받아 사업을 수행한 후 그 반대급부로 제출해야 하는 평가보고서 등으로 나눌 수 있을 것입니다. 평가보고서의 독자에 따라 그 분량과 내용, 제시수준에 차이가 있겠지만, 기본적인 틀은 비슷하다고 봐야 할 것입니다.

즉, 서론과 평가결과, 결론의 세 가지 부분으로 나누고, 서론에 문제제기, 문헌검토, 평가방법 등을 기술하면 됩니다. 평가결과의 경우에는 대부분의 독자들이 성과에만 관심을 두는 경향이 있으므로 성과 부분만을 양적 평가와 질적 평가 결과로 제시하고, 투입, 과정, 산출 요소는 '프로그램에 대한 소개' 정도로 요약하고, 서론과 평가결과 사이에 별도의 장으로 배치하거나 '개입 요소와 평가 결과' 정도로 2장의 제목을 제시하고, 투입, 과정, 산출을 묶어서 개입 요소로, 성과를 평가 결과로 구성하거나 투입, 과정, 산출, 성과 순으로 나열할 수도 있겠습니다.

분량의 경우에는 독자에 따라 큰 차이가 발생할 수도 있을 것입니다. 재정지원기관을 독자로 할 경우 평가의 모든 요소들을 보고서에 담으면서도 성과를 부각시키는 방식으로 쓸 수 있고, 기관 내부 평가보고서는 기관 양식에 따라 작성하되 모든 요소를 압축시켜서 제시할 수 있으며, 외부 공유를 위해 발간하는 보고서는 70쪽 안팎의 분량을 염두에 두고 모든 요소들을 보고서에 담되, 모든 요소들을 균형 있게 제시하고, 양적 평가와 질적 평가를 혼합하는 방식이 좋을 것입니다.

2) 학술논문 작성하기

학술논문은 일반적인 학술논문의 요소들을 갖추면서 해당 학술지의 지침을 철저하게 따라야 합니다. 앞서 제시한 바와 같이, 기본 요소는 서론, 문헌검토, 연구방법, 연구결과, 결론 등이며, 이 밖에 표지(제목, 저자, 국문초록, 사사 표기)와 참고문헌 목록, 영문초록 등을 작성해야 합니다. 또한 일반적인 학술논문은 이해를 위한 연구이므로 개입에 대해 소개하는 부분이 따로 없습니다. 이 때문에 평가연구를 학술논문으로 전환할 때는 개입의 구조와 요소들을 소개하는 부분을 따로 만들어서 문헌검토와 연구방법 사이에 별도의 장으로 제시하거나 연구방법 뒤에 이어붙이거나 연구결과의 전반부에 배치해야 할 것입니다.

그런데 평가보고서와는 달리 학술논문은 엄격한 분량제한 규정을 지켜야 합니다. 대부분의 학술지는 학회의 논문작성지침에 따라 작성된 25쪽 정도의 분량으로 제한하고 있으며, 질적 연구나 질적 평가를 배려하는 학술지들은 최대 35쪽 정도의 분량을 허용하기도 합니다. 그러나 표지와 문헌검토, 연구방법, 결론 이후에 할당해야 하는 분량이 15쪽 이상이므로, 개입에 대한 소개와 평가결과에 할애할 수 있는 최대 분량은 20쪽에 불과합니다. 따라서 학술논문을 쓸 때는 성과에 초점을 맞추어 양적 평가에 4쪽 정도(3~4개의 척도를 활용한 사전사후비교일 경우), 질적 평가에 6쪽 정도, 전체 10쪽 정도를 쓰고, 분량이 남는다면 개입 구조와 요소에 대한 소개, 투입, 과정, 산출에 대한 평가 부분을 추가할 수 있을 것입니다.

3) 학술대회 발표하기

학술대회 발표는 학술논문의 초안을 토대로 합니다. 대체로 교수들이 학술대회에서 자신의 연구를 발표할 때는 draft(즉, 아직 결론이 완성되지 않은 초고) 수준에서 원고를 작성하게 됩니다.

원고 자체의 기본 구조는 학술대회 논문과 유사하다고 할 수 있으나 실제로 발표할 때는 1~2쪽 이내의 연구요약문만 학술대회 자료집을 위해 제출하고, 학술대회에서 토론을 담당한 연구자들에게만 원고 전체를 발송하며, 학술대회 당일에는 PPT 자료를 보면서 발표하는 것이 최근 경향입니다. 일부 학회에서는 PPT 자료들을 가지고 학술대회 자료집을 만들기도 합니다.

따라서 학술대회 발표를 염두에 두고 있다면, 물론 학술논문으로 완성한 뒤에 발표를 준비하면 좋지만, 우선 요약문만 학회로 보내어 발표 승인을 받고, 학술대회 최소 2주 전까지 원고를 완성한 뒤 토론자들에게 발송하고, 2주 동안 PPT 자료를 만들면 될 것입니다.

최종 원고도 학술대회에서 토론자들의 의견을 들어보고 이를 반영하여 완성하는 것이 바람직한 전략이 될 수 있으며, 일부 학회에서는 학술대회에서 발표할 경우 학술논문 심사를 받을 때 심사위원 1명을 줄여주는 경우도 있습니다.

03

PART

사회복지실천 유형에 따른 질적 평가 지침

지금까지 사회복지실천의 질적 평가를 위한 기본적인 지침들을 제시했습니다. 3부에서는 사회복지실천의 유형에 따른 구체적인 평가 지침들을 제시하고자 합니다. 구체적인 자료수집 방법이나 자료분석 방법을 제시하기보다는 각 사회복지실천의 유형 내에 존재하는 다양성과 유형 간의 차이에 초점을 두고 기술하겠습니다. 이 부분은 2부 5장 4절 '실천개입의 유형에 맞는 평가 접근의 구축'과 중복되는 부분이 있고, 이미 어느 정도는 설명한 바 있습니다. 다만, 여기에서는 이를 조금 더 구체적으로 기술하려는 것입니다.

CHAPTER 06 개인 대상 사회복지실천

개인 대상 사회복지실천의 시퀀스는 접수－계약－조사－사정－계획－개입－평가－종결로 이어집니다. 실천가는 각 단계를 매우 구체적으로 기술하여 일지에 기록하는 경향이 있습니다. 매 회기 도입과 핵심 이슈를 중심으로 한 주요 질문이나 활동들, 클라이언트의 말과 행동, 비언어적 의사소통, 이슈 정리와 마무리 등의 루틴을 시간과 함께 작성하며, 실천가와 클라이언트 사이의 대화가 분석의 핵심이 됩니다.

논리모형의 틀로 설명하자면, 투입 요소인 실천가와 클라이언트, 물리적 자원은 회기별로 분석되는 경우가 거의 없고, 과정 요소인 서비스 과업(과정)과 개입방법이 간략하게 정리되며, 산출은 따로 분석하지 않고, 성과는 매 회기의 단기목표와 과제를 중심으로 분석하게 됩니다. 사실 가장 중요한 분석은 실천가가 매 회기에 사용한 기술이나 기법이 클라이언트에게 어떤 영향을 미쳤는가 하는 점이지만, 1~2시간 동안 큰 변화를 볼 수는 없기 때문에, 어떤 기술을 사용하였는데 클라이언트가 어떻게 반응했는지를 보고 효과가 있었다고 가정하거나 지난 회기에 논의한 내용과 과제가 클라이언트의 일상생활에 미친 영향을 클라이언트의 관점에서 듣고 분석할 수밖에 없을 것입니다.

현장에서 상담사례를 분석하거나 연구를 위해 심층분석을 하거나 치밀하게 구조화된 개입을 할 때는 개별 실천기술에 대한 영향을 분석할 수 있겠지만, 대부분의 경우에는 기본적인 기법을 반복해서 사용하고, 변화의 양상을 관찰하고 분석할 수밖에 없을 것입니다.

다른 한편으로, 개입 이전 단계인 접수(의뢰)－계약－조사－사정－계획과 개입 이후 단계인 평가와 종결이 가지고 있는 중요성을 고려하여 이러한 과정이 적절하게 이루어졌는지, 이후 개입에 어떻게 영향을 미쳤는지 또는 개입의 효과를 어떻게 포착하고 유지할 수 있었는지 분석하는 것도 중요한 과정 평가의 차원이 될 것입니다.

만약 투입 요소들을 평가하고 싶다면, 실천가의 자격과 경력, 클라이언트와 유사한 집단에 대한 이전 개입 경험 등을 정리하고, 이것이 개입에 어떤 영향을 미쳤는지 분석할 수도 있고, 실천가와 클라이언트의 조합이 개입의 역동성에 어떤 영향을 미쳤는지 분석할 수도 있으며, 개입을 위해 사용한 재료들과 상담실 환경이 개입 과정에 어떤 영향을 미쳤는지도 분석할 수 있을 것입니다. 산출 요소의 경우 시간 단위를 기준으로 하거나 투입 요소들을 품질기준으로 설정하여 분석할 수도 있으며, 특정 사례가 아닌 일정 기간 동안 실천가가 개입한 사례들을 포함하여 최종산출(종결사례)을 평가할 수도 있을 것입니다. 이러한 분석 차원들이 매우 중요한 것은 사실이지만, 현실적으로 투입 요소와 산출 요소까지 분석할 의지나 여력이 없는 경우가 대부분이기 때문에 실제로는 과정과 성과에 대한 분석으로 만족해야 할 것입니다.

CHAPTER 07

집단 대상 사회복지실천

집단 대상 사회복지실천은 논리모형의 틀을 적용하기에 가장 적합한 유형일 것입니다. 투입 요소와 과정 요소, 산출 요소, 성과 요소들을 체계적으로 기록하고, 자료를 수집하여 분석하고, 보고서를 작성하면 됩니다. 세부적인 사항들은 앞에서 기술한 내용들을 참고하면 될 것입니다. 여기에서는 몇 가지 특이사항과 주의사항들을 기술하겠습니다.

첫째, 집단의 유형과 프로그램 구조의 다양성입니다. 사회복지기관에서 일반적으로 수행하는 집단 프로그램은 사회복지실천가가 목적과 목표를 설정하고, 목표에 따라 과정과 개입방법을 선정하고 조합하며 4주에서 10주 정도 진행되는 구조화된 방식일 것입니다. 그러나 목표와 대상자, 기간 정도만 정해놓고, 과정과 개입방법, 구체적인 내용들은 유연하게 적용하는 경우도 있습니다. 자원봉사 동아리나 클라이언트 주도형 프로그램들이 여기에 해당합니다. 이런 경우에는 일반적인 목표만 정해놓고, 클라이언트들이 직접 구체적인 목표와 향후 절차, 활동내용들을 정하게 될 것입니다. 따라서 평가에서도 탈목표지향 평가를 위주로 할 수밖에 없고, 과업목표를 설정해야 할 수도 있으며, 평가도 클라이언트들이 주도하게 할 수 있습니다. 그러나 투입과 과정, 산출, 성과의 논리 모형 구조는 그대로 적용해도 될 것입니다.

또 다른 다양성으로 종결시기가 정해지지 않은 장기 프로그램과 1회성 프로그램, 대규모 강연이나 공연 프로그램, 짧은 기간에 다양한 활동을 하게 되는 캠프 등을 들 수 있습니다. 각 경우에 대해 짧게 제언을 하자면, 종결시점이 정해지지 않은 장기 프로그램은 일정한 주기로(학기, 분기, 매달 등) 구분하여 평가하고, 1회성 프로그램과 대규모 강연 등은 클라이언트 만족도와 주관식 개방형 질문들을 포함한 질문지를 배부하여 작성, 제출하도록 하는 한편, 5명에서 10명 정도의 클라이언트를 선정하여 10분에서 30분 정도의 면접을 진행하면 될 것입니다. 캠프의 문제점은 단기간에 다양한 목표를 가지고 다양한 활동들을 하기 때문에 그 영향이 복잡하게 얽히며 예상치 못한 변수가 많이 개입될 수도 있다는 점입니다. 이를 해결하기 위해서는 투입 요소와 세부 프로그램들을 목록으로 제시한 뒤, 클라이언트 만족도와 주관식 개방형 질문을 포함한 질문지를 배부하여 작성하도록 하고, 캠프를 통해 변화되었다고 생각하는 점과 어떤 활동이 그런 변화를 이끌었는지 제시해달라고 하면 될 것입니다. 캠프 참가자 중 일부와 따로 시간을 내어 면접을 하는 것도 좋을 것입니다.

둘째, 엄밀성을 고려한 평가입니다. 사회복지실천가의 개입에서 주류를 이루는 것이 집단 프로그램이고 그 다양성도 가장 풍부하기 때문에 우리는 집단 사회복지실천에 관심을 가질 수밖에 없습니다. 따라서 기왕 프로그램을 진행하는 거라면 조금 더 과학적인 엄밀성을 갖춘 평가 절차와 방법을 적용해 줄 것을 기대합니다. 개입에 대한 과학적 접근의 모범은 실험설계입니다. 양적 평가를 위해서는 클라이언트 집단을 무작위로 실험집단과 통제집단으로 나누고, 두 집단에 대해 사전검사와 사후검사를 실시하며, 사전사후 비교와 집단간 비교를 통해 효과를 분석하는 것이 최선입니다. 질적 평가를 위해서는 사전 면접과 종결시점 면접은 필수고, 형성평가와 중간평가, 매 회기 수시평가를 통해 점검하고 시계열로 분석하는 것이 좋습니다. 면접뿐만 아니라 질문지를 함께 사용하고, 체크리스트를 가지고 관찰하며, 보조인력을 활용하여 관찰하고 기록하고 평가하도록 하면 더욱 좋습니다. 자료의 원천이 다양할수록, 자료수집과 분석이 체계적일수록, 다양한 평가자가 관찰하고 평가할수록 더 나은 평가가 이루어질 거라고 예측할 수 있습니다.

특별한 형태의 집단도 있습니다. 이를테면 아동양육시설, 장애인거주시설, 노인요양원 등 생활시설입니다. 그곳의 클라이언트들에 대해 개별서비스 지원을 하기는 하지만, 기본적으로 집단생활을 하기 때문에 집단 프로그램을 진행하는 경우가 많습니다. 이러한 시설의 경우에는 구체적 목표를 수립하고 회기를 한정하여 서비스를 진행하는 경우도 있지만, 집단 프로그램이 일종의 서비스 루틴으로 반복적으로 이어지는 경우가 많습니다. 집단 프로그램을 수행하면서도 다양한 일상생활 지원, 교육 및 재활서비스, 개별서비스 지원(사례관리) 등이 동시에 진행되는 형태여서 특정 프로그램이 클라이언트에게 어떤 영향을 미치는지 구분하여 정리하기 힘듭니다. 특정 프로그램을 평가하기 위하여, 다른 프로그램의 효과를 통제하기 힘들다는 이야기입니다. 물론 이러한 상황에도 집단 대상의 사회복지실천을 평가하는 기준을 폭넓게 수용할 필요가 있습니다. 다만, 실천의 효과를 분석하기 위하여, 특정 클라이언트에게 영향을 미치는 다양한 서비스의 작용과 상호작용을 두루 검토하며, 시설이라는 더 큰 맥락을 함께 고려해야 합니다. 예를 들어, 집단 프로그램이 특정 클라이언트에게 효과적이었지만 나머지 다수에게는 그렇지 않았다면 어떻게 해야 할까요? 그러한 경우에는 프로그램의 효과를 가르는 개별 프로그램의 성공/ 실패 요소를 살펴보고, 클라이언트가 이용하는 다른 서비스, 시설의 일상적인 삶과 문화 등이 거기에 영향을 미쳤는지 동시에 살펴봐야 합니다. 집단 대상의 실천이라 하더라도, 결국 변화는 개인, 프로그램, 시설 등을 통합적으로 고려해야 하는 것입니다. 이를 위해 질적 연구의 중요한 전통인 문화기술지, 사례연구 방법을 두루 검토하여 활용할 필요가 있습니다.

CHAPTER 08 가족 대상 사회복지실천

가족 대상 사회복지실천은 개인이나 집단에 비해 개입이론이나 모형의 적용 가능성이 용이한 반면에, 역동성은 더 높아질 가능성이 있다고 봐야 할 것입니다. 집단은 구성원이 더 많기 때문에 상호작용의 경우의 수가 많아지기는 하지만, 구조화된 프로그램을 수행하기 때문에 역동성이 제한되는 반면에, 가족은 가족 구성원들 중 누가 개입장면에 들어오느냐에 따라 역동성이 달라지기 때문입니다. 클라이언트 혼자 참여하는 경우에도 가족치료로 보기 때문에, 이럴 때는 개인 대상 사회복지실천과 경계가 모호해지기도 합니다.

따라서 가족 대상 사회복지실천도 다른 개입과 동일한 평가의 틀을 적용할 수 있지만 몇 가지 고려사항을 염두에 두어야 할 것입니다.

첫째, 가족이 제기한 문제와 가족 특성에 적합한 가족 개입이론과 모형의 선택입니다.

둘째, 가족 개입이론과 모형의 적용과 유연성입니다. 가족 개입이론들은 목표와 수단이 분명하게 규정된 경우가 대부분이기 때문에 이론과 모형을 그대로 적용하는 태도가 필요하다고 생각됩니다. 그래야 특정 효과가 그 이론의 적용 때문이라고 주장할 수 있기 때문입니다. 다만, 특정 개입이론이 적절하지 않다고 판단되면, 더 적절한 개입이론을 찾아 적용하는 유연성도 필요할 것입니다.

셋째, 가족 대상 사회복지실천은 가족의 역동성을 분석하는 데 조금 더 초점을 두어야 할 것입니다. 즉, 투입이나 산출 요소는 그다지 중요하지 않고, 개입이론에 근거한 절차와 기술, 그리고 기법, 그에 따른 가족 구성원들의 반응과 역동성, 변화과정에 초점을 맞춰야 한다는 것입니다.

넷째, 가족 대상의 사회복지실천은 미리 정한 목표의 달성수준보다는 가족 구성원들이 목표를 합의하고, 함께 변화해 가는 과정, 그리고 건강해진 가족의 모습을 확인하는 것이 중요하다고 봐야 할 것입니다. 따라서 가족관계척도나 가족응집력척도, 가족기능척도 등을 적용하여 측정하고 비교하는 것도 필요하기는 하지만, 변화의 과정에 집중하여 관찰하고 기록하고 분석하는 작업이 더 중요합니다. 특히 해결중심가족치료와 같이 관점이나 변화전략이 완전히 다른 경우에는 실천가가 목표를 정해두지 않는 것이 더 일반적이기 때문에 과정분석과 탈목표지향 평가의 중요성이 더 부각됩니다.

다섯째, 실천가들은 자신이 적용한 가족 개입이론의 발전에도 기여해야 합니다. 다른 개입유형보다 개입이론을 더 충실하게 따르는 경향을 가지고 있기 때문에 개입기술과 그 효과를 철저하게 분석하여 발표하거나 공유함으로써 개입이론을 더 정교하게 만들어 가는 데 힘을 더할 수 있을 것입니다.

CHAPTER 09

사례관리 실천

사례관리는 사회복지실천가들이 평가를 하고자 할 때 가장 난감해하는 실천유형입니다. 그 이유는 개입기간이 정해져 있지 않으며, 개입의 범위도 광범위하고, 개입 유형도 매우 다양하기 때문일 것입니다. 피학대아동에 대한 사례관리는 언제 끝날지 알 수 없는 일입니다. 또한 피학대아동의 신체, 심리, 사회적 측면에 개입해야 할 뿐만 아니라 주거와 교육 영역에도 개입해야 하고, 친부모와 학교 교사, 친구들, 이웃들도 만나야 합니다.

신체학대를 당했다면 의료서비스를 제공해야 하고, 심리치료도 해야 하며, 친구관계에도 개입해야 하고, 주거공간(쉼터)을 제공해야 하며, 교육단절이 이루어지지 않도록 도와야 하고, 친부모에 대한 법률적·행정적 조치와 함께 부모교육도 제공해야 하고, 이웃들을 포함한 네트워크를 조정해야 합니다. 경우에 따라서는 현금과 현물(상품권), 바우처도 제공해야 합니다. 이러한 다양성과 복잡성 때문에 사례관리 실천에 대한 평가는 매우 어렵게 느껴집니다.

그러나 다음과 같은 지침들을 고려하면 쉽게 풀릴 수도 있습니다.

첫째, 하나의 욕구에 하나의 자원, 하나의 목표에 하나의 서비스라는 평가 원칙을 지키면 됩니다. 소득욕구에는 후원금 지급, 음식욕구에는 식품제공, 존중욕구에는 상담서비스, 건강욕구에는 의료처치 등으로 자원을 연결하고, 소득기준에 도달하기 위해 후원금 지급, 영양기준에 도달하기 위해 식품제공, 자아존중감 향상을 위해 상담제공, 정상적인 신체기준에 도달하기 위해 의료서비스 제공 등으로 연결하면 된다는 것입니다.

둘째, 모든 자원과 서비스를 성과 평가 차원에서 평가할 필요는 없습니다. 일부 자원과 서비스는 제공 여부와 그 질을 평가하는 것으로 끝낼 수 있습니다. 후원금 지급은 지급 여부와 그 수준을 평가하면 되고, 식품제공도 그 영양기준을 충족한 식품의 제공 여부와 산출을 평가하면 되며, 상담서비스는 자아존중감의 향상으로 평가할 수 있습니다. 자원과 서비스의 유형에 따라 적절한 목표를 설정하고 평가하면 될 것입니다.

셋째, 일대일 매칭 평가원칙으로 부족하다고 생각되면, 욕구와 자원의 적합성, 자원과 서비스에 대한 다양한 품질기준에 따른 평가, 클라이언트 만족도 척도와 개방형 질문지의 적용, 주기적인 점검과 지속적인 탈목표지향 평가, 클라이언트 이외에 사회적 관계망에 있는 이해당사자들에 대한 평가와 네트워크에 대한 평가 등을 추가로 수행하면 될 것입니다. 동시에 여러 개의 자원과 서비스를 제공하는 경우도 있을 텐데, 그런 경우에도 개별적으로 적합한 평가방법을 적용하면 되며, 욕구와 목표, 자원과 서비스, 지표와 클라이언트 만족도 등을 가로축과 세로축으로 교차한 매트릭스 체크리스트를 만들어 주기적으로 점검하면 될 것입니다.

넷째, 서비스 체계들 사이의 협력, 이용자들의 특성 등에 따른 이용 패턴 분석 등 서비스 제공자들 사이의 관계, 서비스 관계에 주목하는 것도 평가를 위한 초점으로 삼을 수 있습니다. 사례관리 실천에서는 다양한 서비스 제공자가 함께 참여하며 협력하게 된다는 점을 고려하면, 서비스 체계들 사이의 협력이 다양하게 나타날 수 있습니다. 사회복지사가 중개자의 역할을 하면서 일부 서비스 제공자 역할을 맡는 경우와 서비스 주체가 사례관리팀을 이루어 서비스 계획, 진행, 평가 과정을 함께하는 경우에는 평가의 주안점이 달라질 수 있습니다. 전자의 경우에는 서비스 전달이 효과적으로 이루어졌는지, 욕구 충족에 얼마나 도움이 되었는지를 살피면 되고, 후자의 경우에는 사례관리 전반적 과정에서 협력과 의사소통 등에 대해서도 추가적인 평가를 해야 합니다. 아울러 이용자의 특성에 따른 사례관리 평가도 달라질 수 있습니다. 이용자 욕구의 복합성, 욕구의 정도, 욕구의 종류, 서비스 관계 등을 두루 고려하여 유형화하고, 어떠한 방식의 서비스 진행이 긍정적인 결과로 이어질 수 있는지 살펴보는 것도 좋습니다. 대부분의 기관에서는 집중 사례관리 대상, 일반 사례관리 대상, 단순 사례관리 대상으로 구분해서 사업을 진행하고 있는 것으로 압니다. 이러한 유형군에 따른 기관의 관여도가 달라질 수밖에 없으니, 평가도 이를 구분해서 하거나 선택과 집중을 할 필요가 있습니다.

다섯째, 사례관리의 평가를 위해서는 기존의 사례파일을 잘 활용할 필요가 있습니다. 사례관리는 복합적이고 만성적인 욕구에 대응하는 실천 방법이므로, 실천을 평가하기 쉽지 않습니다. 평가를 위해 조사하고 검토해야 할 것이 상당히 많을 수밖에 없습니다. 그러나 사례관리 평가를 위해 별도로 조사를 하거나 자료를 수집하는 것은 소모적인 일일 수 있습니다. 잘 정리된 사례파일 속에는 이용자의 욕구, 사정자료, 상담일지, 서비스 진행기록 등이 이미 정리되어 있기 때문입니다. 따라서 사례관리 평가를 위해 서비스 제공자, 클라이언트 등에 대한 인터뷰 이외에도, 우선 기존의 자료를 분류하고 정리하는 일부터 시작하는 것도 좋은 출발점이라 할 수 있습니다. 물론 사례파일을 참조하여 기관 외부에 보고하거나 논문을 작성해야 한다면 이용자의 동의를 구하고 익명성이 보장될 수 있는 조치를 반드시 취해야 합니다.

CHAPTER 10

지역사회복지실천

지역사회복지실천도 사례관리 실천만큼이나 평가하기 어려운 개입방법입니다. 이는 이 개입방법이 대체로 미리 정해진 구체적인 목표가 없기 때문이며, 지역사회와 주민, 환경과 이슈의 다양성에 따라 매우 복잡한 양상을 보이기 때문입니다.

그러나 이것도 기본적인 지침을 따라서 하면 됩니다. 평가의 핵심은 목표입니다. 지역사회복지실천의 목표는 과업 목표와 과정 목표로 구성되므로(선택할 수도 있지만), 과업 목표와 과정 목표를 둘 다 설정하면 됩니다.

과업 목표는 대체로 어떤 문제의 해결이나 특정 과업의 완성(주민방범대 구성, 주민쉼터 설립, 빈집 리모델링, 노후주택 리모델링 등)을 목표로 설정하는 것이기 때문에 추진회나 지역사회주민들이 합의한 기한 내에 그 목표가 달성된 여부나 수준을 평가하면 될 것입니다. 이를 기능수준척도와 같이 여러 수준으로 나누고, 각 수준별로 세부과업이나 지표를 덧붙이면 양적 평가로 활용할 수 있고, 각 수준에 대해 구체적으로 기술하거나 지역주민들의 관점에서 의미를 부여하거나 예상하지 못한 결과를 포착한다면 질적 평가가 될 수 있을 것입니다.

과정 목표는 지역사회와 주민들의 역량강화를 표적으로 합니다. 각 모델에서 지향하는 역량에는 차이가 있지만, 주민들 스스로 조직화하거나 변화 과정에 적극적으로 참여하고, 상호 협력하며, 자원을 동원하고, 문제를 해결하는 능력을 갖추어 간다면 역량이 강화되는 것으로 볼 수 있을 것입니다. 사실 질적 인터뷰에 참여하는 과정 자체도 역량강화의 과정이 될 수 있습니다. 문제는 이러한 역량들은 눈으로 보기 어렵다는 것입니다. 따라서 직접 물어보거나 가시적인 행동, 인공물 등을 활용해야 합니다. 여기에서 인공물이라는 것은 '사람들이 만들어 놓은 물건'을 말하는데, 예를 들어 마을도서관을 건립하는 프로젝트를 진행하는 과정에서 추진회가 만들어놓은 게시판이나 실내장식, 점점 세련되어져 가는 문서들, 하나둘씩 늘어나는 책장과 집기들, SNS 게시물 등입니다.

일반적인 수준에서 이렇게 과업 목표와 과정 목표를 제시할 수 있지만, 구체적인 지역사회와 상황에 따라 목표는 달라질 것입니다. 이는 결국 사회복지실천가와 주민조직, 지역사회주민들이 합의를 통해 설정해 가야 할 것이며, 평가방법도 그렇게 합의할 수 있을 것입니다. 평가를 위해 누구를 대상으로 자료를 수집할 것인지가 그 다음으로 중요한 결정사항입니다. 자료수집의 대상은 일차적으로 (추진회라고 부르는) 주민조직이 될 것이며, 일반지역사회주민들 중 일부를 2차 자료수집 대상으로 표집할 수 있고, 담당 사회복지실천가를 포함한 서비스제공자들과 자원네트워크의 구성원들로부터도 자료를 수집할 필요가 있습니다.

평가를 위한 자료수집 방법은 면접, 질문지, 관찰, 일지, 메모 등으로 다른 개입방법들과 동일하며, 자료분석 방법도 의미단위 분석, 범주화 분석, 주제 분석, 맥락과 패턴 분석 등을 조합하여 사용하면 됩니다. 다만 지역사회복지실천에서는 척도를 쓰기가 어렵기 때문에 실천가가 주민들을 관찰하고 기록한 일지와 메모, 그리고 주민들이 질문지나 면접을 통해 진술한 자료들이 중요하게 사용될 수 있으며, 분석에서도 결과보다는 과정을 중요하게 생각하기 때문에 전반적인 변화과정을 단계별로 나누고, 각 단계에서 중요하게 부각된 이슈들과 실천가의 개입, 주민조직과 주민들의 반응과 활동들을 체계적으로 분석하면 될 것입니다.

CHAPTER 11

거시적 실천

지역사회복지실천을 제외하면, 거시적 실천에는 사회복지행정과 사회복지정책이 포함됩니다. 앞에서는 사회복지정책만을 다루었지만 여기에서는 사회복지행정에 대해서도 생각해 보겠습니다.

사회복지행정을 좁은 의미로 해석하여 사회복지실천의 일종으로 본다면, 그것은 관리자들이 하급관리자나 사회복지사들을 대상으로 하는 개입활동입니다. 사회복지행정의 하위요소는 전달체계, 환경관리, 지방분권 등의 거시구조와 함께 조직화, 기획과 의사결정, 프로그램 관리, 인사관리, 재정관리, 마케팅관리, 정보관리, 슈퍼비전과 컨설테이션, 의사소통과 갈등관리, 리더십 등으로 구성됩니다. 사회복지행정 전체와 각 하위요소들을 평가하는 지침에 대해서는 제시된 바가 없지만, 사회복지시설평가와 감사가 평가를 대신하는 것으로 가정할 수 있습니다. 즉, 시설평가의 결과를 가지고 사회복지조직 관리자들의 행정행위가 효과적이었는지 판단할 수 있는 것입니다.

최근 서울시에서는 사회복지시설평가에 사업영역별로 다양한 수준의 직원을 참여시켜 인터뷰를 진행하고 있습니다. 아직은 평가지표 중 자기평가 내용의 진실성을 확인하기 위한 차원으로 진행되고 있지만, 인터뷰를 통하여 조직관리의 유효성 등을 질적으로 판단하기 위한 수단으로 활용될 가능성이 있다고 생각합니다.

시설평가로 대신할 수 없는 항목들은 법인 차원에서 또는 조직 자체에서 개발할 수도 있습니다. 조직화의 효과성은 조직구조를 전면개편하거나 부서를 재편하거나 순환보직을 시켰을 때 그 사건 이전과 이후에 어떤 변화가 있었는지 당사자들에게 물어보면 됩니다. 의사결정의 적절성은, 비교할 대상은 없지만, 그 결정이 초래한 결과들을 살펴보면 될 것입니다. 슈퍼비전과 의사소통, 리더십은 관리자의 직접적인 개입이므로 관리자와 사회복지사들로 구성된 계선구조나 팀, 부서단위로 당사자들의 목소리를 들어보고, 각 관리자들과 개입활동의 영향을 분석하면 될 것입니다.

사회복지정책에 대해서는 5장에서 기술한 내용을 반복하겠습니다. 사회복지정책이 지향하는 가치인 평등과 효율, 욕구, 자유를 기준으로 하고, 구체적인 정책목표를 설정하며, 정책분석의 네 가지 틀, 즉 대상(할당), 급여, 전달체계, 재원 등으로 목표달성 정도를 평가할 수 있을 것입니다. 예를 들어, 생활보호제도에서 국민기초생활보장제도로 정책이 바뀌었을 때, 새로 도입된 국민기초생활보장이라는 정책이 대상의 포괄성, 급여의 충분성, 전달체계의 접근성, 재원의 분배효과 측면에서 어느 수준에 미치고 있는지 분석할 수 있을 것입니다. 자활사업의 경우라면, '자활'이 목표가 될 것이며, 그 지표로 탈빈곤율, 탈수급율, 취·창업자 수 등이 활용될 것입니다.

정책은 상당히 많은 사람들을 대상으로 하므로 미시적 실천이나 지역사회복지실천에서 수행하는 평가방법을 그대로 적용하기는 어렵습니다. 그러나 기본적인 틀은 비슷하다고 봐야 할 것입니다. 즉, 정책이 집행되기 이전과 정책을 집행한 이후의 상태를 비교하는 사전사후비교 분석이 이루어지며, 필요하다면 정책 대상으로 선정되지 않은 사람들과 비교할 수도 있습니다. 상당히 많은 재원이 들어가므로 효율성도 중요하고, 비용효과성 분석도 이루어집니다. 투입, 과정, 산출, 성과의 논리모형 구조도 그대로 적용할 수 있습니다. 이러한 접근도 기본적으로는 양적 평가에 해당하는 것으로 볼 수 있으며, 질적 평가를 위해서는 다른 접근을 해야 합니다.

질적 평가를 통해 우리가 사회복지정책에 대해 알아내고자 하는 것은 '디테일(detail)'입니다. 즉, 현금이나 현물, 서비스 등의 급여유형이 대상자들에게 어떻게 경험되고, 어떤 의미를 가지고 있으며, 어떤 영향을 미치고 있는가, 대상자의 수나 범위가 정책과정에 어떤 영향을 미치는가, 전달체계의 주요 원칙들이 어떻게 적용되고 있고, 그것은 정책집행자들과 대상자들에게 어떤 영향을 미치고 있는가, 재원은 어떻게 조달되고 집행되고 있으며, 어떤 방식으로 재분배에 기여하는가를 파악하려는 것입니다. 이러한 질문들에 대한 답을 얻으려면, 다른 사회복지실천들과 마찬가지로, 일차적으로는 정책대상자들에게, 이차적으로는 정책집행자들에게 구체적으로 물어봐야 할 것입니다. 따라서 사회복지정책에 대한 질적 평가도 면접, 관찰, 인공물, 기록물 등 다양한 자료를 수집하고, 의미단위 분석과 범주화 분석, 주제 분석, 맥락과 패턴 분석 등을 수행할 수 있을 것입니다.

예를 들어, 자활사업을 질적으로 평가한다면, 첫째, 급여 측면에서는 근로를 조건으로 지급되는 급여가 충분한가, 충분하지 않다면 생계를 어떻게 꾸려가고 있고 부족분을 메우기 위해 어떤 전략을 사용하는가를 질문할 수 있으며, 둘째, 대상(할당) 측면에서는 자활사업에 참여하는 사람들의 자격기준은 어떠하고 취업과 창업에 함께 참여하는 사람들과의 관계는 어떠한가를 물어볼 수 있고, 셋째, 전달체계 측면에서는 어떤 경로를 통해 자활사업에 참여하게 되었고, 지역자활센터의 접근성은 어떠하며, 효과적으로 작동하고 있는가를 탐색할 수 있을 것입니다. 또한 현재 참여하고 있는 취업 프로그램이나 창업 프로그램이 자신에게 어떤 영향을 미치고 있는지 물어볼 수도 있을 것입니다. 이러한 질문에 대한 답변을 분석하는 방법은 다른 사회복지실천에 대한 질적 평가방법과 크게 다르지 않을 것입니다.

사회복지정책은 사회복지법률을 통해서만 집행되므로, 사회복지법제를 별도로 평가하는 것은 불필요해 보일 수 있습니다. 그러나 종종 법 개정이 가져온 변화를 분석해야 할 때가 있습니다. 법률의 제정과 개정 과정을 분석하는 것도 의미가 있지만 그것은 평가의 차원과 다른 것이므로 여기서 다루지는 않겠습니다. 그것은 사회복지법제 교과목에서 다루어야 할 것입니다. 법이 개정되면서 정책과 제도, 행정, 실천개입의 방향과 내용도 달라지기 때문에 정책의 영향으로 분석할 수도 있지만, 조금 더 근본적인 차원에서, 또는 법률에 대한 재고를 요구하기 위해, 법률의 영향을 직접 분석하는 것도 의미가 있을 것입니다.

예를 들어, 입양특례법의 개정이 가져온 변화를 분석해 볼 수 있습니다. 입양특례법이 개정되면서 입양숙려기간제도와 출생신고 의무화, 가정법원 허가제, 입양부모 자격기준 강화 등의 제도 변화가 생겼습니다.

이 때문에 입양대상아동이 줄어들고, 입양부모의 수도 줄어들었습니다. 그러나 입양부모에 대한 개입을 강조하면서 사후서비스가 의무화되고 확대되었습니다. 입양 당사자들의 감소는 입양결연 건수의 감소로 이어지면서 입양기관들의 폐쇄와 입양실무자 인원 감축으로 연결되었지만 사후서비스의 강조는 입양실무자의 업무증가로 이어졌습니다. 이 때문에 입양실무자들의 입장에서는 사례 수가 줄어들었는데도 업무량은 더 늘어나는 현상이 발생했습니다.

이러한 변화들은 입양과 관련된 통계지표들을 통해서도 일부 확인할 수 있고, 보건복지부의 입양사업 담당자, 입양기관의 관리자와 실무자들에 대한 면접을 통해서도 포착할 수 있습니다. 자료를 수집하는 방법과 분석하는 방법은 다른 개입방법들과 다르지 않습니다. 만약 법 개정이 입양 당사자들에게 미치는 영향까지 파악하고 싶다면(이는 정책의 영향을 파악하려는 목적과 동일할 것입니다), 친생부모와 입양부모들을 대상으로 자료를 수집하고 분석하면 될 것입니다. 이들에게 질문해야 할 것은 아마도 법 개정에 포함된 항목들의 변화에 따라 자신의 의사결정이 어떤 영향을 받았는지, 그 과정에서 어떤 생각을 했고, 어떤 의미를 부여하고 있는지, 그러한 의사결정이 자신에게 어떤 영향을 미쳤다고 생각하는지 등일 것입니다. 당사자 집단들이 경험한 사물과 의미, 메타의미, 본질구조 등을 파악하고 분석하는 작업은 그동안 제시한 분석 작업과 다르지 않을 것입니다.

CHAPTER 12

평가하기 어려운 경우에 대한 평가

클라이언트의 특성에 따라 평가를 수행하기 어려운 경우들이 있습니다. 아동, 장애인, 노인, 매우 느리게 변화하는 표적 등이 그러합니다.

1. 아 동

아동은 평가하기 매우 까다로운 클라이언트 집단입니다. 척도나 질문을 이해하지 못할 수도 있으며, 답변도 명확하게 하지 않거나 단답형으로만 하는 경우가 많기 때문입니다. 그러나 평가 대상으로서 장점도 있습니다. 개입이 잘 이루어진다면 빠르게 변화되는 경우도 많고, 상호작용이나 행동이 크게 이루어져서 관찰이 용이할 수도 있습니다. 또한 시청각 자료를 활용하면 평가를 용이하게 할 수도 있습니다.

단점보다는 장점을 활용하는 편이 나을 것입니다. 즉, 집단 프로그램의 경우 글로 쓴 척도나 질문지를 나누어 주고 체크하거나 쓰도록 하는 것보다는 먼저 돌아가면서 말로 표현하도록 하고, 그 다음에 글로 쓰게 하는 것이 나을 수 있습니다. 또한 아동은 반복학습이 중요하므로 성인들보다 수시로 평가하는 전략이 더 나을 수 있습니다. 척도나 질문을 이해하기 어렵다면 그림이나 표, 영상 등을 활용하여 평가할 수도 있을 것입니다. 그림을 그려 표현한 후 그것에 대해 이야기하는 방법, 문장완성검사 등의 형태로 문항을 구성한 후 그것에 대해 돌아가면서 이야기하는 방법도 있습니다.

2. 장애인

지적장애인과 정신장애인의 경우에는 아동과 비슷한 어려움을 경험할 수 있습니다. 그리고 이들에게는 변화가 매우 느리게 일어나기 때문에 평가시점을 정하는 것이 어려울 수 있습니다. 일반적인 사회복지실천현장에서 일하는 사회복지실천가들에게는 매우 어려운 미션일 수 있습니다.

또한 질적 평가를 위한 별도의 방법들은 개발되어 있지 않을 것이며, 일반화되어 있지도 않은 것으로 보입니다. 그렇다면 지금까지 제시한 질적 평가 방법들을 새롭게 조합하여 사용해야 할 것입니다. 장애인들만을 위한 새로운 질적 평가 방법이 따로 있지는 않을 것 같습니다. 그리고 질적 평가는 아니지만, 지적장애인들과 정신장애인들을 대상으로 한 많은 질적 연구들이 그 가능성을 보여주고 있습니다.

우선 지적장애인들을 대상으로 한 개입을 평가할 때는 장기간의 개입을 전제로 한 매우 미시적인 개입방법들과 세분화된 표적들이 제시된 평가도구들을 사용하여 관찰하는 방식으로 양적 평가를 실시하는 것이 일반적입니다. 또는 지적장애인의 일상생활 수행능력을 향상시키기 위한 개입 과정에서 과제분석, 강화조건부의 활용과 결과에 대한 분석, 기능수준 척도의 활용을 통한 변화 추적 등을 해나가는 방법이 자주 활용됩니다. 이 과정은 쉬운 일이 아닙니다. 의사소통이 힘든 경우가 많기 때문입니다. 그러나 서비스와 목표 달성의 관계를 구체화하여 비교적 단순하게 살펴보는 방법 이외에, 맥락 분석과 패턴 분석을 적용할 수 있습니다. 즉, 미시적인 행동보다는 개인을 둘러싼 맥락을 보고, 단위 행동들보다는 일련의 패턴들에 초점을 두는 것입니다. 그리고 지적장애인인 클라이언트를 대상으로 한 면접도 수행할 수 있습니다. 특수치료 전공자들은 지적장애인이 하는 말과 반응을 기록하여 분석하지만, 사회복지실천가는 말과 행동에서 나타나는 의미의 변화를 포착할 수도 있을 것이며, 사회성과 관계망의 변화에도 주목할 수 있을 것입니다.

이러한 전략들은 정신장애인들에게도 적용할 수 있습니다. 정신장애인들에 대한 사회복지실천가들의 개입은 일상생활 패턴의 변화를 통한 사회적응과 자원을 활용하고 이용할 수 있는 사회기술의 습득, 사회적 관계망의 양적·질적 변화에 초점을 맞춘다고 볼 수 있을 것입니다. 이 중 일부는 사례관리 실천에서 제시한 평가방법들을 활용할 수 있으며, 일상생활기술은 이미 개발된 척도를 사용할 수 있는데, 질적 평가에서는 일상생활 패턴의 변화에 초점을 두어 분석하거나 각 세부표적들의 변화에 대한 의미를 면접을 통해 파악하고 분석할 수 있을 것입니다.

3. 노 인

노인들의 일부는 문해력이 낮거나 시력 문제 때문에 척도를 활용할 수 없으며, 청력이 낮아서 면접을 진행하기 어려울 수 있습니다. 질병이나 장애가 있다면 어느 것도 수행하기 어려울 것입니다. 또한 후기 노인들은 변화가 어렵거나 매우 느리게 진행될 수 있습니다.

문해력이 양호하고, 보조장치를 통해 눈으로 읽거나 들을 수 있으며, 건강수준도 괜찮다면, 그동안 소개한 모든 자료수집과 분석방법들을 그대로 적용할 수 있을 것입니다. 그렇지 않다면, 우리는 각각의 걸림돌에 대처하는 대안들을 준비해야 합니다. 문해력의 경우는 어린 아동들과 마찬가지로 그림이나 사진, 영상 등을 활용할 수 있습니다. 시력만 문제가 된다면 옆에서 읽어주고 답변을 표시하면 됩니다. 청력만이 걸림돌이라면 척도나 질문지를 사용해도 되겠지만, 다른 장애물들과 결합되어 있다면, 개별 클라이언트의 잔존능력을 찾아내어 활용해야 할 것입니다. 변화가 매우 느리게 이루어지는 점은 장애인들에 대한 평가 방법을 대안으로 고려할 수 있습니다. 미시적으로 세분화된 평가 도구를 적용하거나 장기적인 목표를 설정하고 긴 간격을 두고 자료를 수집하는 것입니다. 면접과 관찰, 일지 등의 자료수집 방법들과 분석방법들은 개입기간과 목표의 구체성, 개입과정과 방법 등에 따라 변형해서 적용해야 할 것입니다.

참고문헌

권지성(2010). 저소득층 자산형성 프로그램에 대한 질적 평가연구. **한국사회복지학**, 62(3), 193-218.

______(2018). 아동양육시설 보호아동의 빈곤맥락에 대한 질적 사례연구 : 시설종사자들의 관점에서. **사회복지 실천과 연구**, 15(1), 65-94.

______(2018). **사회복지 질적 연구방법론으로서 맥락-패턴 분석방법 : 은밀한 맥락을 찾아서**. 학지사.

신지원·권지성(2017). 노인의 SNS활용을 통한 소통증진 프로그램에 대한 평가연구. **한국가족사회복지학**, 158, 151-179.

염태산(2006). 저소득청소년 특기지원 사업 매뉴얼. 반포종합사회복지관 내부자료.

______(2018). 발달장애인서비스에서 보호자 신뢰형성과 신뢰행동 선택기제 연구. **한국장애인복지학**, 42, 241-278.

이남인(2014). **현상학과 질적 연구**. 한길사.

이오복·권순애(2015). 프로그램 성과측정 시 겪는 사회복지사의 어려움에 대한 현상학적 연구. **한국사회복지행정학**, 17(3), 166-191.

이유재(2013). **서비스 마케팅(제5판)**. 학현사.

이지은·윤지현·권지성(2013). 고위험군 청소년 우울극복과 지원체계 구축을 위한 지역사회중심 정신건강증진 프로그램에 대한 평가 연구. **한국사회복지질적연구**, 7(1), 115-150.

조선영·권지성(2014). 성인발달장애인을 위한 통합적 성폭력예방 스펙트럼 구축사업에 대한 평가연구. **사회과학연구**, 38(3), 65-94.

조흥식·염태산(2016). 서울특별시 송파구 아동·청소년 영향평가. 송파구·서울대학교 산학협력단.

조흥식·이영자·이용재·염태산(2012). 현행 보훈복지서비스 활성화 방안 및 중장기 보훈복지정책 발전방향에 관한 연구. 보훈교육연구원.

최고은·권지성(2013). ADHD성향 아동과 지지체계를 대상으로 한 통합적 지원 프로그램에 대한 평가 연구. **한국사회복지학**, 65(3), 207-238.

최미희·권지성(2014). 청소년 자살 사후 학교중심 위기개입 프로그램에 대한 평가연구. **한국사회복지학**, 66(1), 5-34.

최유민·권지성(2014). 다문화 인식개선을 위한 청소년동아리활동 프로그램에 대한 평가연구. **사회복지실천과 연구**, 11, 25-62.

Corbin, J., & Strauss, A.(2015). *Basics of Qualitative Research*(4th ed.). Sage Publications.

Gladwell, M.(2001). 임옥희 역(2016). **티핑포인트**. 21세기북스.

__________(2008). 노정태 역(2009). **아웃라이어**. 김영사.

Merton & Nisbet(1976). *Contemporary Social Problems*. Harcourt Brace Jovanovich.

Ruth, W. B., & Altschuld, J. W.(1995). *Planning and Conducting Needs Assessments : A Practical Guide*. Sage Publications.

Seidman, I.(2019). *Interviewing as Qualitative Research : A Guide for Researchers in Education and Social Sciences.* Teachers College Press.

한 걸음 더 나아가기

여기에는 사회복지실천의 질적 평가와 관련된 문헌들을 소개합니다. 한 걸음, 아니 더 먼데까지 나아갈 수 있도록 돕기 위해 질적 평가를 적용한 문헌들과 질적 평가의 요소별로 보충설명을 받을 수 있는 다양한 문헌들을 제시하고, 질적 평가의 기초를 이루는 질적 연구 문헌들도 소개하겠습니다. 그리고 다른 학문과 실천 분야에서 나온 문헌들도 도움이 될 만하다면 제시하겠습니다.

첫째, 저자인 권지성이 그동안 질적 평가를 수행하여 전문 학술지에 게재한 논문들입니다. 학술논문으로 발간되었으므로 학술논문 글쓰기의 형식과 내용을 확인할 수 있을 것입니다.

권지성(2010). 저소득층 자산형성 프로그램에 대한 질적 평가연구 : 서울시 희망플러스통장 시범사업을 대상으로. **한국사회복지학**, 62(3), 193-218.

최고은·권지성(2013). ADHD성향 아동과 지지체계를 대상으로 한 통합적 지원 프로그램에 대한 평가 연구. **한국사회복지학**, 65(3), 207-238.

이지은·윤지현·권지성(2013). 고위험군 청소년의 우울 극복과 지원체계 구축을 위한 지역사회 중심 정신건강증진 프로그램에 대한 평가 연구. **한국사회복지질적연구**, 7(1), 115-150.

최유민·권지성(2014). 다문화 인식개선을 위한 청소년 연극동아리활동 프로그램에 대한 평가 연구. **사회복지 실천과 연구**, 11, 25-62.

조선영·권지성(2014). 성인발달장애인을 위한 통합적 성폭력예방 스펙트럼 구축사업에 대한 평가연구. **(전북대학교) 사회과학연구**, 38(3), 65-94.

최미희·권지성(2014). 청소년 자살 사후 학교중심 위기개입 프로그램에 대한 평가연구. **한국사회복지학**, 66(1), 5-34.

신지원·권지성(2017). 노인의 SNS 활동을 통한 소통증진 프로그램에 대한 평가 연구. 한국가족복지학, 58, 151-179.

둘째, 사회복지학과 다른 학문에서 질적 평가와 관련하여 발간된 단행본과 발표된 학술논문들은 다음과 같습니다.

[단행본]

이용숙·김영천·이혁규·김영미·조덕주·조재식(2005). 실행연구방법. 학지사.

최종혁(2002). 사회복지실천프로그램의 질적평가방법론-이론과 실제. 청목출판사.

Patton, M. Q.(2014). 김진호 외 공역(2017). 질적 연구 및 평가 방법론. 교육과학사.

[학술논문]

장연진·정선욱(2014). 사회복지실천 프로그램 질적 평가 연구 논문 경향 분석. 사회복지연구, 45(4), 325-356.

정선욱·장연진(2013). 사회복지 프로그램 질적 평가 연구논문에 대한 질적 분석. 사회복지연구, 44(4), 321-349.

최종혁(2014). 사회복지조직에서의 질적평가 활용방안 : 현상학적 자기평가방법을 중심으로. 한국사회복지행정학, 16(1), 1-28.

홍현미라(2011). 사회복지 거시실천에서의 질적 평가연구, 그 절차와 방법에 관한 탐색. 한국사회복지행정학, 13(3), 287-310.

셋째, 사회복지학의 실천방법별로 질적 평가방법을 제시하거나 연구를 수행하여 발표된 학술논문, 보고서 등은 다음과 같습니다.

[가족 대상 사회복지실천]

박태영 외(2009). 가족치료사례와 질적 분석. 학지사.

박태영 외(2012). 질적 분석을 활용한 가족치료 사례연구 : 매트릭스와 네트워크를 중심으로. 학지사.

[사례관리]

강기정(2008). 조손가족의 가족기능강화를 위한 사례관리 시범사업평가 및 정책 방향. 한국가족복지학, 13(3), 111-128.

강미라·이효신(2012). 지적장애아동과 품행장애아동의 가족지원 사례관리 연구. 특수교육재활과학연구, 51(3), 121-150.

강선경·임윤형(2005). 학대노인에 대한 사례관리 개입에 관한 연구 : 단일사례분석. 노인복지연구, 30, 191-213.

강호선(2008). 남편을 살해한 가정폭력피해자 사례관리 기법 및 개입과정에 관한 연구. 한국가족복지학, 13(2), 45-68.

김경희·강미경·노혜련(2013). 강점관점 사례관리의 적용과 성과에 대한 탐색적 연구 : 우리아이 희망네트워크 사업 수행기관을 중심으로. 한국사회복지질적연구, 7(2), 175-203.

박지영·김연수(2015). 아동 사례관리 질적 평가의 성과요소에 대한 탐색적 연구- 아동과 보호자의 경험을 중심으로. 한국지역사회복지학, 55, 103-128.

정순둘(2008). 사회복지관 이용노인을 위한 팀접근 사례관리실천의 과정평가. 노인복지연구, 42, 175-202.

[지역사회복지실천]

신명호·황덕순(2012). 질적 연구방법을 이용한 취업성공패키지 지원사업의 성과평가와 개선방안. 산업노동연구, 18(1), 113-144.

이봉주·홍현미라·장혜림(2013). '시소와그네' 영유아통합지원사업 성과분석 연구. 사회복지공동모금회·서울대학교 산학협력단.

홍현미라(2008). 지역실행연구(CBR)에 의한 지역아웃리치(Community Outreach) 실천분석. 한국사회복지학, 60(4), 105-129.

홍현미라(2015). 영유아발달을 위한 지역사회중심의 서비스전달체계 구축실천 사례연구 : '포괄적 지역사회계획(CCIs)' 모델적용. 한국사회복지행정학, 17(3), 111-134.

[정책]

이성우(2008). 후기 실증주의와 질적 연구방법의 정책분석평가연구에의 적용가능성. 정책분석평가학회보, 18(4), 15-42.

[다른 분야]

박 순 외(2016). 상담학 질적연구방법론 사례집. 시그마프레스.

넷째, 질적 평가의 토대가 되는 지식체계로서 질적 연구의 기본적인 내용들을 학습할 수 있는 단행본들은 다음과 같습니다.

김인숙(2016). 사회복지연구에서 질적방법과 분석. 집문당.

홍현미라·권지성·장혜경·이민영·우아영(2008). 사회복지 질적 연구방법론의 실제. 학지사.

Devorah, K. Padgett 저, 유태균 역(2001). 사회복지 질적 연구방법론. 나남출판.

John, W. Creswell 저, 조흥식·정선욱·김진숙·권지성 공역(2015). 질적 연구방법론 : 다섯 가지 접근. 학지사.

John, W. Creswell 저, 한유리 역(2017). 질적 연구의 30가지 노하우.

Margaret, Zeegers & Deirdre, Barron 저, 이미숙 역(2019). 질적연구를 활용한 학위논문 작성법. 학지사.

Seidman, I. 저(2007). 박혜준 외 공역(2009). 질적 연구방법으로서의 면담. 학지사.

다섯째, 일반적인 프로그램 평가의 절차와 방법과 관련하여 참고할 만한 문헌들입니다.

김연규·김성한(2016). 사회복지 프로그램 목표설정의 적합성에 관한 연구. 한국사회복지행정학, 18(1), 87-106.

이오복·권순애(2015). 프로그램 성과측정 시 겪는 사회복지사의 어려움에 대한 현상학적 연구. 한국사회복지행정학, 17(3), 163-191.

정은하(2014). 사회복지기관 평가업무 수행 경험에 관한 연구-서울시 노인종합복지관 종사자를 중심으로. 한국사회복지행정학, 16(3), 115-146.

최명민·임정기·김승연·김교성(2015). 사회복지시설 평가제도, 사회복지사는 무엇을 경험하고 무엇을 바라는가?. 한국사회복지행정학, 17(3), 1-26.

여섯째, 질적 평가를 수행하기 어려운 대상과 관련한 문헌입니다.

Graue, M. Elizabeth, & Daniel, J. Walsh 저, 홍용희·이경화·배지희 공역(2014). 어린이 연구를 위한 질적연구방법론. 파워북.

부록

1. 질적 평가를 위한 양식
2. 사회복지실천에서 변화의 표적

[부록 1-1] 사업계획서

사업계획서[1)]

1. 사업명

장애청소년 지역사회통합 프로그램

2. 사업 개요

이 사업은 사회복지 전공 대학생 서포터즈의 지원을 통해 장애청소년과 비장애청소년이 함께 봉사활동을 수행함으로써 장애청소년의 지역사회통합을 촉진하려는 프로그램이다.

3. 사업 추진근거

1) 실천 맥락

(1) 추진 근거

① 장애청소년의 지역사회통합 활동의 필요성

② 장애청소년들의 주체적 활동 참여에 대한 욕구

③ 지역 내 청소년을 대상으로 하는 프로그램의 필요성

1) 이 사업계획서는 질적 평가 네트워크의 회원기관인 삼전종합사회복지관의 사회복지사들이 2019년에 기획하고 수행하고 있는 실제 사업의 계획서를 새로운 양식에 맞춰 재구성한 것입니다.

(2) 관련 사업수행 경험

① 다년간의 장애－비장애 청소년 프로그램 진행

② 봉사활동을 기반으로 한 주민참여형 지역사회통합 프로그램 경험

③ 전년도 사업평가 반영과 금년도 사업방향 및 전략

2) 이론 맥락

(1) 지역사회자원 연계를 통한 사회적 지지

(2) 장애－비장애 통합과 멘토링 프로그램에 대한 선행연구

4. 사업의 구조 : 공간과 시간 차원

1) 공간 차원

거시체계	서울시	보건복지부		
지역사회	관할 구역	○○구		
개입체계	담당 사회복지사 박○○	사회기술교육, 만들기 활동 전문강사	서비스 제공 팀	우리 복지관
클라이언트 체계	장애청소년 8명	비장애청소년 4명	대학생 서포터즈	장애청소년 가족

2) 시간 차원

(1) 전체 기간

2019년 1월 1일부터 2019년 12월 31일까지 1년

(2) 개입단위 기간

2019년 3월 1일부터 12월 31일까지

(3) 주당 개입시간

3월부터 12월까지 매주 6시간씩(직접 준비시간 포함)

(4) 개입 요일과 시간대

금요일 오후 3~4시. 요일과 시간은 참여자들의 상황에 따라 조정될 수 있음.

5. 사업의 전체 논리구조

투입

클라이언트	장애청소년 8명 비장애청소년 4명 가족
인력	담당 사회복지사 서포터즈 전문강사 슈퍼바이저
시설	프로그램실 세부 프로그램별로 지역사회 공간 활용
장비	노트북 프로젝터
물적 자원	전문강사 교육 시 재료 간식

과정

전체 과정	3~12월 매주
개입 과정	자치회의
	사회기술교육
	만들기활동
	지역탐방활동
	나눔활동
	여가체험활동
	지역사회축제
	간담회/평가회
	가족나눔활동
개입 방법	회의
	집단활동
	지역사회축제
	가족활동

산출

중간 산출	자치회의 4회×12명=48건 사회기술교육 4회×12명=48건 만들기활동 8회×12명=96건
	지역탐방활동 7회×12명=84건 나눔활동 6회×12명=72건 여가체험활동 2회×12명=24건 지역사회축제 3회×12명=36건
	간담회, 평가회 2회×8명=16건 가족나눔활동 2회×16명=32건
품질 산출	전문강사 여부
최종 산출(수료)	청소년들은 80% 이상 출석 기준 수료
	서포터즈는 90% 이상 출석 기준 수료

성과 (변화 표적)

사회성	장애청소년의 사회기술능력 향상
지역사회	장애·비장애 청소년의 사회참여 활성화
가족관계	참여가정의 가족관계 증진

목적

장애청소년과 지역사회를 통합하여 지역 내 장애청소년의 사회적 지지체계를 구축한다.

6. 사업의 구성요소

1) 투입 요소

(1) 클라이언트

참여자 구분	핵심 참여자	장애청소년 8명, 비장애청소년 4명
	2차 참여자	장애청소년 가족, 활동 서포터즈
	3차 참여자	
참여자 모집전략과 선정기준	모집방법	기관 홈페이지와 관내 게시판 공지, 지역 내 중고교와 연계한 참여자 모집(공문 발송), 참여자 선정 회의 및 프로그램 참여
	선정기준	지역 내 중고교 재학 중인 장애청소년 독립수행·신변처리가 가능한 장애청소년 우선 선정기준에 따른 장애청소년 비장애청소년은 지속적 참여의지가 있는 비장애 중고생을 면접을 통해 선정

(2) 인력

구분	주요역할(업무)	담당부서/직위	담당자명	관련 자격 및 교육현황
핵심	담당, 총괄	서비스제공팀 사회복지사	박○○	사회복지사 청소년지도사
보조	서포터즈			
참여	전문강사		김○○ 최○○	사회기술교육 만들기 활동
관리	슈퍼비전	서비스제공팀장	이○○	사회복지사

(3) 시설

- 복지관 내부에서 진행할 때는 프로그램실을 이용한다.
- 전체 모임을 진행할 때는 강당 등을 사용할 수 있다.

- 외부 활동을 할 때는 해당 활동에 적합한 지역사회 내 관련 시설을 이용한다.

(4) 장비

- 복지관 내부에서 회의를 하거나 집단활동을 할 때는 노트북, 프로젝터 등 장비를 사용할 수 있다.

(5) 물적 자원

- 전문강사들이 진행하는 활동에서 재료들을 활용할 수 있다.
- 간식

2) 과정 요소

대분류	소분류	월별 일정											
		1	2	3	4	5	6	7	8	9	10	11	12
사전기획	프로그램 홍보	▶	▶										
	참여자모집		▶										
	참여자 선정회의			▶									
장애청소년의 사회기술능력 향상	자치회의			▶			▶			▶		▶	
	사회기술교육				▶	▶							
	만들기활동						▶	▶			▶	▶	
장애·비장애 청소년의 사회참여 활성화	지역탐방활동				▶	▶				▶			
	나눔활동						▶	▶			▶	▶	
	여가체험활동								▶				
	지역사회축제									▶	▶		
참여가정의 가족관계 증진	간담회 및 평가회			▶					▶				
	가족나눔활동											▶	▶

3) 산출 요소

세부 프로그램	중간산출(건)	중간산출(실인원)	품질산출	최종산출(기준)
자치회의	4	12	12	12 (4건)
사회기술교육	4	12	12	12 (4건)
만들기활동	8	12	12	12 (6건)
지역탐방활동	7	12	12	12 (6건)
나눔활동	6	12	12	12 (5건)
여가체험활동	2	12	12	12 (2건)
지역사회축제	3	12	12	12 (3건)
간담회/ 평가회	2	8	8	해당 없음
가족나눔활동	2	16	16	해당 없음

4) 성과 요소

목 적	장애청소년과 지역사회를 통합하여 지역 내 장애청소년의 사회적 지지체계를 구축한다.

⬆ ⬇

성과목표	장애청소년의 사회기술능력 향상	장애·비장애 청소년의 사회참여 활성화	참여가정의 가족관계 증진
변화 표적	사회기술능력	사회참여 수준	가족관계

7. 평가방법

구분	표 적	평가 접근	평가 전략	자료수집 방법	자료분석 방법
투입	인력	양/ 질	만족도 조사	질문지	빈도분석/ 범주화
	클라이언트		서류검토	증빙서류	유형분석
	시설		만족도 조사	질문지	빈도분석/ 범주화
	장비			질문지	
	물적 자원			질문지	
과정	전체 과정	질	과정기술 과정분석 이슈분석	운영일지	기술/ 이슈분석
	수행과정			운영일지	
	개입방법			운영일지	
산출	중간산출	양/ 질	서류검토	출석부 운영일지 강사 일지 서포터즈 일지 방명록 증빙서류(품질)	빈도분석/ 요인분석
	품질산출		서류검토		
	최종산출		서류검토		
성과	사회기술능력	양	사전사후 집단비교	사회정서행동발달 검사지	사전사후 비교
	사회참여	질	사전사후 비교	비장애청소년 간담회/ 참여자 평가회 녹취	범주분석
	가족관계	양/ 질	만족도 사후 범주화	만족도 질문지 활동 소감문	빈도분석 범주분석
예상하지 않은 결과	예상하지 않은 결과	질	범주분석	장애청소년/ 비장애청소년 평가회	범주분석

8. 마케팅 전략

1) 촉진 전략

대 상		홍보방법 및 횟수	활용매체	비 고
내부 고객				
외부 고객	지역주민	방법 : 복지관 정기 소식지, 홈페이지, 보도기사를 활용한 프로그램 활동 홍보 횟수 : 복지관 소식지 1회, 복지관 홈페이지 2회, 보도기사 1회	소식지, 홈페이지, ○○법인신문	
	유관기관, 지자체	방법 : 주간업무 계획 보고를 통한 업무 공유 횟수 : 월 2회	구청 주간업무 계획 보고	

2) 네트워크 활용

자원명	활용계획	비고
자원봉사인증관리센터 (VMS)	장애청소년 참여자 홍보 및 연계	
○○프로젝트	서포터즈 모집 및 연계	
서울 인근 대학교	공문 발송을 통한 활동 서포터즈 모집 의뢰 및 추천	
지역 내 공방	만들기활동 강사 연계 및 활동 장소 협조	

9. 재정관리

1) 수입예산(관항목 : 사업수입 - 가족복지 - 노인복지 - ○○대학)

(단위 : 원)

항 목	산출근거	합 계
총 계		0원

2) 지출예산(관항목 : 사업비 - 가족복지- 노인복지 - ○○대학)

(단위 : 원)

항 목		산출근거	예산액
총 계			
인건비			
	소 계		
사업비			
	소 계		
관리 운영비			
	소 계		

[부록 1-2] 사업일지

<table>
<tr><th colspan="4">사업일지</th></tr>
<tr><td>사업명</td><td colspan="2"></td><td>회기</td></tr>
<tr><td>활동명</td><td colspan="3"></td></tr>
<tr><th colspan="4">투입 요소</th></tr>
<tr><th>구 분</th><th colspan="2">내 용</th><th>평 가</th></tr>
<tr><td>수행인력</td><td colspan="2"></td><td></td></tr>
<tr><td>참여자</td><td colspan="2"></td><td></td></tr>
<tr><td>시 설</td><td colspan="2"></td><td></td></tr>
<tr><td>장 비</td><td colspan="2"></td><td></td></tr>
<tr><td>물적 자원</td><td colspan="2"></td><td></td></tr>
<tr><th colspan="4">과정 요소</th></tr>
<tr><td>수행시간</td><td colspan="2">_____년 _____월 _____일 _____부터 _____까지</td><td>_____분</td></tr>
<tr><th>단 계</th><th>과정 기술</th><th>개입방법</th><th>평 가</th></tr>
<tr><td>준 비</td><td></td><td></td><td></td></tr>
<tr><td>초 기</td><td></td><td></td><td></td></tr>
</table>

<table>
<tr><td>본 활동</td><td></td><td></td><td></td></tr>
<tr><td>종 결</td><td></td><td></td><td></td></tr>
<tr><td colspan="4">산출 요소</td></tr>
<tr><td>중간산출</td><td colspan="3">______건, 총 ______명 중 ______명 참석</td></tr>
<tr><td>품질산출</td><td colspan="3"></td></tr>
<tr><td>평 가</td><td colspan="3"></td></tr>
<tr><td colspan="4">성과 요소</td></tr>
<tr><td>하위목표</td><td colspan="3"></td></tr>
<tr><td>활동목표</td><td colspan="3"></td></tr>
<tr><td rowspan="2">평 가</td><td>평가방법</td><td colspan="2"></td></tr>
<tr><td>평가결과</td><td colspan="2"></td></tr>
</table>

<table>
<tr><th colspan="6">재정 관리</th></tr>
<tr><td>예 산</td><td colspan="2"></td><td>실제 지출</td><td colspan="2"></td></tr>
<tr><th colspan="6">평가 자료 (사진)</th></tr>
<tr><td colspan="2"></td><td colspan="2"></td><td colspan="2"></td></tr>
</table>

[부록 1-3] 최종평가보고서

최종평가보고서

1. 사업명

범법정신질환자를 위한 사회적응 프로그램[2)]

2. 사업의 구조 : 공간과 시간 차원

1) 공간 차원

거시체계	계획	보건복지부	법무부		
	결과	상동	상동		
지역사회	계획	정신건강체계	감호체계		
	결과	상동	상동		
개입체계	계획	치료감호소 사회복지사 2명	치료감호소 사회사업실	치료감호소 의료진	치료감호소
	결과	상동	상동	상동	상동
클라이언 체계	계획	범법정신질환자 20명	통제집단 20명		
	결과	상동	상동		

---

2) 이 프로그램에 대한 자료는 본 저자가 포함된 연구진이 발표한 '주소희·오인근·권지성(2018). 치료감호소 재소자의 사회적응프로그램 효과성 연구. 공공정책연구, 35(1), 135-165'를 뼈대로 하고, 이 연구의 토대가 된 법무부 용역 '범법정신질환자의 사회적응 프로그램 개발 연구'의 최종보고서에 포함된 질적 분석 결과 일부를 변형하여 사용하였습니다.

2) 시간 차원

구 분	계 획	결 과
전체 기간	8주	좌동
개입단위 기간	주 2회, 6주	좌동
주당 개입시간	주 2회 * 1.5시간 = 3시간	좌동
개입 요일과 시간대	화, 목요일 오후 2~4시	좌동

3. 사업의 전체 논리구조 (결과)[3)]

투입	
클라이언트	범법정신 질환자 20명
인력	치료감호소 사회복지사 2명
시설	치료감호소 프로그램실
장비	노트북, 프로젝터
물적 자원	활동지

과정	
전체 과정	12회기
개입 과정	OT 1회기
	자기주장 4회기
	대인관계 4회기
	문제해결 3회기
	평가/종결 시간
개입 방법	집단 프로그램
	교육
	활동
	피드백과 과제

산출	
중간 산출	활동단위 12건
	실인원 18명
	연인원 218건
품질 산출	활동단위 11건
최종 산출 (수료)	18명 수료
	2명 중도탈락

성과(변화 표적)	
1	자기주장능력
2	대인관계능력
3	문제해결능력

목적
범법정신 질환자들의 사회적응 능력을 향상시킨다.

3) 여기에는 결과만 기록하고, 계획서에 있는 해당 부분은 차후 삽입하여 대조.

4. 사업의 구성요소별 평가

1) 투입 요소

(1) 클라이언트

구 분		계 획	결 과
참여자 구분	핵심 참여자	범법정신질환자 20명	20명으로 시작, 2명 탈락
	2차 참여자	통제(비교)집단 20명	좌동
	3차 참여자		
참여자 모집전략과 선정기준	모집방법	치료감호소 내에서 의료진 판단으로 선정하여 권고	좌동
	선정기준	조현병, 기분장애 진단, 1년간 퇴원심사 유경험자, 의사소통 가능자	좌동

(2) 인력

구분	주요 역할(업무)	담당부서/ 직위	담당자명	계획/ 결과 분석
핵심	프로그램 진행	사회사업실	박○○ 최○○	계획대로 실행함
보조	프로그램 진행 보조	사회사업실	이○○	계획대로 실행함
참여	참관, 응급상황 대비	간호부	정○○	담당자 변경
관리	슈퍼비전	사회사업실	김○○	계획대로 실행함

(3) 물리적 자원 : 시설, 장비, 물적 자원

구 분	계 획	결 과
시 설	치료감호소 프로그램실	좌동
장 비	노트북, 프로젝터	좌동
물적 자원	활동지	좌동

(4) 투입 요소들에 대한 평가 기술

구 분	계 획	실 제	평 가
준비 단계	• 프로그램 참가자 모집 • 프로그램실 예약 • 장비 점검과 준비 • 활동지 인쇄, 복사 • 진행자 간 논의	의료진의 선정 기간이 길어지고, 추천받은 환자 중 참여를 거부하는 사례들이 다수 발생하여 예정보다 모집 기간이 2주 연기됨	• 프로그램 참여자 선정 기준을 미리 의료진과 상의해야 할 것임. • 환자들이 프로그램 참여를 거부할 가능성에 대비하여 충분한 참여자 목록을 준비해야 할 것임.
초기 단계	• 2~12회기 • 참여자 20명 • 사회복지사 2명 • 프로그램실 • 노트북, 프로젝터 • 교육자료, 활동지, • 사전검사지	좌동	
개입 단계	• 2~12회기 • 참여자 20명 • 사회복지사 2명 • 프로그램실 • 노트북, 프로젝터 • 교육자료, 활동지	• 좌동 • 참여자 18명, 탈락자 2명 • 사회복지사 2명 • 좌동 • 프로젝터 고장으로 수리 • 좌동	• 클라이언트 : 참여자 1명이 퇴원심사를 통과하여 퇴원하면서 탈락하였으며, 다른 참여자 1명이 중도에 참여를 거부하여 탈락함. • 장비 : 노후화된 장비들을 점검하여 고장에 대비해야 할 것임.

종결 단계	• 12회기 끝난 뒤 평가하고 종결. • 참여자 20명 • 사회복지사 2명 • 프로그램실 • 사후검사지	• 참여자 18명 • 사회복지사 2명 • 프로그램실 • 사후검사지	
참여자 평가 (종결 모임 FGI)	진행자	최고의 강사진. / 선생님들 얼굴을 볼 수 있어서 좋았음.	
	참여자	모르는 사람을 만나서 좋았음. / 여자 환우들만 모여서 좋았음. 가족적임.	
	시설과 물리적 자원	강의실이 추웠음. / 맛있는 다과를 풍부하게 주어 좋았음. / 듣고 싶었던 음악을 들을 수 있어서 좋았음.	

2) 과정 요소

(1) 전체 과정

대분류	소분류	계획/실제	회기별 일정 (주 2회, 6주)											
			1	2	3	4	5	6	7	8	9	10	11	12
초기	오리엔테이션	계획	■											
		실제	■											
자기주장 능력	자기인식, 감정탐색, 자기표현하기 1, 2	계획		■	■	■	■							
		실제		■	■	■	■							
대인관계 능력	타인정서이해, 타인의 언어/ 비언어 이해, 대화기술 1, 2	계획						■	■	■	■			
		실제						■	■	■	■			
문제해결 능력	Win-Win 방법 찾기, 지역사회자원 찾기, 지역사회생활편의 시설 활용하기	계획										■	■	■
		실제										■	■	■
종결	평가와 종결	계획												■
		실제												■

★ 계획과 실제 간의 차이에 대한 분석

분석 결과	전반적으로 계획한 대로 진행되었으며, 회기별로 10분 이내의 시간 차이가 발생함.

(2) 단계별 과정 요약 기술과 평가

구분	계 획	실 제	평 가
준비 단계	• 프로그램 참가자 모집 • 프로그램실 예약 • 장비 점검과 준비 • 활동지 인쇄, 복사 • 진행자 간 논의	• 의료진의 선정 기간이 길어지고, 추천받은 환자 중 참여를 거부하는 사례들이 다수 발생하여 예정보다 모집 기간이 2주 연기됨. • 나머지는 계획대로 실행.	• 프로그램 참여자 선정기준을 미리 의료진과 상의해야 할 것임. • 환자들이 프로그램 참여를 거부할 가능성에 대비하여 충분한 참여자 목록을 준비해야 할 것임.
초기 단계	1회기 오리엔테이션 실시	• 소개, 필요성 설명, 사전검사 실시, 사회적응 의미 설명, 규칙 정하기 등을 계획대로 실행. • 사회적응의 의미와 사전검사의 필요성을 이해하지 못한 참여자들이 있어 시간이 더 소요됨.	• 대체로 계획했던 대로 진행됨. • 사회적응의 의미에 대해서는 시각화된 이미지가 필요할 것으로 보이며, 사전검사도 이해를 돕기 위한 별도의 도구가 필요하다고 생각됨.
개입 단계	2~12회기 프로그램 수행	계획된 일정과 순서대로 진행됨.	• 회기별로 10분 이내의 시간 차이가 발생함. • 일부 회기에서는 시간이 부족하여 참여자들의 활동을 충분히 수행하지 못함. • 시간 조절이 필요하며, 일부 활동은 미리 충분한 시간을 확보해 둘 필요가 있음.

종결 단계	사후검사 실시하고, FGI 형식으로 평가면접 실시. 종결 모임.	계획된 일정과 순서대로 진행됨.	세부프로그램별로 정해진 일정이 있고, 표적이 정해져 있으므로 종결단계에서 사후검사를 하는 것보다 세부프로그램이 끝날 때마다 개별 척도를 적용하여 평가하는 것이 바람직할 것으로 판단됨.
종합 평가	전체 일정과 하위목표에 따른 세부 프로그램들의 구성과 조합, 순서 등은 적절했던 것으로 판단됨. 다만, 회기별로 시간 차이가 있었으므로 이런 사항들을 반영하여 차기 프로그램에 대한 세밀한 기획이 필요할 것임.		

- 과정 기술 외에 개입기술, 상호작용, 개입모듈, 이슈 분석, 과정 경험, 요인 분석, 실천지혜 등을 분석하여 제시할 수 있음.

(3) 과정 분석

구 분	분석 결과 요약		핵심 이슈
과정 경험 (이용자 관점)	전체 기간과 회기별 시간	회기별 시간과 전체 12회기라는 시간이 짧아서 아쉬움. 6개월 정도는 해줘야 됨. / 기간이 짧았음.	• 전체 일정 • 소집단 구성 • 연습 • 강의내용과 방식
	소규모 집단	인원이 적어 단출하고 좋음. / 소규모라서 좋았음. / 소중한 가족같이 모여서 이름도 빨리 외워지고 좋았음. / 집단으로 진행하는 것도 괜찮았음.	
	진행방법－실습	역할극을 실제로 해볼 수 있어서 좋았음. / 실습을 해서 기억에 남음. / 실천해 보고 나를 알게 돼서 좋았음. / 예시를 통해 참여할 수 있어 좋았음.	
	진행방법－강의	천천히 진행해 줘서 귀에 잘 들어옴. / 구체적으로 나누고 잘 가르쳐줘서 이해하기 쉬웠음. 진행자들이 딱딱하지 않게 좋게 해주셔	

		서 기분이 좋았음. / 진행자가 재밌게 수업을 진행하여 지루하지 않았음. / 자세하게 설명해 줘서 좋았음. 알차게 배울 수 있었음. 강의가 교육적이고 교훈적임.	
	강의내용	조금 더 깊이 들어가면 좋겠음.	
개입기술 / 개입모듈 분석	범법정신질환자의 사회적응을 위한 요소로 자기주장능력과 대인관계능력, 문제해결능력 등을 선정하여 조합한 것은 개입모듈로서 적절했던 것으로 판단됨. 그러나 하위모듈의 회기별 구성은 조정이 필요함.		개입모듈 내의 하위 주제 구성
상호작용 분석	미시행		
맥락-패턴 분석	미시행		
종합 평가			

3) 산출 요소

세부 프로그램	계획(목표)	실제(달성률)	평 가
오리엔테이션	1건, 20명	1건, 20명 (100%)	
자기주장능력	4건×20명=80명	4건×20명=80명 (100%)	
대인관계능력	4건×20명=80명	4건, 74명 (92.5%)	1명 퇴소로 중도탈락
문제해결능력	3건×20명=60명	3건, 54명 (90%)	1명 참여거부로 중도탈락
종결과 평가	1건, 20명	1건, 18명 (90%)	수료자 18명 대상
총계	13건, 260명	13건, 246명	
최종산출	20명	18명 (90%)	최종 2명 중도탈락

* 실적을 중심으로 한 중간산출 이외에 최종산출(수료)을 반드시 포함할 것.

4) 성과 요소

세부 프로그램	목표(변화의 표적)	평가 결과
자기주장능력 강화	자기주장능력 (주장성)	• 양적 평가 : 통계적으로 유의미한 수준의 향상. • 질적 평가 : 범주분석 결과로, '자기를 알게 됨'과 '의사소통 능력'에 해당되는 진술들이 다수의 참여자들로부터 나옴.
대인관계능력 강화	대인관계능력 (대인관계 변화)	• 양적 평가 : 통계적으로 유의미한 수준의 향상. • 질적 평가 : 범주분석 결과로, '경청하게 됨', '배려하게 됨', '분노조절 방법', '갈등해결 능력' 등의 범주가 나타남.
문제해결능력 강화	문제해결능력 (사회적 문제해결)	• 양적 평가 : 통계적으로 유의미하지 않음. • 질적 평가 : 범주분석 결과로, '지역사회 자원과 정보 활용' 범주에 해당하는 진술들이 나타남.
범주분석 결과	자기를 알게 됨	자기인식 활동을 통해 잠재되어 있는 자신을 발견함. / 나에 대해 몰랐던 점을 알게 됨. / 자신감이 없었던 부분에 대해 프로그램을 함으로써 자신감이 생김. 사람의 마음을 알게 되어 좋았음. / 나 자신의 어떤 면을 발견했음. / 힘과 용기를 끌어냄. 사회에 나가서 써먹어도 된다는 확신이 생김.
	의사소통 능력	대화법이 가장 도움이 되었음. / 나 전달법. 몬스터 그리기. 나 찾기 등을 하면서 보탬이 많이 됨. / 자기주장을 할 수 있게 됨. / 나 전달법. 내 의견을 갈등 없이 전달할 수 있어서 좋았음. / 표현을 잘 해야 되겠다는 것을 배움. / 긍정적인 말들이 가능하게 됨. / 대화와 소통 능력을 갖게 됨.
	경청하게 됨	경청하기가 가장 좋았음. / 경청하기를 듣고 배움. / 경청하기가 가장 좋았음. / 다른 사람들의 말을 경청하는 태도를 갖게 됨. / 경청하게 됨.
	배려하게 됨	상대에 대해 배려하는 마음이 생김. 행동을 조심하게 됨. / 배려하는 마음이 더 생김.

분노조절 방법	분노조절을 못해 안타까움. 분노하는 얼굴이 기억에 남음. / 분노를 일으키지 말아야겠다는 생각이 듦. 마음을 비우고 살겠음. / 분노조절이 가장 좋았음.
갈등해결 능력	타인과 갈등해결. / 의사소통 강의를 통해 갈등예방방법을 배움. / 타인과 갈등해결. 퇴소하는 문제가 있으면 다른 사람에게 연결될 수 있을 것임. / 갈등문제 다루는 것이 좋았음. 갈등이 생길 때 좋게 생각하는 것을 배움. 타인의 입장을 생각하고, 사과하고 넘어가면 됨. / 갈등을 해결할 수 있는 법을 배웠음.
지역사회 자원과 정보 활용	지역사회 자원을 혼자 찾을 수 있는 능력을 알게 됨. / 나가서 어떻게 해야 하는지, 자원 등을 알게 되어 좋았음. / 지역사회 자원 찾기가 좋았음. / 생활 속에서 새롭게 알게 된 것들. 인터넷 사용방법 등. / 막연하게 알고 있던 것들을 확실히 알게 돼서 좋았음. 출소 이후 필요한 여러 가지 정보를 알게 됨.
부수 효과	교육 때문에 움직일 수 있어서 좋았음. / 몬스터 그림 그리기가 재미있었음. / 선하게 살면서 신앙생활을 열심히 하고, 전공을 되살려서 열심히 살겠음.

* 질적 평가에는 변화의 의미, 상세한 기술 등을 반영할 수 있음.

<table>
<tr><td rowspan="5">예상하지 않은 결과
(참여자들의 개선방안 의견)</td><td>기간과 시간</td><td>시간이 더 길면 좋았을 것임. / 기간이 길어지면 다른 사람들과 많이 교감하고 할 수 있을 것임. /</td></tr>
<tr><td>깊은 탐색</td><td>경청하기를 더 깊이 들어가고 싶음.</td></tr>
<tr><td>약물교육</td><td>약에 대해 가르쳐 줬으면 좋겠음.</td></tr>
<tr><td>대상집단</td><td>퇴원이 확정된 사람들에게 여유를 두고 이런 프로그램을 실시하는 것이 맞을 것임.</td></tr>
<tr><td>실제 경험에 대한 논의</td><td>자신이 실제로 겪었던 일을 수습하는 걸 해보면 좋겠음.</td></tr>
</table>

5. 마케팅 전략

구 분	계 획	실 제	평 가
브랜드 전략 (Product)	사회적응	사회적응	'사회적응 프로그램'이라는 프로그램 이름을 통해 긍정적인 이미지를 주고자 하였으나 개념이 모호하여 이해하기 힘들었던 것으로 판단됨.
이용료 전략 (Price)	없음	없음	
참가자 모집 (Promotion)	치료감호소 내 환자들 중에서 자격조건을 갖춘 이들에게 의료진이 설명하고 추천함.	좌동	참가자 모집은 순차적으로 무리 없이 진행되었으나 참여를 거부하는 환자들이 많아 계획보다 모집기간이 길어짐.
홍보 전략 (Promotion)	없음	없음	
접근성 전략 (Place)	없음	없음	
네트워크 활용 전략	없음	없음	

6. 재정관리

1) 수입

(단위 : 원)

항 목	예 산	결 산	평 가
총 계		원	

2) 지출

(단위 : 원)

<table>
<tr><th colspan="2">항 목</th><th>예 산</th><th>결 산</th><th>평 가</th></tr>
<tr><td colspan="2">총 계</td><td></td><td></td><td></td></tr>
<tr><td rowspan="2">인건비</td><td></td><td></td><td></td><td></td></tr>
<tr><td>소 계</td><td></td><td></td><td></td></tr>
<tr><td rowspan="4">사업비</td><td></td><td></td><td></td><td></td></tr>
<tr><td></td><td></td><td></td><td></td></tr>
<tr><td></td><td></td><td></td><td></td></tr>
<tr><td>소 계</td><td></td><td></td><td></td></tr>
<tr><td rowspan="3">관리
운영비</td><td></td><td></td><td></td><td></td></tr>
<tr><td></td><td></td><td></td><td></td></tr>
<tr><td>소 계</td><td></td><td></td><td></td></tr>
</table>

재정관리에 대한 종합 평가	

[부록 2] 사회복지실천에서 변화의 표적

변화의 표적

1. 큰 그림

대분류	중분류	소분류
개인	행복	행복 / 삶의 질 / 생활만족 / 사회적 포함과 배제
	신체	신체발달 지표 / 건강 / 질병 / 신체장애
	심리	정신건강 / 정신장애 / 지적장애, 발달장애 / 성격 자아 / 인지 / 정서 / 동기 / 태도 / 스트레스
	행동	문제행동 / 행동성향
	사회성	사회성 / 소외와 고립
	영성	영성
	사회적 기능	적응 / 역량 / 일상생활능력 / 기술 / 대인관계능력 / 문제해결능력 / 탄력성 / 외상 후 성장
	지위	적성 / 진로 / 지위
	생애경험	발달사건 경험 / 외상 경험 / 긍정 경험
	조건	학력 / 경력 / 주거 / 고용 / 소득
	외부 자원	자원의 유무와 유형 / 자원 활용
	속성	귀인 속성 / 하위집단 소속
	전체로서 나	전체로서 나
가족	가족	의미 / 가족구조 / 가족만족도 / 가족기능 / 가족역량 / 가족탄력성 / 가족환경
	부부	결혼만족도 / 부부관계 / 부부관계 문제
	부모-자녀	부모자녀 관계 / 자녀양육 / 양육 스트레스
	형제	형제관계 구조 / 형제관계
	자원으로서 가족	사회적 지지-갈등
집단	집단 역동	집단 구조 / 집단 기능

사회적 관계망	사회적 관계망	사회적 관계망
	사회적 지지/갈등	사회적 지지 / 사회적 갈등
조직	업무	직무만족 / 직무태도
	조직구조와 절차	조직분화 / 리더십 / 의사결정 / 의사소통 / 슈퍼비전 / 인적 자원 관리 / 공정성
	대인관계	상사－부하관계 / 동료관계
	조직심리	스트레스 / 소진 / 몰입과 헌신
	직무환경	물리환경 / 조직문화 / 근로조건
	조직성과	조직성과
지역사회	공공서비스 체계	유무 / 품질수준
	사회서비스 체계	유무 / 품질수준
	네트워크	유무 / 수준
	지역사회 역량	지역사회 역량
	지역사회주민 역량	주민조직 구조 / 주민역량
	과업 목표	실천가 관점 / 주민조직 관점 / 주민 관점
	사회 지표	인구사회 특성
	사회문제 지표	사회문제별 지표

2. 한눈에 보기

대분류	중분류	소분류	세분류	양적 변화표적	질적 변화표적
개인	행복	행복	일반 행복감	행복감, 주관적 행복감	행복의 의미, 수준, 빈도, 강도 행복의 맥락과 패턴 행복의 조건
			구체화된 행복감	아동의 행복감, 학교생활 행복, 아동·청소년 주관적 행복감	
		삶의 질		삶의 질 지표, 주관적 삶의 질, 객관적 삶의 질	'삶의 질'의 의미, 수준, 맥락
		생활만족		생활만족도, 삶의 만족도, 독립적인 삶의 기대감, 전반적 생활만족	생활만족, 일상생활 맥락과 패턴
		사회적 포함/ 배제		사회적 배제, 사회적 거리감, 사회적 위축	사회적 포함/ 배제의 의미, 수준, 맥락과 패턴
	신체	신체발달 지표		키, 몸무게, 체질량지수 등	신체발달의 의미
		건강		신체검사, 건강진단 결과	건강의 의미, 관리전략, 맥락과 패턴
		질병		ICD-10 진단/ 희귀난치성질환	질병의 의미, 치료노력, 치료노력 맥락과 패턴
		신체장애		신체장애 진단(장애인복지법)/ 기타	신체장애의 의미
	심리	정신건강		정신건강	정신건강의 의미, 관리전략, 맥락과 패턴
		정신장애		DSM-V 진단	정신질환 치료노력, 정신장애의 의미
		지적장애, 발달장애		DSM-V 진단/ 지적장애, 발달장애/ 경계선	지적장애, 발달장애의 의미
		성격	성격 유형	MBTI, 에니어그램 등 성격유형 검사	성격, 성격의 의미
			성격 장애	DSM-V 진단/ 신경증적 성격	성격 장애의 의미
		자아	자아개념	자아개념	자기에 대한 생각

	자아존중감	자아존중감, 부정적 자아존중감, 긍정자존감, 부정자존감	자기에 대한 존중
	자기효능감	자기효능감, 교사의 원조 개입 효능감	자기능력에 대한 생각
	자아정체성	자아정체성, 진로정체감	자신의 정체성
	자아상	독립적 자기관, 상호의존적 자기관	자기에 대한 이미지
	기타	자아탄력성, 자기수용, 자기 수용감, 자기비판, 자발적 자기배제, 자기결정성	자기에 대한 다양한 생각
인지	지적 능력	지적 능력 검사점수, 학업 성취, 학업성적	지적 능력, 학습전략, 학습 맥락과 패턴
	인지 능력	지능지수, 다중지능 검사점수	인지 발달의 의미, 수준, 맥락과 패턴
	고정관념	손상된 성격 고정관념, 동적인 사회적 고정관념, 편견 및 차별감 지각	특정 사물과 사람, 집단에 대한 고정관념
	사회현상에 대한 인식	성폭력에 대한 편견, 조직에 대한 기부자 인식, 사회에 대한 인식 및 태도, 다문화인식, 공동체 의식, 인권의식, 인권감수성	특정 사회현상에 대한 인식
	집단에 대한 인식	가해·피해자에 대한 교사의 인식, 종사자의 다양성 인식	특정 사회집단에 대한 인식
	지식	특정 현상, 사물, 사회집단에 대한 지식 수준	특정 현상, 사물, 사회집단에 대한 지식 수준, 맥락과 패턴
정서	일반 정서	기쁨, 슬픔, 즐거움, 분노, 두려움	정서, 정서에 대한 인식, 정서의 의미, 특정 정서의 맥락과 패턴
	특정 정서	정서적 효용감, 정서적 몰입감, 긍정적 정서, 클라이언트 폭력에 대한 정서적 반응과 태도	
	부정적 정서	우울, 불안, 분노, 우울감, 절망감, 상실감, 무망감, 청소년 우울, 정서행동문제, 부정적 정서성, 심리적 부작용, 사회불안, 고독감 개인성향	

	동기	일반 동기	학습동기, 근로동기, 추진동기	동기, 동기의 맥락과 패턴
		특정 동기	자원봉사활동 참여 동기, 자원봉사활동 동기충족	
	태도	현상에 대한 태도	자신에 대한 태도, 사회에 대한 인식 및 태도, 긍정적 태도, 폭력에 대한 태도, 가해행동에 대한 태도	특정 사회 현상에 대한 태도, 맥락과 패턴 특정 대상 집단에 대한 태도, 맥락과 패턴
		대상에 대한 태도	클라이언트 폭력에 대한 문화적 태도, 빈곤에 대한 태도	
	스트레스		일상생활 스트레스, 생활사건 스트레스, 문화적응스트레스, 문화적용 스트레스, 만성적 스트레스, 이차적 외상 스트레스, 문화변용 스트레스, 학업스트레스, 청소년의 부모관계 스트레스, 심리적 부작용, 적응 과정상의 스트레스	스트레스 의미, 수준, 맥락과 패턴
행동	문제행동	범죄/ 비행	중범죄, 경범죄/ 비행, 지위비행/ 청소년 오프라인 비행, 청소년 온라인 비행	중단/ 재범, 의미, 수준, 맥락과 패턴
		문제행동	아동·청소년 문제행동/ 내면화 문제행동, 외현화 문제행동, 또래관계 문제행동, 유아의 문제행동	문제행동의 의미, 수준, 맥락과 패턴
		중독	알코올중독, 약물중독, 도박중독, 인터넷 중독, 게임 중독, 스마트폰 중독	중독의 의미, 수준, 맥락과 패턴
		이상행동	공격성, 청소년의 사이버폭력 행동유형, 외현적 공격성, 학교폭력 가해행동, 정서행동문제, 이차 폭력, 사이버 폭력	행동의 의미, 수준, 맥락과 패턴
	행동성향		회피적 대처, 내면행위, 혁신행동, 친사회적 행동성, 자기결정성	행동성향, 의미, 맥락과 패턴
사회성	사회성		사회성발달, 사회적 친분 관계만족도, 사회적응, 대인관계특성, 사회적응력, 사회성숙도, 사회참여, 사회성 발달, 사회불안	사회성의 의미, 수준, 맥락과 패턴

	소외/ 고립	소외감, 고립감	소외/ 고립의 의미, 수준, 맥락과 패턴
영성	영성	종교, 영적 안녕감, 아동의 영적 안녕감	영성의 의미 , 수준, 맥락과 패턴
사회적 기능	적응	학교적응, 아동의 문화적응, 보육시설 적응	적응의 의미, 수준, 맥락과 패턴
	역량	사회적 역량, 문화적 역량	역량의 의미, 수준, 맥락과 패턴
	일상생활능력	경제활동상태, 의사결정참여, 자활 효능감, 행위통제력, 자기통제력, 자립기술능력, 미래통제능력	일상생활능력의 의미, 수준, 맥락과 패턴
	기술	자원 상실과 획득 , 문화적 지식과 기술 , 자립기술능력, 학습시간 관리능력	기술의 의미, 수준, 맥락과 패턴
	대인관계능력	대인관계, 대인관계 내재화, 대인관계 역량, 또래관계, 교우관계, 또래애착	대인관계능력의 의미, 수준, 맥락과 패턴
	문제해결능력	문제해결능력, 자기결정, 자원 상실과 획득	문제해결능력의 의미 , 수준, 맥락과 패턴
	탄력성	적응유연성, 자아탄력성, 학교적응유연성	탄력성의 의미, 수준, 맥락과 패턴
	외상 후 성장	외상 후 성장	외상 후 성장의 의미, 수준, 맥락과 패턴
지위	적성	진로적성	적성 인식, 적성의 맥락과 패턴
	진로	진로성숙도, 진로정체감, 진로유예	진로의 의미, 진로선택의 맥락과 패턴
	지위	고용 지위 , 사회경제적 지위	지위의 의미, 지위의 맥락과 패턴
생애 경험	발달사건 경험	생애사건 경험, 취학, 진학, 졸업, 이사, 취업, 창업, 상실과 애도, 성장과정 부모 지지 경험 , 임신 및 출산 , 진수기, 은퇴 등	생애 발달사건의 의미 , 맥락과 패턴

	외상 경험	가정폭력노출경험, 일상생활 차별경험, 대인외상 경험, 언어폭력경험, 성폭력 피해 경험, 아동보호기관 사회복지사의 폭력 직간접 경험, 빈곤한 사람들과의 접촉경험, 다문화 교육 경험, 나눔 경험, 거주경험, 대안학교 경험, 가정폭력피해여성, 탈북과정 외상사건, 정착 경험, 자녀실종, 데이트 폭력, 아동기 가정폭력, 자살생각, 애도경험, 이혼 남성, 성장기 학대피해, 학원폭력경험, 학교폭력 피해경험, 아동학대 관련 경험, 자녀실종, 피학대아동, 부모 간 폭력목격경험, 학대피해경험, 자살시도, 차별가해경험, 차별피해경험, 이주경험, 흡연 경험, 아동기 역경경험	외상 경험의 의미, 수준, 맥락과 패턴
	긍정 경험	자원봉사 참여경험	긍정 경험의 의미, 수준, 맥락과 패턴
조건	학력	학력, 교육수준	학력의 의미, 수준, 맥락과 패턴
	경력	경력 수준	경력의 의미, 수준, 관리전략, 맥락과 패턴
	주거	주거 수준	주거의 의미, 수준, 주거환경, 맥락과 패턴
	고용	고용 수준, 근로조건	고용의 의미, 근로조건, 맥락과 패턴
	소득	소득 수준	소득의 의미, 수준, 맥락과 패턴
외부 자원	자원의 유무와 유형	외부 자원의 유무와 유형	자원의 유무와 유형, 의미, 수준, 맥락과 패턴
	자원 활용	자원 활용역량	자원 활용능력, 맥락과 패턴
속성	귀인 속성	성별, 성정체성, 연령, 종교	속성의 의미, 맥락과 패턴

		하위집단 소속		실종아동가족의 삶, 빈곤아동, 나 홀로 아동, 한인이민자, 가정외 보호 청소년, 가정외 보호아동, 최저주거기준미달, 퇴소청소년, 조선족 청소년, 중도입국청소년, 이주배경 청소년, 다문화 청소년, 난민아동	귀인 집단과 현상의 의미, 맥락과 패턴
	전체로서 나				통합된 전체로서 '나'의 의미
가족	가족	의미			가족과 가족 내 하위체계, 개별 가족 구성원들의 의미, 가족 내에서 '나'의 의미
		가족구조	일반	가족구조, 세대관계, 경계, 삼각관계	가족구조, 가족구조의 의미, 맥락과 패턴
			특별	확대가족, 한부모가족, 조손가족, 1인 단독가구, 미혼부모, 재혼가족, 해체가족, 핵가족, 다문화가족, 대리가족(위탁가족, 입양가족), 유사가족(생활시설) 등 가족 복합성	
		가족 만족도		가족재정의 심리적 안녕감, 가정생활 만족도, 가족관계 만족도	가족에 대한 만족과 그 의미
		가족기능		가족관계, 가족사정, 가족기능조사, 가족적응 응집력, 가족응집력, 가족기능성, 가족적응, 가족 내 상호지지, 가족결속, 일-가족 전이유형, 혈연관계, 가족관계	가족기능, 가족기능의 의미, 수준, 역동성, 이슈, 맥락과 패턴
		가족역량		가족연대감, 가족응집력, 가족생활사건변화, 가족위기지향, 부모건강대처목록	가족역량, 가족역량의 의미, 수준, 맥락과 패턴
		가족탄력성		가족탄력성, 가족유연성	가족탄력성, 가족탄력성의 의미, 수준, 맥락과 패턴

	가족환경	가족환경	가족환경, 가정환경 자극, 사회경제적 수준, 맞벌이, 일가족 양립, 돌봄, 개인 공간	가족환경, 가족환경의 의미, 맥락과 패턴
		역기능 환경	빈곤, 폭력, 학대, 알코올, 자살 이슈	
부부	결혼만족도		결혼만족과 안정, 결혼만족도, 결혼불안정성	결혼과 배우자의 의미, 만족, 맥락과 패턴
	부부관계		부부적응, 부부간 육아 및 가사 역할분담, 배우자 부부 의사소통, 부부 의견일치, 부부갈등 인식, 부부관계 위기	부부관계의 의미, 수준, 역동성, 이슈, 맥락과 패턴
	부부관계 문제		갈등전술, 배우자 폭력, 부부 갈등	
부모–자녀	부모자녀 관계	관계 유형	부모유대, 부모애착, 자녀와의 의사소통, 부모–자녀 간 TSL 의사소통, 부모–자녀 동거관계 만족도, 부모 삶 만족도, 노인–자녀 정서적 지원 교환양상, 부양의식, 어머니와의 의사소통, 부모감독	부모–자녀 관계, 자녀와 부모–자녀 관계의 의미, 수준, 역동성, 이슈, 맥락과 패턴
		역기능적 관계	갈등전술, 부모의 학대, 아동학대, 부모의 정서폭력, 자녀와의 역기능적 의사소통, 방과 후 방치, 어머니 우울, 어머니 성취압력	
	자녀양육		양육태도, 양육행동, 양육참여, 양육효능감/ 방임적 양육태도, 부모의 인식, 손자녀양육, 부모 됨을 통한 적응 경험, 애정양육, 간섭양육, 조모의 양육비중, 부의 양육참여, 노부모의 비지지적 행동, 노부모 의존성, 부모역할만족, 부모의 수용	양육과 부모됨의 의미, 양육 가치/태도/ 행동/ 전략의 의미, 수준, 맥락과 패턴
	양육 스트레스		양육부담, 저소득층 어머니 양육 스트레스	양육 스트레스, 의미, 수준, 맥락과 패턴

	형제	형제관계 구조	형제관계 역동성, 삼각관계, 출생순위, 형제관계 복잡성, 장애 등 이슈	형제의 의미, 형제관계의 의미, 수준, 역동성, 이슈, 맥락과 패턴
		형제관계	형제관계, 형제갈등, 형제폭력	
	자원으로서 가족	사회적 지지 – 갈등	가정의 사회자본, 가정 내 사회자본, 가족지지, 가족 사회자본	가족 자원과 자본, 의미, 수준, 맥락과 패턴
집단	집단 역동	집단 구조	집단규칙, 하위집단화	집단 구조, 그 의미, 맥락과 패턴
		집단 기능	상호작용, 집단매력, 집단응집력	집단 기능, 그 의미, 역동성, 이슈, 맥락과 패턴
사회적 관계망	사회적 관계망		사회적 관계망의 양(크기)과 질/ 가족, 친척, 친구, 이웃, 종교집단, 자발적 모임, 또래집단, 직장동료, 전문가 등	사회적 관계망, 의미, 수준, 역동성, 맥락과 패턴
	사회적 지지/ 갈등	사회적 지지	사회적 지지/ 물질적 지지, 정서적 지지, 정보적 지지/ 심리사회적 지지, 사회적 친분 관계만족도	사회적 지지와 갈등, 그 의미, 수준, 역동성, 맥락과 패턴
		사회적 갈등	사회적 갈등	
조직	업무	직무만족	직무만족, 직무특성, 직무적합성, 직무동기, 직무수행, 일탈적 과업행동	일의 의미, 직무 만족과 그 의미, 수준, 맥락과 패턴
		직무태도	직무태도	직무 태도의 의미, 수준, 맥락과 패턴
	조직 구조와 절차	조직분화	조직형태, 사회복지관 조직구조	조직구조와 그 의미, 이슈, 맥락과 패턴
		리더십	리더십, 변혁적 리더십, 서번트 리더십, 진성리더십, 윤리적 리더십	리더와 리더십, 그 의미, 유형, 수준, 맥락과 패턴
		의사결정	의사결정 방식	의사결정 절차와 방법, 그 의미, 맥락과 패턴

		의사소통	의사소통	의사소통 절차와 방법, 그 의미, 맥락과 패턴
		슈퍼비전	슈퍼비전	슈퍼비전 절차와 방법, 그 의미, 맥락과 패턴
		인적 자원 관리	인적 자원 관리 수준	인적 자원 관리 절차와 방법 , 이슈, 맥락과 패턴
		공정성	조직 공정성, 절차 공정성	공정성의 의미, 유형, 수준, 맥락과 패턴
	대인 관계	상사 - 부하관계	상사관계, 리더 신뢰	상사, 부하, 동료 관계, 각각의 의미, 수준, 이슈, 맥락과 패턴
		동료관계	동료관계	
	조직 심리	스트레스	직무 스트레스	직무 스트레스와 그 의미, 수준, 맥락과 패턴
		소진	소진	소진과 그 의미, 수준, 맥락과 패턴
		몰입, 헌신	조직 몰입, 조직 헌신, 조직시민행동, 직장 공동체 정신	몰입과 헌신 , 그 의미, 수준, 맥락과 패턴
	직무환경	물리환경	기관의 물리적 환경	물리적 환경과 그 의미, 수준, 맥락과 패턴
		조직문화	직장 공동체 정신 , 조직의 문화적 역량 , 조직학습 수준	조직문화
		근로조건	근로조건	근로조건과 그 의미, 수준, 이슈, 맥락과 패턴
	조직성과		조직 효과성, 사업 성과, 기관 신뢰도, 기관의 사업성취도, 재정투명성	조직성과와 그 의미 , 수준, 이슈, 맥락과 패턴
지역 사회	공공 서비스 체계	유무 / 품질수준	입법/ 사법/ 행정체계, 경찰, 소방, 안전, 재난, 교통, 환경, 문화 서비스/ 사회보험, 공공부조	공공서비스 체계와 그 의미 , 서비스 수준, 맥락과 패턴
	사회 서비스 체계	유무	소득, 음식/ 영양, 신체건강/ 정신건강, 주거, 고용, 교육/ 훈련 아동, 청소년, 장애인, 노인, 여성, 노숙인/ 부랑인 등	사회서비스 양과 질 , 그 의미, 수준, 이슈, 맥락과 패턴

	품질수준	사회복지 서비스 품질, 아동 돌봄 서비스, 예방프로그램 개발, 성폭력 피해자 지원서비스, 바우처 사회서비스의 이용자 만족도, 서비스 만족도	
네트워크	유무 / 수준	네트워크 환경변화, 네트워크 중심성, 조직 간 네트워크	네트워크 복잡성과 그 의미, 수준, 이슈, 맥락과 패턴
지역사회 역량	자치성	자치성	지역사회 역량의 의미, 유형, 수준, 이슈, 역동성, 맥락과 패턴 지역사회 변화과정의 의미, 질적 수준, 역동성, 맥락과 패턴
	일치성	일치성	
	동일시	동일시, 지역사회 소속감, 지역사회 애착	
	네트워킹	네트워킹	
지역사회 주민 역량	주민조직 구조	주민조직의 수, 규모	주민조직의 구조와 기능, 리더십, 전략, 변화과정, 의미, 수준, 변화의 맥락과 패턴
	주민역량	주민역량	주민역량의 의미, 수준, 맥락과 패턴
과업 목표	실천가 관점	목표달성 정도	목표달성의 의미, 수준, 맥락과 패턴
	주민조직 관점	목표달성 정도	목표달성의 의미, 수준, 역동성, 맥락과 패턴
	주민 관점	목표달성 정도, 시민됨(시민덕목, 시민권리, 시민참여)	목표달성의 의미, 수준, 맥락과 패턴
사회지표	인구사회 특성	인구사회학적 특성 변수	인구사회 특성, 의미, 맥락과 패턴
사회문제 지표	사회문제별 지표	빈곤율, 범죄율, 아동학대 발생률, 요보호대상자 비율 등	사회문제 지표와 그 의미, 수준, 역동성, 이슈, 맥락과 패턴

저/자/소/개

■ **권지성**

사회복지사. 질적 연구자. 침례신학대학교 사회복지학과 교수.

2003년 8월, 서울대학교에서 국내 [공개입양가족의 적응과정에 관한 연구]로 사회복지학 박사학위를 받으면서 질적 연구의 세계에 입문하였다. 주요 연구분야는 아동복지와 지역사회복지, 사회복지행정이며, 질적 연구접근이 포함된 다양한 장기 종단연구에 꾸준히 참여해 왔고, 사회복지사들을 대상으로 한 질적 연구 시리즈를 수행해 왔다. 그동안 발표한 학술논문의 대부분을 질적 연구로 수행하였으며, 다양한 질적 연구접근을 여러 가지 주제에 적용해 왔다. 질적 연구와 관련된 저서로 [질적 연구방법론: 다섯 가지 접근(공역)], [사회복지 질적 연구방법론의 실제(공저)], [사회복지 질적 연구방법론으로서 맥락-패턴 분석방법: 은밀한 맥락을 찾아서(단독)] 등이 있다. 2012년부터는 삼성복지재단 자문교수, 대전사회복지공동모금회 배분위원과 자문교수로 활동하면서 사회복지 질적 평가에도 몰입하고 있다. 특히 2015년 초부터 다양한 기관에서 질적 평가 워크숍과 자문을 진행하면서, 질적 평가에 관심을 가진 사회복지사, 교수들과 함께 [질적 평가 학습조직 네트워크, **밀락넷**]을 구축하여 **自問**하고 **諮問**하면서 사회복지실천을 질적으로 평가하기 위한 방법론을 개발하고 있다.

■ **염태산**

사회복지사. 질적 연구자. 서울대학교 사회복지연구소 선임연구원. 서울대학교 강사.

지역사회복지관에서 사회복지사, 과장으로 근무하면서 연구지향적 실천가가 되기 위한 노력의 과정에서 질적 연구와 평가에 대한 호기심을 가지게 되었다. 이후 박사과정에 진학하여 질적 연구와 관련된 과목을 이수하고 질적 연구방법을 활용한 다양한 연구과제를 수행하였다. 2018년 2월에 서울대학교에서 [이용자 관점에서의 발달장애인 서비스 신뢰형성에 관한 연구]로 사회복지학 박사학위를 받았다. 주요 관심분야는 장애인복지실천, 사회복지 프로그램 개발과 평가, 사회복지행정 분야이며, 질적 연구의 방법과 접근을 선호한다. 현재 권지성 교수 등과 함께 [질적 평가 학습조직 네트워크, **밀락넷**]에 참여하고 있다.

사회복지 실천가와 연구자를 위한

사회복지실천 질적 평가방법론

|공저자| 권지성 · 염태산

|1판 1쇄| 발행 2019년 7월 15일
|1판 2쇄| 발행 2021년 11월 25일

|발행인| 김 동 훈
|발행처| 공 동 체

|주소| 경기도 고양시 일산동구 호수로 358-39, 동문타워 I 905호(백석동)
|전화| 031) 814-3000(대표)
|팩스| 031) 814-3100
|홈페이지| http://www.compub.co.kr
|e-mail| compub@naver.com
|출판등록| 2005년 10월 6일
|등록번호| 제396-2005-36호

|ISBN| 979-11-6105-490-2
정가 15,000원

MEMO

MEMO

MEMO